Kohlhammer

René Merten

# Wissenschaftsmanagement in der Hochschulpraxis

Strategie – Führung – Prozesse

Verlag W. Kohlhammer

Dieses Werk einschließlich aller seiner Teile ist urheberrechtlich geschützt. Jede Verwendung außerhalb der engen Grenzen des Urheberrechts ist ohne Zustimmung des Verlags unzulässig und strafbar. Das gilt insbesondere für Vervielfältigungen, Übersetzungen, Mikroverfilmungen und für die Einspeicherung und Verarbeitung in elektronischen Systemen.

1. Auflage 2024

Alle Rechte vorbehalten
© W. Kohlhammer GmbH, Stuttgart
Gesamtherstellung: W. Kohlhammer GmbH, Stuttgart

Print:
ISBN 978-3-17-043347-2

E-Book-Formate:
pdf: ISBN 978-3-17-043348-9
epub: ISBN 978-3-17-043349-6

Für den Inhalt abgedruckter oder verlinkter Websites ist ausschließlich der jeweilige Betreiber verantwortlich. Die W. Kohlhammer GmbH hat keinen Einfluss auf die verknüpften Seiten und übernimmt hierfür keinerlei Haftung.

# Vorwort

Die wachsende Professionalisierung des Managements im Hochschul- und Wissenschaftssektor ist das Ergebnis einer seit Jahrzehnten forcierten Liberalisierung, Internationalisierung und Spezialisierung. Wissenschaftsmanagement ist heute keine administrative, sondern vielmehr eine interdisziplinäre Aufgabe, die zahlreiche Querschnittsbereiche umfasst: Insbesondere Strategie und Planung, Organisation und Führung, Gremien- und Prozessmanagement sollten heute zum Standard gehören.

Anders als die Mehrzahl der bisherigen Werke zum Thema soll dieses keine Fallstudien analysieren, Kommentar-Beiträge aneinanderreihen oder Wissenschaftsmanagement auf theoretischer oder lediglich betriebswirtschaftlicher Ebene beschreiben. Anhand von zentralen Aufgabenfeldern, Kernkompetenzen und typischen Fällen wird vielmehr ein Einblick in die tägliche Praxis und deren Steuerung mit besonderem Bezug zu Hochschulen in den Blick genommen. Zahlreiche eigene Beispiele aus der langjährigen Führungs- Projekt-, Hochschul- und Beratungserfahrung des Autors aus dem Wissenschaftssektor im In- und Ausland helfen dabei. Neben den Hintergründen befähigen die enthaltenen Methoden, Tipps und Reflexionsübungen gerade berufliche Quereinsteiger:innen sowie Wissenschaftsmanager:innen mit noch wenig Erfahrung auf diesem Feld, das Wissenschaftsmanagement einzuordnen und darin wirksam zu werden – für sich selbst, ihr Team, ihre Organisationseinheit und ihre Wissenschaftsorganisation.

Haben Sie Fragen oder Anregungen zum Thema? Beschäftigen Sie Herausforderungen im Wissenschaftsmanagement? Oder gibt es Aspekte in Ihrer Hochschulpraxis, die Sie vertiefen möchten? Tauschen wir uns sehr gerne aus und lernen voneinander!

Wien, November 2023                                                        René Merten

# Inhaltsverzeichnis

Vorwort .................................................................... 5

## I. Wissenschaftsmanagement in Wissenschaftsorganisationen

| | | |
|---|---|---|
| 1 | Wissenschaft + Management = Wissenschaftsmanagement? – Zeit für eine neue Profession ................................... | 13 |
| | 1.1 Wissenschaftsmanagement als gewachsener Bereich ......... | 13 |
| | 1.2 Wissenschaftsmanagement und Abgrenzung ................. | 14 |
| 2 | Wissenschaftsmanagement und »Third Space« – Das Beste beider Welten in einer dritten Säule ........................... | 16 |
| | 2.1 Wissenschaftsmanagement und institutionelle Verortung .... | 16 |
| | 2.2 Typische Arbeitsinhalte und Positionen des Wissenschaftsmanagements ................................................ | 18 |
| | 2.3 Herkunft der Wissenschaftsmanager:innen ................. | 20 |
| 3 | Kernkompetenzen von Wissenschaftsmanager:innen – Handlungsorientierung und Selbstorganisation ................. | 22 |
| | 3.1 Stellenübergreifende, gemeinsame Kompetenzbereiche ....... | 22 |
| | 3.2 Kompetenzfelder und Kompetenzmodelle ................... | 23 |
| | 3.3 Kompetenzen und Ressourcen – zwei Seiten der Medaille .... | 27 |
| 4 | Rollen, Funktionen und Herausforderungen von Wissenschaftsmanager:innen ............................................. | 31 |
| | 4.1 Stellen und Rollendenken ................................. | 31 |
| | 4.2 Funktionen und Herausforderungen von Wissenschaftsmanagement ............................................... | 34 |
| 5 | Wissenschafts- als Expert:innen-Organisationen ................ | 39 |
| | 5.1 Wissenschaft soll Wissen schaffen ......................... | 39 |
| | 5.2 Persönliche Expertise und Säulenordnung .................. | 42 |
| | 5.3 Akademische Selbstverwaltung ............................ | 44 |
| | 5.4 Wissenschafts- als hybride Interessens- und Arbeitsorganisation ............................................... | 45 |
| | 5.5 Herausforderungen von Expert:innen-Organisationen ........ | 49 |

## II. Strategisches Wissenschaftsmanagement

| | | |
|---|---|---|
| 1 | **Management – operativ, taktisch und strategisch** ............ | **53** |
| | 1.1 Operatives und strategischen Arbeiten...................... | 53 |
| | 1.2 Managementebenen im Verhältnis zueinander .............. | 54 |
| 2 | **Strategiebildung und -verzahnung** ............................ | **56** |
| | 2.1 Strategischer Kontext durch SWOT, TOWS und Szenarien ..... | 56 |
| | 2.2 Strategischer Rahmen durch Vision und Profilbildung ........ | 66 |
| | 2.3 Strategische Steuerung mithilfe von KGSt-Zielfeldern und Academic Scorecard..................................... | 74 |
| | 2.4 Strategieumsetzung durch Zielvereinbarungen und Budgetierung ................................................ | 78 |

## III. Wissenschaftsmanagement als Führung

| | | |
|---|---|---|
| 1 | **Laterale Führung und Zusammenarbeit** ........................ | **89** |
| | 1.1 Drei Ebenen lateraler Führung ............................. | 89 |
| | 1.2 Verständigung: Ziele und Stakeholder ...................... | 94 |
| | 1.3 Macht: Potentiale und Spielräume.......................... | 102 |
| | 1.4 Vertrauen: Haus der Arbeitsfähigkeit, »How to work with me« und Teamkultur............................................ | 112 |
| 2 | **Gelingende Delegation** ........................................ | **123** |
| | 2.1 Eisenhower-Matrix und IMPUT-Regel....................... | 123 |
| | 2.2 Delegation Poker und Empowerment Board ................. | 128 |
| 3 | **Entscheidungsprozesse und Selbstverwaltung** .................. | **134** |
| | 3.1 Entscheidungsrationalität und Mülleimerentscheidungen ..... | 134 |
| | 3.2 Gremien- und Meetingvorbereitung ........................ | 137 |
| | 3.3 Sitzungen steuern.......................................... | 146 |

## IV. Wissenschafts- als Prozessmanagement

| | | |
|---|---|---|
| 1 | **Arbeitsabläufe optimieren – vom Denken in Prozessen** ........... | **157** |
| | 1.1 Aufbau- und Ablauforganisation............................ | 157 |
| | 1.2 Definition und Mehrwerte von Prozessen ................... | 159 |
| 2 | **Prozessarchitektur – die Übersicht behalten** .................... | **163** |
| | 2.1 Prozesslandkarten......................................... | 163 |
| | 2.2 Prozessstrukturbäume..................................... | 166 |
| 3 | **Prozessbeschreibungen – Einzelprozesse und deren Bestandteile** .. | **168** |
| | 3.1 Prozessauswahl und Turtle-Diagramme ..................... | 168 |

| | 3.2 | Prozesssteckbriefe und Prozessregister.................... | 170 |
|---|---|---|---|
| **4** | **Prozessmodellierung – Visualisierung von Prozessschritten......** | | **173** |
| | 4.1 | Modellierungsgrundsätze ................................ | 173 |
| | 4.2 | Modellierungssprache.................................... | 173 |
| **5** | **Prozessbeteiligte – Funktionen und Interessen.................** | | **176** |
| | 5.1 | Prozessrollen definieren ................................. | 176 |
| | 5.2 | Prozessstakeholder einbinden ............................ | 179 |
| **6** | **Prozessgestaltung – Kommunikation und Optimierung von Prozessen.................................................** | | **182** |
| | 6.1 | Prozesssettings und Prozesskreislauf...................... | 182 |
| | 6.2 | Kiviat- und Fishbone-Diagramm .......................... | 184 |

**Literatur zur Vertiefung** ................................................. **188**

# I    Wissenschaftsmanagement in Wissenschaftsorganisationen

# 1 Wissenschaft + Management = Wissenschaftsmanagement? – Zeit für eine neue Profession

## 1.1 Wissenschaftsmanagement als gewachsener Bereich

Die Professionalisierung des Managements im Wissenschaftssektor nimmt Formen an: Unternehmen leisten sich Forschungsabteilungen und besetzen diese mit hochrangigen Wissenschaftler:innen. Der Staat setzt bei der Wissenschaftsförderung auf spezialisierte Verfahren, die von Expert:innen durchgeführt werden. Und die Hochschulen bilden Graduate Center, internationale Forschungscluster und Stabsstellen neben der eigentlichen – rein administrativ arbeitenden – Verwaltung aus. Ein modernes Wissenschaftsmanagement gilt heute als ein zentraler Baustein hin zur weiteren Professionalisierung der Wissenschaft. Längst nicht mehr wollen Professor:innen ihre Studiengänge nebenbei weiterentwickeln, können universitäre Zulassungsstellen ein professionelles Studierendenmarketing mit aufsetzen oder haben Öffentlichkeitsbüros die Kompetenz, eine übergreifende Vernetzungsstrategie umzusetzen. Auch in den F&E-Abteilungen von Unternehmen sind nicht dieselben Personen für die Verwertung, die Vermarktung oder die Vernetzung des Erforschten zuständig, die dieses entwickelt haben.

Die zunehmende **Ausdifferenzierung und Komplexität** der Wissenschaft spiegelt sich nicht nur in interdisziplinären Exzellenzclustern, interkulturellen Forschungsverbünden und hoch spezialisierten Studiengängen wider. Mit zunehmender Entwicklung hin zu international verflochtenen Wissensgesellschaften verschärft sich in Forschung und Lehre auch der Wissenschaftswettbewerb um die besten Wissenschaftler:innen, die engagiertesten Studierenden wie gleichsam um Drittmittel. So steigen Erwartungen, Anforderungen wie Legitimationsdruck etwa von Seiten der Wirtschaft bezüglich der direkten Verwertbarkeit von Forschung und einer arbeitsmarktorientierten Bildung (»Employability«), von Seiten der Gesellschaft bezüglich der Verlässlichkeit von wissenschaftlichen Erkenntnissen und der Studienqualität sowie von Seiten des Staates bezüglich der Verwendung öffentlichen Steuergeldes.

Daneben schreitet gerade an Hochschulen der **Strukturwandel** weg vom alten Kollegialmodell hin zum modernen Managementmodell (»New Public Management«) ebenso voran wie die generelle Akademisierung der Gesellschaft und damit verbunden das Interesse an einem professionellen Wissenschaftsmanagement. Zwar formt dieses sich als Berufsfeld in der Wissenschaftspraxis stetig weiter aus, ist jedoch als Profession noch unklar und gilt in der fachlichen Einordnung als umstritten. Außer vereinzelten Fortbildungen und Inhouse-Programmen gibt es keine standardisierte Ausbildung und weder einen idealtypischen noch einen vorstrukturiert-formalisierten Zugang zu diesem vergleichsweisen neuen, höchst aktuellen Berufsbild. Ähnlich wie einst Max Weber in seiner Rede »Wissenschaft als Beruf« vor Studierenden im Jahre 1919 die mühsame Abgrenzung der Wissenschaft von Politik und Wirtschaft vornahm, steht dies heute für das Wissenschaftsmanagement gegenüber Feldern wie Wissenschaft, Wissenschaftsadministration, Verwaltung und Management an.

Im fortschreitenden **Professionalisierungsprozess** werden unter Wissenschaftsmanagement gelegentlich auch Tätigkeiten als Wissenschaftler:in in der Selbstverwaltung der Hochschulen gefasst (z. B. Dekan:in, Studienprogrammleiter:in, Vorsitzende:r des Studienausschusses etc.) ebenso wie das Forschungsmanagement (Forschungsgruppenleiter:in, wissenschaftliche:r Verbundkoordinator:in etc.). Da es eine derart reine Wissenschaftstätigkeit selten gibt, welche gänzlich frei ist von Administration und Koordination, von Kommunikation und Management, kann Wissenschaftsmanagement nicht schlicht aus der Kombination von Wissenschaft und Management erwachsen. Dies träfe sodann auf nahezu alle Wissenschaftler:innen zu, von denen viele zurecht unter der Belastung durch nichtwissenschaftliche Tätigkeiten stöhnen. Vielmehr ist unter Wissenschaftsmanagement eine Steuerung zu verstehen, die auf **Managementaufgaben im wissenschaftsunterstützenden Bereich** ausgerichtet, mithin also weder originär wissenschaftliche Tätigkeit ist noch die Zugehörigkeit oder die Zugänge zur Wissenschaft voraussetzt. Mit anderen Worten ist ein:e Wissenschaftsmanager:in in diesem Sinne Manager:in und nicht Wissenschaftler:in – gerade wenn ein administrativer Aufwand zur wissenschaftlichen Tätigkeit zu erbringen ist oder ein akademisches Wahlamt im Rahmen der Selbstverwaltung ausgeübt wird.

## 1.2  Wissenschaftsmanagement und Abgrenzung

Nicht jedes Management auf wissenschaftlicher Grundlage oder mit Bezug zur Wissenschaft kann davon umfasst sein. Vielmehr bezieht sich Wissenschaftsmanagement auf Gestaltungs- und Führungsprozesse in Forschung und Lehre im **öffentlichen Interesse** bzw. im öffentlich geförderten Bereich. Das trifft auf private wie öffentliche Hochschulen im postsekundären Bildungsbereich (»Higher Education Institutions«), staatliche Wissenschaftskooperationen und Vereine ebenso zu wie auf außeruniversitäre, staatlich geförderte Forschungsinstitutionen. Auch das Management anwendungsorientierter Forschung oder einer Technologieentwicklung in Zusammenarbeit mit Akteur:innen der Privatwirtschaft fallen darunter – das Management von Produktentwicklungsteams eines rein kommerziellen Start-ups, die betriebliche Forschung eines Produktionsunternehmens oder die Abteilung Innovationsmanagement eines Großkonzerns hingegen nicht.

Ferner soll Wissenschaftsmanagement im hier verstandenen Sinne sich nur auf ein solches **innerhalb** einer Wissenschaftseinrichtung bzw. einer Organisationseinheit beziehen, die selbst einen Wissenschaftsbezug hat oder organisatorischer Teil einer Wissenschaftseinrichtung ist. Im erstgenannten Fall könnte dies etwa das Management eines Forschungs- und Entwicklungsteams von einer privaten Organisation in Kooperation mit einem staatlichen Forschungsinstitut sein oder eine privatwirtschaftliche Bildungseinrichtung, die zusammen mit einer Hochschule bestimmte Studiegänge anbietet und administriert. Für den zweitgenannten Fall kommen z. B. Dienstleistungseinrichtungen an Hochschulen oder an Forschungsinstituten in Frage, die wissenschaftsunterstützend etwa in generischen Bereichen wie Personal, Recht oder Kommunikation ihre Berechtigung aufweisen. Beratungsunternehmen, die von außen für Wissenschaftseinrichtungen Dienstleistungen wie etwa Projektmanagement-Unterstützung oder Inhouse-Weiterbildungen anbieten, fallen eben wenig darunter wie z. B. die Mitarbeiter:innen des Referats Hochschulmanagement im zuständigen Landeswissenschaftsministerium oder in einer parteipolitischen Stiftung zum Thema Wissenschaftssteuerung.

## 2 Wissenschaftsmanagement und »Third Space« – Das Beste beider Welten in einer dritten Säule

### 2.1 Wissenschaftsmanagement und institutionelle Verortung

Wissenschaftsmanagement wird von Wissenschaftsmanager:innen betrieben – so weit, so einfach. Aber wo ist das Wissenschaftsmanagement nun institutionell verortet und mit welchen Aufgaben versehen? Oft sitzen diese Personen an Schalt- und Schnittstellen der Organisation, in Stabstellen, in Koordinationsstellen von Forschungsverbünden etc. Ohne Verankerung in Rechtstexten oder Organigrammen bildet sich ein neuer, dritter Raum neben der klassischen, **bipolaren Säulenordnung** vor allem an Hochschulen aus, der funktional weder allein dem Kernbereich von Wissenschaft einerseits noch der klassischen Verwaltung andererseits zuzuordnen ist. So schießen etwa Stellen für Spezialist:innen aus dem Boden, die sich mit dieser hoch komplexen Fachmaterie und der Kommunikation etwa mit Akkreditierungsagenturen und den dazugehörigen -prozessen befassen, seit das Akkreditierungswesen en vogue ist. Während Wissenschaftler:innen fehlende Ausstattungen an Hochschulen einklagen, Bewerber:innen gegen intransparente Studienplatzvergaben vorgehen oder Studierende gegen schlechte Abschlussnoten vor Gericht ziehen, leisten spezialisierte Studien- und Prüfungsrechtler:innen das, was die allgemeine Rechtsabteilung der Hochschule nicht vermag. Seit viele Hochschulen den Mehrwert strukturierter Promotionsprogramme und -kollegs erkannt und diese Institutionen von angloamerikanischen Doctoral Schools übernommen haben, werden diese von topqualifizierten Postdocs geleitet, die wissen, was die »Prä-Docs« in dieser Phase an Struktur, Weiterbildung und Vernetzung benötigen. Und seitdem der Wettbewerb um die besten Professor:innen härter geworden ist, werden Onboarding-Programme für Tenure Tracks und Junior-Professor:innen entworfen und koordiniert, was oft weit über die normale Arbeit der Personalentwicklung hinausgeht.

Nach einem Positionspapier des Netzwerks Wissenschaftsmanagement lässt sich *»... das Wissenschaftsmanagement am besten tätigkeits- und aufgabenbezogen definieren und eingrenzen ...«*. Sicherlich hat sich auch die reguläre Hochschulverwaltung nicht erst seit Max Weber stets weiter spezialisiert, ist mit dem komplexer werdenden Bildungssektor mitgegangen und an ihm gewachsen. Aber das Neue der dritten Säule ist hier **nicht die fachliche Spezialisierung** – Sie ist allenfalls der Anlass. Wissenschaftsmanagement zeichnet sich nicht dadurch aus, dass man allein Wissenschaft versteht, was letztlich alle aus der Hochschulverwaltung müssen, um mit Wissensschaftler:innen sinnvoll zusammenarbeiten zu können. Vielmehr wollen beide Bereiche gleichermaßen überblickt werden. Ohne zu wissen, wie **Wissenschaft** (anders als etwa im privatwirtschaftlichen Bereich) funktioniert, können Wissenschaftsmanager:innen ihren Job heute ebenso wenig gut machen wie ohne das Verständnis, wie eine **öffentliche Hochschulverwaltung** (anders als etwa eine typische Behörde) vorgeht.

Das Wissenschaftsmanagement ist wie oftmals im Wissenschaftskontext ein Bereich, der nicht vorab designt, systematisch entwickelt oder Kraft einer einheitlichen Regelung politisch abgestimmt wurde. Vielmehr hat er sich dort aus der **Notwendigkeit** herausgebildet, wo etwa durch Hochschulreformen, -expansion oder Aufgabenzunahme neue Tätigkeitsfelder schlicht nicht (mehr) von den beiden bisherigen beiden Säulen abgedeckt werden konnten oder aber Tätigkeiten derart spezialisiert oder ausdifferenziert wurden, dass es ohne ein Kompetenz-Upgrading nicht länger bewältigbar war. Vielmehr wächst aus **spezialisierten Aufgaben und Anforderungen** heraus eine heterogene Mitarbeiter:innen-Gruppe heran (»Academic related new professionals«), die oft lediglich organisatorisch bzw. formalrechtlich der Säule der Verwaltung zugeordnet wird. Je nach Entstehungshorizont »hängen« Wissenschaftsmanager:innen gelegentlich aber auch an einer Wissenschaftsstelle, wenn sie etwa daraus entstanden ist, dass diese Tätigkeit ein:e Wissenschaftler:in – z. B. auf einer Qualifikationsstelle – de facto mitversehen bzw. sich dafür besonders interessiert hat. Selbst bei Eingruppierung als Verwaltungsstelle sind diese Positionen weder immer Vollzeit ausgestaltet noch stets unbefristet. Auch müssen diese nicht zwingend in die Linienorganisation eingeordnet sein, sondern befinden sich vielfach innerhalb von neu geschaffenen, teilweise als Organisationseinheit selbst auf Bewährungsprobe stehenden **Stabstellen** oder in **temporären Projektteams**.

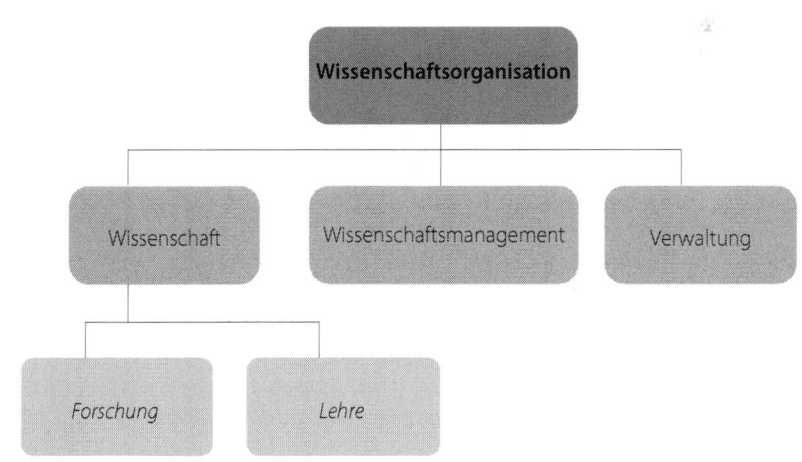

**Dar. 1:** Säulenordnung

I Wissenschaftsmanagement in Wissenschaftsorganisationen

> **Reflexionsübung**
>
> - Argumentieren Sie für und gegen die Einordnung Ihrer konkreten Tätigkeit im Wissenschaftsmanagement in eine dritte Säule.
> - Sammeln Sie fünf existierende Positionen Ihrer eigenen Wissenschaftsorganisation, die Sie dort einordnen würden, und begründen Sie jeweils stichwortartig weshalb.

## 2.2 Typische Arbeitsinhalte und Positionen des Wissenschaftsmanagements

Wissenschaftsmanager:innen sind somit Personen, die als Spezialist:innen an wissenschaftlichen Einrichtungen überwiegend nicht oder nicht ausschließlich fachinhaltlich tätig sind, sondern **prozess- und projektbezogen**. Innerhalb dessen zeigt sich, das Wissenschaftsmanagement eine bestimmte Form des generalistischen Managements im funktionalen **Führungssinne** darstellt, mögen auch Einstufung, Vergütung und Stellenbezeichnung dies nicht immer nahelegen. Wissenschaftsmanager:innen bereiten Entscheidungen z. B. kraft ihres Informationsvorsprunges oder ihrer persönlichen Vernetzung vor bzw. treffen diese auch selbst, steuern Prozesse und koordinieren Abläufe. Statt allein für eine regelkonforme Konditionalprogrammierung etwa durch Umsetzung von Beschlüssen oder Ausführung von Rechtsvorschriften nach festen Kriterien und Vorgaben sind Wissenschaftsmanager:innen auch für die **Zweckprogrammierung** zuständig. Zuletzt Genanntes umfasst beispielsweise nicht nur die Ausübung von Verwaltungsermessen, sondern darüber hinaus auch das Festlegen von Richtungen, Zielen und das Definieren und Interpretieren von Anforderungen und Aufgaben. Kennzeichnend für die Tätigkeiten im Wissenschaftsmanagement ist zudem der wissenschaftsunterstützende Charakter jenseits rein administrativer Funktionen, was als operative **Brückentätigkeit** zwischen den Säulen der Wissenschaft und der Verwaltung vermittelt und »Übersetzungsleistungen« erbringt.

Bei aller Heterogenität des Wissenschaftsmanagements fallen darunter die folgenden zehn typischen Positionen-Cluster – ohne Anspruch auf Vollständigkeit und unter teils abweichenden Bezeichnungen in der Praxis:

1. **Persönliche Referent:innen** und **Assistent:innen** des bzw. der Rektor:in, Generalsekretär:in, Kanzler:in oder Forschungsdirektor:in (sowie oft Büro- oder Kanzleileitungen) arbeiten Top-Führungskräften zu und entlasten diese vom Tagesgeschäft, filtern Informationen und dienen als Eintrittstüre für Außenstehende, übernehmen die Alltagskommunikation und nehmen stellvertretend an Sitzungen teil.
2. **Forschungs-** und **Studiengangskoordinator:innen** managen Forschungsprojekte (Projektkommunikation, -verrechnung und -planung) oder Studienpro-

gramme (Zulassungen, Studiengebühren, Onboarding der Studierenden, Studiensupport und Lehrveranstaltungsplanung).
3. **Career-, Nachwuchs- und Berufungsmanager:innen** sind in der Karriere- und Personalentwicklung tätig, indem sie Studierende und Absolvent:innen Berufsberatung und überfachliche Weiterbildungen anbieten, schaffen Informationsportale und veranstalten Karrieremessen, entwickeln wissenschaftliche und nichtwissenschaftliche Laufbahnmodelle, betreiben Nachwuchsförderung, Talentmanagement und Employer Branding, begleiten die Neuberufung von Professor:innen und führen durch Berufungsverfahren.
4. Die Leitung eines **Promotionskollegs** oder einer **Doctoral School** steht zwischen den beiden Kategorien 2.) und 3.) und beinhaltet z. B. die Bereitstellung von Förderstrukturen und -mitteln, das Angebot von Weiterbildungen für Doktorand:innen, das Netzwerk-Management und die Promotionsberatung.
5. **Fakultätsgeschäftsführer:innen, Dekanatsassisten:innen, Fachbereichsreferent:innen** und **Institutsmanager:innen** entlasten die befristet gewählten Funktionsträger:innen der akademischen Selbstverwaltung wie die Verwaltungssekretariate meist in größeren wissenschaftlichen Organisationseinheiten, sorgen für ein kontinuierliches Wissensmanagement, Finanz- und Ressourcenplanung, interne Kommunikation und bilden die Schnittstelle zur Leitung der Organisationseinheit.
6. **Forschungs-** und **Transfermanager:innen** unterstützen Wissenschaftler:innen bei der Forschung (z. B. Drittmitteleinwerbungen, Koordination von Förderprogrammen, Beratung bei Antragstellungen, Forschungspolitik im Blick behalten) und beim Wissenstransfer in die Gesellschaft (z. B. Patentanmeldungen, Spin-off-Gründungsberatung, Wissenschaftskommunikation und -vernetzung, Kooperationsverträge mit Unternehmen).
7. **International-Office-Manager:innen** und **Auslandskoordinator:innen** fördern die Studierenden- und Forschungsmobilität, betreuen ausländische Gastwissenschaftler:innen und Erasmus-Incomings wie -Outgoings, arbeiten mit Institutionen wie DAAD, Europäischer Union und internationalen Partnerhochschulen zusammen.
8. **Qualitäts-** und **Akkreditierungsmanager:innen** führen Lehrveranstaltungs- und Forschungsevaluationen durch und werten sie aus, unterstützen bei internen wie externen Begutachtungen, entwickeln Verfahren und Standards zur Beurteilung von Leistungsbereichen, etablieren QM-Systeme und passen diese an den Hochschulkontext an, bereiten Programm- und Systemakkreditierungen vor und begleiten Audit-Prozesse.
9. **Alumni-Manager:innen** und **Referent:innen für Wissenschaftskommunikation** vernetzen Graduierte untereinander und betreiben Beziehungspflege zur wissenschaftlichen Institution, begeistern für Sponsoring und Fundraising, platzieren wissenschaftliche Themen in der Gesellschaft, bereiten Forschungsergebnisse adäquat für die (breite) nichtwissenschaftliche Öffentlichkeit auf und leisten Presse- sowie Medienarbeit.

10. **Referent:innen für Hochschuldidaktik** und an **Schreibzentren** unterstützen Lehrende bei einer gelungenen (Online-)Lehre und helfen Lehr-Lernräume und -beziehungen zu gestalten. Sie wirken auf die praktische Studierbarkeit wie die Einhaltung des Bologna-Prozesses hin. Sie vermitteln Methoden der Erwachsenenbildung und Fertigkeiten zum wissenschaftlichen Schreiben, helfen bei Schreibblockaden und dem fachspezifischen Umgang mit Wissenschaftssprache.

## 2.3  Herkunft der Wissenschaftsmanager:innen

Nimmt man den Ist-Zustand in den Blick, welchen Bildungshintergrund diese Personen haben und wie sie in diese Positionen gekommen sind, lässt sich folgendes festhalten:

Neben der **hohen Bildungsaffinität** (über die Hälfte sind promoviert) stammt weniger als die Hälfte aus den klassischen, für die öffentliche Verwaltung traditionell prägenden Studienfächern der Rechts-, Wirtschafts- und Sozialwissenschaften. Das Mindset für den interdisziplinären Schnittstellencharakter des Wissenschaftsmanagements spiegelt sich auch in der eigenen Bildungs- und Karrierebiografie wider: Viele sind typische **Quereinsteiger:innen** und nur wenige seit dem ersten Studienabschluss ausschließlich im Wissenschaftsmanagement tätig gewesen. Hingegen waren mehr als drei Viertel vorher inhaltlich in mindestens zwei anderen Arbeitsbereichen zugange und fast die Hälfte hatte bereits einen Stellenwechsel innerhalb der eigenen Wissenschaftsorganisation. Man findet sie hauptsächlich an den **großen Hochschulen** mit mehr als 15.000 Studierenden, ca. ein Drittel in einer **Leitungsfunktion** (ca. ein Drittel zudem mit Budget- und/oder Personalverantwortung). Während Männer zu fast zwei Dritteln Vollzeit und unbefristet beschäftigt sind, trifft dies auf weniger als die Hälfte der Frauen im Wissenschaftsmanagement zu. Bei der Frage, wo der **Hang für die betreffende Position** im Wissenschaftsmanagement herkommt, antworten etwa zwei Drittel, dass die Stelle der eigenen Qualifikation, den persönlichen Fähigkeiten bzw. dem damit verbundenen Interesse entsprach. Gerade in Zeiten, in denen nachrückende Generationen immer weniger Lust auf klassische, als anstrengende Verschleißjobs angesehene Führungspositionen entwickeln, verlangt dies auch ein neues, funktional-laterales Führungsverständnis (▶ Kap. III. 1.1).

Nach dem deutschen Wissenschaftsrat bezieht sich das Wissenschaftsmanagement auf Personen, »... *welche den Wissenschaftlerinnen und Wissenschaftlern unterstützende Dienstleistungen zur Verfügung stellen, dabei aber über eine* **wissenschaftliche Ausbildung** *und teilweise auch selbst über* **einschlägige Erfahrungen in Forschung und Lehre** *verfügen ...*«. Wissenschaftsmanager:innen sind danach als **Akademiker:innen** diesen Weg gegangen, der mehr ist als eine bestimmte Ausbildung oder Jobfertigkeiten. Vielmehr **entstammen viele selbst der Wissenschaft**. Bei einigen Wissenschaftler:innen gegen Ende ihrer Laufbahn entdeckt man zunehmend eine Orientierung hin zum Wissenschaftsmanagement, wenn diese am wissenschaftlichen Zenit angekommen sind und vermehrt Selbstverwaltungsaufgaben wie etwa in der Hochschulleitung oder in größeren Veränderungsprojekten übernehmen und über diesen Weg in das Wissenschaftsmanagement finden. Andere wechseln zu Beginn ihrer wissenschaftlichen Karriere – oft an eine kurze Postdoc-Phase anknüpfend – hinein, nachdem sie für sich die wissenschaftliche Laufbahn als persönlichen Karrierepfad ausgeschlossen haben. Das gängige Klischee, dass viele ehemalige Wissenschaftler:innen nur als **Notlösung in das Wissenschaftsmanagement** wechseln (etwa wegen fehlender Vertragsverlängerungen, auslaufender Projektfinanzierungen, langsamer bzw. schlecht vermarkteter Performance im Wissenschaftswettbewerb etc.), trifft nur zu weit unter einem Viertel zu.

Gleichwohl sind viele eher in das Wissenschaftsmanagement hineingeraten, über Stellenaufwertungen, Aufgabenumverteilungen oder schlicht dadurch, zur richtigen Zeit am richtigen Ort gewesen zu sein. Nur ganz wenige haben sich dem Wissenschaftsmanagement als **echte Karrierechance** zugewandt (sei es finanziell, als beruflicher Aufstieg oder zur persönlichen Weiterentwicklung). Dieses scheint mitunter noch relativ **wenig Attraktivität aus der Profession** selbst heraus auszustrahlen – wegen der schwierigen Einordnung oder des noch jungen Berufsbildes?

# 3 Kernkompetenzen von Wissenschaftsmanager: innen – Handlungsorientierung und Selbstorganisation

## 3.1 Stellenübergreifende, gemeinsame Kompetenzbereiche

Wissenschaftsmanager:innen sollten »beide Welten« verstehen – die Sphäre der Wissenschaft und die der Verwaltung. Aber welche Kernkompetenzen benötigen sie dazu?

Geht man von o. g. typischen Einsatzfeldern in ihrer Breite aus, spiegelt sich dies auch auf Kompetenzebene wider. Wissenschaftsmanager:innen teilen die Anforderung, dass zwar sie teils auf Stellen von Verwaltungsspezialist:innen sitzen, hingegen alle aber über bestimmte, gemeinsame Kernkompetenzen verfügen sollten. Diese sind sowohl unabhängig von der jeweiligen Spezialisierung als sie auch nicht zwingend in den beiden anderen Sphären der Wissenschaft und der Verwaltung vorkommen müssen. Vielmehr stellen Sie eine **Besonderheit des Wissenschaftsmanagements** dar mit originärem Nutzen für deren Kund:innen, welche beispielsweise Studierende, Wissenschaftler:innen, andere Behörden, Unternehmen oder auch Dienstleistungseinrichten und andere Organisationeinheiten innerhalb der jeweiligen Wissenschaftsorganisation sein können.

Ins Auge fallen darunter zunächst die **Interdisziplinarität** sowie ein **breites Themeninteresse**: Wissenschaftsmanager:innen haben über ihre eigene Hochschulbildung wie ihre Fachspezialisierung hinaus ständig mit Verwaltungsexpert:innen wie mit hoch spezialisierten Wissenschaftsler:innen zu tun, welche alle unterschiedliche Fachsozialisierungen, Ausbildungen und Denkzugänge mitbringen. Beispielsweise sollten Wissenschaftsmanager:innen nachvollziehen können, wie ein Hochschul-Controlling prinzipiell arbeitet, auch wenn sie kein absolviertes BWL-Studium besitzen. Sie müssen sich in die Laborsituation des biochemischen Instituts zumindest hineinversetzen können, selbst wenn sie nicht naturwissenschaftlich ausgebildet sind. Und sie sollten die prüfungsrechtlichen Anforderungen des Gesetzgebers im Grundsatz nachvollziehen können – auch ohne Jura-Studium. Letztlich bedeutet dies, sich mithilfe von Methoden und Zugängen bei Bedarf in zahlreiche Wissensgebiete einarbeiten zu können, zumal sie oft an Stellen sitzen, wo es »brennt« und **Flexibilität** wie **Kreativität in der Lösungsfindung** erforderlich sind. Damit zusammen hängt der jeweils personen-, situations- und kontextadäquate **Umgang mit einer Vielzahl unterschiedlicher in- wie externer Anspruchsgruppen**. Dies zeigt sich etwa im Einfühlungsvermögen für die besonderen Bedürfnisse einer Fakultät, der Konfliktbereitschaft bei Widerständen für einen anstehenden, organisationsweiten Veränderungsprozess, die Netzwerkpflege und den Beziehungsaufbau z. B.

mit anderen Wissenschaftsorganisationen und -rollen, wie die »Parkettsicherheit« im Umgang mit finanziell gewichtigen externen Wissenschaftssponsor:innen, hochrangigen Personen aus der Wissenschaftspolitik und wissenschaftlich exzellenten Koryphäen oder bei der Repräsentation der eigenen Wissenschaftsorganisation bei öffentlichen Events. Weiterhin gilt es, auch den besonderen **kommunikativen Herausforderungen** gewachsen zu sein – sei es, komplexe und fachfremde Sachverhalte schnell zu erfassen und auch für Fachfremde und Vorgesetzte auf den Punkt zu bringen, oder sei es in der mündlichen Konversation rhetorisch geschickt, einnehmend aber auch klar Standpunkte zu beziehen und lösungsorientiert zu verteidigen. Um die Zweckprogrammierung auszufüllen, ist ein **strategisches Big-Picture- statt eines rein taktischen oder operativen Denkens** notwendig, etwa in Form von konzeptionellem Arbeiten, der Initialisierung nachhaltiger Veränderungsvorhaben oder der Impulsgebung für Personal- und Organisationsentwicklungsthemen. Argumentativ schlüssige und überzeugende Begründungen für Beschlüsse und Entscheidungen vorzuformulieren, stil- und textsicher Antragsbausteine zu verfassen oder Pläne mitzuentwerfen und Strategien zu »übersetzen«, verlangt eigenständige Denkwege zu entwickeln statt auf vorgefertigte Lösungen zurückzugreifen. Dazu braucht es nicht zwingend einen akademischen Doktorgrad als Qualifikation, mag ein solcher doch – neben der repräsentativen Wirkung und der symbolischen Zugehörigkeit – anzeigen, dass man wissenschaftliches Denken und die Gepflogenheiten des Wissenschaftsbetriebs selbst erlebt und verstanden hat.

## 3.2 Kompetenzfelder und Kompetenzmodelle

»Kompetenzen« werden als **Voraussetzungen** verstanden, um sich in neuen, offenen und dynamischen Situationen zurechtzufinden, selbstorganisiert zu denken und durch aktives Handeln wirksam zu werden. Gerade im z. T. hoch dynamischen Wissenschaftsmanagement ist dies herausfordernd. So lassen sich Kompetenzen als solche zwar nicht erlernen oder aneignen, wohl aber die dazugehörigen konkreten **Fähigkeiten** und **Fertigkeiten**, das **Wissen** und **Können** sowie die **Qualifikationen** für die jeweilige Kompetenz.

Kompetenzen sind **kontextabhängig nachweisbar** und **demonstrierbar** durch die Kompetenz-Inhaber:innen: »*Die Rolle/Funktion... (wer?) kann ... (was?), indem diese ... (womit?), um dadurch ... (wozu?)*«. Zum Beispiel kann die Koordination eines SFB (»Sonderforschungsbereichs«) die kommunikative Verbindung zu relevanten Hochschulstellen aufrechterhalten, indem sie in Forschungsgremien Mitglied ist und proaktiv den SFB im Hochschulkontext vertritt, um allen anderen Hochschulstellen deutlich zu machen, welche Informationen der SFB benötigt und wo er eingebunden werden sollte. Diese **Kompetenzformel** schützt u. a. davor, **Kompetenzen als Buzzwords** wie in manchen Stellenausschreibungen zu missbrauchen, ohne den dahinterliegenden Grund (Wieso braucht es diese Kompetenz genau für diesen Job?) und die Einordnung in den jeweiligen **Arbeitskontext** (Wann ist die Kompetenz gefragt und wann gerade nicht?) zu verstehen.

In diesem Zusammenhang ist auch die **Ausprägung** bzw. die Qualität der Einzelkompetenzen relevant – nicht jede:r muss alles gleich gut und bis zur Perfektion beherrschen, denn »eierlegende Wollmilchsäue« sind nicht nur rar, sie sind auch schwer zu halten und in ein arbeitsteiliges Team einzupassen. Typischerweise sollte hier mithilfe von aufsteigenden **Kompetenzstufen** gearbeitet werden (= Wissen, Verstehen, Anwenden, Analyse, Synthese, Evaluation). Beispielsweise kann es auf einer unteren Stufe wie **Verstehen** genügen, Bedeutungen zu erfassen, Einzelinformationen zueinander in Beziehung zu setzen, etwas mit eigenen Worten erklären, fremde Texte interpretieren oder Zusammenhänge erläutern zu können (z. B. Assistenz der Hochschulleitung, bei der man unterstützt und koordiniert). Hingegen verlangt etwa eine obere Stufe wie **Synthese** die kreative Neukombination vorhandener Informationen, alternative Lösungswege finden, Verallgemeinerungen bilden, Handlungspläne entwerfen, und innovative Strukturen entwickeln zu können (z. B. als Initiator:in eines universitären Quality Circles).

Um festzulegen, welche Kompetenzen speziell für das Wissenschaftsmanagement sinnvoll sind und um nicht unzählige Einzelkompetenzen zu vereinen, bietet sich die Arbeit mit **Kompetenzfeldern** anhand von **-modellen** an. Gerade bei Einsatzfeldern mit stark generalistischer Ausprägung über verschiedene Felder hinweg können solche als einheitliche zielgruppen- und kompetenzorientierte Grundlage für die Mitarbeiter:innen-Entwicklung einer Organisation(-seinheit) dienen. **Erfolgskritische Kompetenzen** können so systematisiert sowie zur kompetenzorientierten Personalauswahl und individuellen Förderung verwendet werden. Es müssen auch nicht stets alle Einzelkompetenzen aus einem Kompetenzfeld abgedeckt werden, solange das Kompetenzfeld an sich erfüllt ist. Kompetenzmodelle speisen sich am besten aus den **Grundhaltungen** der jeweiligen Organisation bzw. Organisationseinheit (z. B. Leitbilder, Strategie, Mission und Vision, Codes of Conduct etc.) bzw. den Werten der Modell-Ersteller:innen. Nur dann kann sichergestellt werden, dass die Wissenschaftsmanager:innen auch vom Mindset her zum Wissenschaftsmanagement und der Kultur diesbezüglich an der jeweiligen Organisation passen. Das Projekt »KaWuM – Karrierewege und Qualifikationsanforderungen im Wissenschafts- und Hochschul-Management« etwa hat sich demgegenüber für folgendes (generisches) Kompetenzmodell ausgesprochen:

- **Fachkompetenzen**: Dies trägt der Tatsache Rechnung tragen, dass viele Wissenschaftsmanager:innen oftmals »spezialisierte Generalist:innen« sind.
- **Digitale Kompetenzen**: Dies bewertet einen der aktuellen globalen Megatrends hoch, der für Forschung und Lehre größte Relevanz hat.
- **Managementkompetenzen**: Dies berücksichtigt die Spezifika der öffentlichen Hochschulverwaltung und des (lateralen) Führens im Hochschulkontext.
- **Generische Kompetenzen**: Dahinter »verstecken« sich Basiskompetenzen, die in allen Berufsformen nützlich sind und dabei helfen, z. B. in Forschungsteams arbeiten, mit Informationsüberflutung umgehen oder universitäre Interessensgruppen einbinden zu können.

## 3 Kernkompetenzen von Wissenschaftsmanager:innen

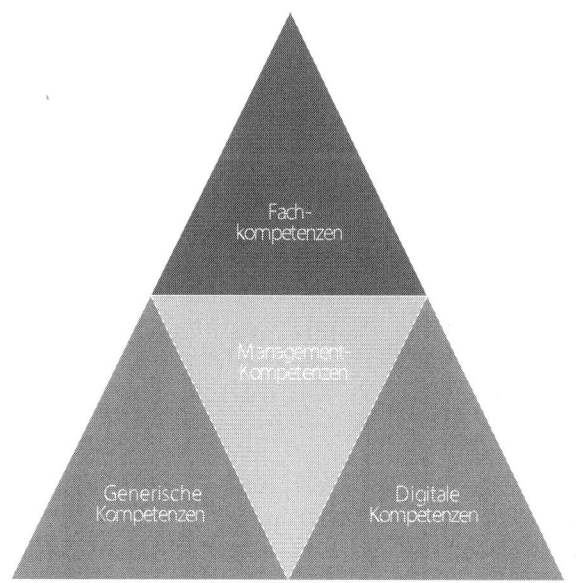

**Dar. 2:** Generisches Kompetenzmodell

Vor allem die beiden letztgenannten Kompetenzfelder »generische Kompetenzen« und »Managementkompetenzen« sollten hierbei – in Abgrenzung zueinander, im Wording wie in der Ausgestaltung – kritisch gesehen werden, wirken sie doch als **Auffang-Kompetenzbereiche** für viele unterschiedliche Kompetenzfelder, die Wissenschaftsmanager:innen von anderen Mitarbeiter:innen in der Hochschulverwaltung unterscheiden (▶ Kap. I. 1.2). Dieses Kompetenzmodell weiterentwickelnd empfiehlt sich gemäß dem o. g. Verständnis von Wissenschaftsmanagement folgendes (erweitertes) Kompetenzmodell, bestehend aus fünf Kompetenzfeldern:

- **Systemkompetenzen**: Dieses Kompetenzfeld trägt den unterschiedlichen Funktionslogiken von Wissenschaft und Verwaltung Rechnung, vereint in einer »Expert:innenorganisation« mit akademischer Selbstverwaltung (▶ Kap. I. 5.3). Dazu gehört, dass Wissenschaftsmanager:innen oft mit wissenschaftsfernen Instrumenten, Methoden und Techniken etwa aus der Betriebswirtschaft konfrontiert sind und die Adaption auf den Wissenschaftsbereich leisten müssen. Da Wissenschaft meist im öffentlich-rechtlichen Bereich stattfindet, sind administrative und rechtliche Kenntnisse speziell in diesem Feld wie etwa über Gremien als Verwaltungsorgane, öffentliches Haushaltsrecht oder die Strukturen mittelbarer Selbstverwaltungskörperschaften ebenso Teil von diesem Kompetenzfeld wie über Wissenschaftslandschaften und -strukturen.
Einzelkompetenzen dazu wären etwa die semesterweise Durchführung von Lehrveranstaltungsplanung im Referat Studienservice, die Planung von jährlichen Hochschulmessen im Dezernat Eventmanagement (▶ Kap. III.3.2 und 3.3).

- **Führungskompetenzen:** Dieses Kompetenzfeld betont, dass Wissenschaftsmanagement entgegen dem Grundwort des Kompositums zwar meist typische Managementaufgaben mitumfasst wie Koordination, Organisation etc. Darüber hinaus werden nicht allein erprobte Instrumente auf wiederkehrende Herausforderungen angewandt, sondern Lösungen für neuartige und unbekannte Herausforderungen gesucht. Das erfordert ein strategisches Denken, Entscheidungsfreude auch bei Unsicherheiten bzw. Ungewissheiten sowie die Steuerung von Veränderungen in einem eher statischen Verwaltungssystem. Neben den dortigen Rahmenbedingungen des öffentlichen Dienst- und Beamtenrechts spielt gerade die Form der lateralen Führung im Wissenschaftskontext eine tragende Rolle. Für den sozialen Umgang mit anderen sind auch Dialog- und Kompromissfähigkeit, Empathie sowie agiles Führungsdenken wichtig.
  Einzelkompetenzen dazu sind die Formierung eines neuen Forschungsteams für ein Science-Cluster, die Übernahme der Projektleitung im Rahmen eines Change-Prozesses oder die kompromissbereite Vereinigung unterschiedlicher Meinungen und Zugänge in einem Hochschulentwicklungsplan.
- **Methodenkompetenzen:** Dieses Kompetenzfeld betont, dass es oft Schlüsselkompetenzen aus dem Informationsmanagement oder Problemlösungstechniken braucht, um z. B. Fachkompetenzen erst erschließen zu können. Im Wissenschaftsmanagement gehören dazu Qualitäts- und Projektmanagement, Prozessmanagement und Digitalität.
  Einzelkompetenzen dazu wären z. B. das Management internationaler Projektverbünde, das Aufsetzen von Prozesslandkarten oder die Modellierung von Ablaufdiagramme modellieren.
- **Fachkompetenzen** je nach Einsatzgebieten: Dieses Kompetenzfeld betont, dass bei aller Generalität Wissenschaftsmanager:innen zumeist auf einer konkreten, einem bestimmten fachlichen Aufgabengebiet zugeordneten Stelle als Teil einer weitgehend funktionalen Arbeitsteilung in der Aufbauorganisation arbeiten.
  Einzelkompetenzen dazu wären etwa die Begleitung rechtlich komplexer Berufungsverfahren in der Stabsstelle Qualität und Recht oder die Ausbildung eines empathischen Verständnisses für die Anliegen der Studierenden in der Abteilung Zentrale Studienberatung.
- **Kommunikationskompetenzen:** Dieses Kompetenzfeld betont die besonderen kommunikativen Herausforderungen (▶ Kap. I. 2.2) sowohl fachlich aufgrund der generalistischen Tätigkeit als auch aufgrund der häufigen Schnittstellen- und Vermittlungsfunktionen des Wissenschaftsmanagements. Gerade bei betriebsinternen Schnittstellen z. B. zwischen einzelnen Abteilungen einer Hochschulverwaltung oder zwischen der Gesamtleitung eines Forschungsinstituts und den einzelnen Forschungsclustern, wobei es gilt, Disharmonien in der Abstimmung, mangelhafte Informationsflüsse und divergierende Subkulturen und Planungshorizonte zu vermeiden.

**Einzelkompetenzen** dazu wären z. B. die dezentrale Budgetierung der Fachbereiche ausverhandeln und intern kommunizieren können, Raumressourcenkonflikte zwischen Instituten steuern können oder die Übersetzungsleistung von Studien- und Prüfungsanforderungen gegenüber den Studierenden managen.

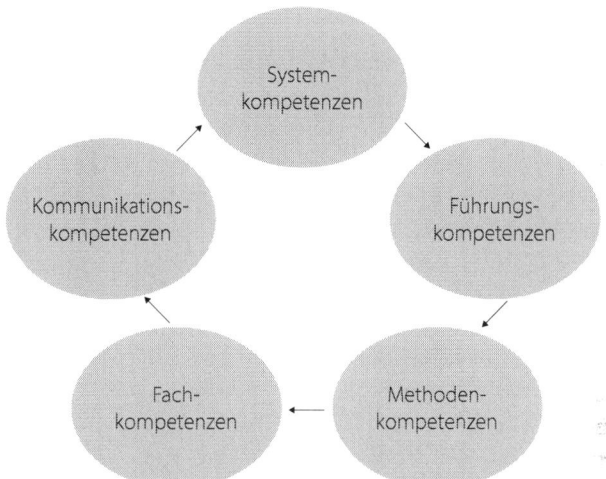

**Dar. 3:** Erweitertes Kompetenzmodell

> **Reflexionsübung**
>
> - Sammeln Sie für Ihre konkrete Tätigkeit im Wissenschaftsmanagement die jeweils fünf wichtigsten Einzelkompetenzen pro Kompetenzfeld.
> - Beschreiben Sie jede Einzelkompetenz in einer Kompetenzformel und legen Sie pro Kompetenz eine Kompetenzstufe fest.
> - Versuchen Sie dabei, weg von Ihnen und Ihren tatsächlichen Kompetenzen zu gelangen hin dazu, was Ihre konkrete Tätigkeit an Kompetenzen als Position erfordern würde.
> - Fertigen Sie zuletzt eine fiktive Stellenausschreibung von Ihrer Tätigkeit, so dass Sie Lust darauf bekämen, sich (erneut) darauf zu bewerben!

## 3.3 Kompetenzen und Ressourcen – zwei Seiten der Medaille

Kompetenzmodelle teilen den **Nachteil aller modellhaften Abbildungen**, dass sie nie genau passen und Hochkomplexes simplifizieren, gerade, wenn es um Menschen, deren Beziehungen und Interaktionen im Wissenschaftskontext geht. Diese Reduzierung von Komplexität ist damit sowohl Mehrwert wie Gefahr von Kompetenzmodellen. Das wirkt sich bei der Arbeit mit Kompetenzmodellen, einer Karriere als Wissenschaftsmanager:in und bei der Entwicklung des Wissenschaftsmanagements insgesamt nicht nur auf theoretisch-konzeptioneller Ebene, sondern hochschulpraktisch aus, etwa wenn es um das Recruiting für eine ganz bestimmte Stelle geht und man sich fragt, ob und inwieweit man sich an das Modell hält oder im Einzelfall bewusst davon abweicht.

Eine weitere Herausforderung besteht darin, dass Kompetenzen sich fast notwendigerweise auf die Frage beschränken, welche Art Menschen eine **Organisation braucht**, um ihren **Zweck** zu erfüllen. Diese Sichtweise überbetont zuweilen die Möglichkeiten der **Kompetenz-Inhaber:innen**, lediglich Kraft guter Arbeit und Kompetenz das System am Laufen zu halten.

In der Hochschulpraxis funktioniert dies jedoch einerseits gelegentlich auch, ohne die vorhandenen Kompetenzen in der korrekten Ausprägung zu besitzen bzw. durch **wertvolle Beiträge Einzelner**, die sich methodisch schwer in Zuständigkeitsverteilungen oder Kompetenzmodellen abbilden lassen: Man denke etwa an die »gute Seele« des Instituts, zu der alle gehen können, um ihre Sorgen zu teilen oder um unkomplizierte Hilfe zu erhalten – für das Team oft eine unglaublich wichtige Stütze! Oder die zur Projektverrechnung eingesetzte wissenschaftliche Hilfskraft, die als Masterstudent:in für Digitale Medien schnell mal eben die Forschungswebseite mitbetreut – schlicht, weil er bzw. sie es viel schneller kann und Freude daran hat.

Andererseits stellen zugeordnete Kompetenzen immer nur einen Baustein für gute Performance und damit **gelungenes Wissenschaftsmanagement in der Praxis** dar. Dazu gehört aber ebenso, die Kompetenzen auch **sinnvoll einsetzen zu wollen, zu können und zu dürfen**. Wenn der Fachbereich der bzw. dem Geschäftsführer:in wenig zutraut und keine eigenverantwortlichen Entscheidungen zugesteht, helfen deren bzw. dessen Führungskompetenzen wenig. Wenn ein:e Wissenschaftsmanager:in keine Rückendeckung der Hochschulleitung für die übergreifende Einführung von Prozessmanagement erhält (in Taten statt nur mit Worten), dann bringt die Projektleitungskompetenz allein nichts. Und wenn man neben seiner Vollauslastung noch drei Zusatzaufgaben managen soll, schafft die Zeitmanagementkompetenz allein keine zusätzliche Arbeitszeit oder Entlastung an anderer Stelle. Gerade im Hochschulkontext kämpfen viele mit **stark limitierten Ressourcen**, sei es auf der Finanzierungsseite, bei der zeitlichen Belastung, mit Flexibilisierungsgraden sowie den oft (optimierungsbedürftigen) Kommunikations- und Führungskompetenzen mancher Kolleg:innen und Führungskräfte. Die Frage ist also selten einzig diejenige, ob jemand Kompetenz A oder B auf der richtigen Stufe hat, sondern ob diese Kompetenz mit den notwendigen Ressourcen im situativen Arbeitskontext verknüpft ist, welche den **Kompetenz-Einsatz erst wirksam** werden lässt. Typischerweise lassen sich diese Ressourcen in folgende drei Cluster aufteilen:

- **Institutionelle Ressourcen**: wie z. B. die Aufteilung der Arbeitszeit, Gestaltungsspielräume oder Befugnisse.
- **Soziale Ressourcen**: wie etwa Führungssupport, Peer-to-Peer-Kollegialität oder Beziehungen im Team.

- **Individuelle Ressourcen:** wie z. B. Eigenmotivation, Veränderungsbereitschaft oder berufliche Vorerfahrungen.

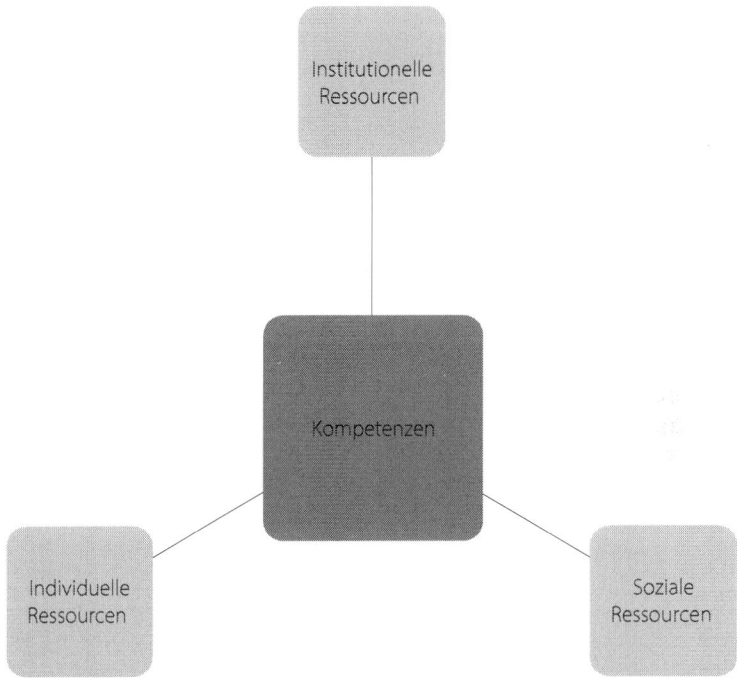

**Dar. 4:** Ressourcen-Cluster

Betrachtet man Kompetenzen nicht als Ansammlung von Wissen, Fähigkeiten oder Fertigkeiten, sondern als Handlungsvoraussetzungen (▶ Kap. I. 3.2), sollten die **dafür passenden Ressourcen zugleich mitgedacht** werden – sowohl dort, wo mögliche Ressourcenengpässe eintreten können als auch dort, wo manche Ressourcen überhaupt erst notwendige Vorbedingung für den Kompetenzeinsatz bilden.

Am direktesten äußert sich dies in der Praxis oft, wenn Wissenschaftsmanager:innen mit der Vorbereitung von Entscheidungen betraut, federführend in Entscheidungsprozesse eingebunden oder gar für deren Umsetzung verantwortlich sind – etwa bei der Ausarbeitung eines Erstentwurfes für einen reakkreditierten Studienplan oder die Fakultätsneupositionierung, der Projektkoordination im einem Change-Prozess oder der Umsetzung eines Gremienbeschlusses. Mit diesem tatsächlichen Befund korrespondiert meist weder eine formale oder wenigstens ausdrücklich kommunizierte Entscheidungsbefugnis – mag die persönliche Kompetenz auch gegeben sein. Anders gesagt, passt die **Erwartungshaltung** der beteiligten Akteur:innen dann nicht zu den **Rahmenbedingungen**.

Nach dem sog. **Kongruenzprinzip der Organisation** sollte grundsätzlich zwischen Aufgaben, Kompetenzen und Verantwortung eine Übereinstimmung herrschen (»AKV-Prinzip«): Unter Kompetenz ist organisationstheoretisch hier sowohl dasjenige zu verstehen, was jemand kann, als auch, was jemand darf im Sinne einer (rechtlichen oder jedenfalls tatsächlichen) Befugnis. Nur, wenn Aufgabe und Kompetenz miteinander übereinstimmen, kann ein:e Stelleninhaber:in redlicherweise für eine Aufgabendurchführung zur Verantwortung gezogen werden etwa im Sinne einer Kontrolle von Arbeitsergebnissen. Wird das Kongruenzprinzip dergestalt verletzt, dass die Kompetenzen im Vergleich zu den Aufgaben und der Verantwortung zu gering sind, spricht man von einer einseitig gefährdeten Delegation (▶ Kap. III. 2.1).

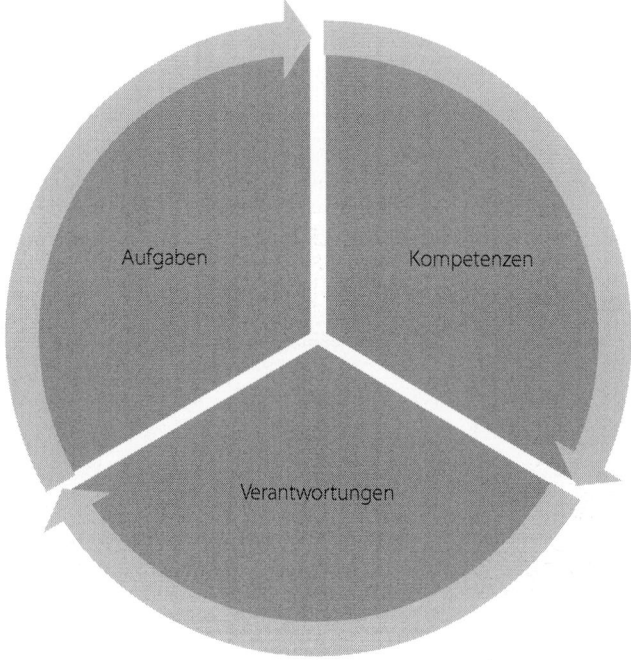

**Dar. 5:** Kongruenzprinzip

**Reflexionsübung**

- Gehen Sie Ihre fünf wichtigsten Aufgabenschwerpunkte Ihrer konkreten Tätigkeit im Wissenschaftsmanagement durch.
- Bei welchen ist das AKV-Prinzip Ihrer Meinung nach erfüllt, bei welchen mangelt es inwiefern an Kongruenz und wo vermuten Sie welche Ursachen dafür in Ihrer Wissenschaftsorganisation?
- Bei welchen fehlt es insbesondere an Ressourcen und wie könnten diese beschafft werden?

# 4 Rollen, Funktionen und Herausforderungen von Wissenschaftsmanager:innen

## 4.1 Stellen und Rollendenken

Von Seiten der Wissenschaftsorganisation sind **konkrete Erwartungen** an ihr eigenes Wissenschaftsmanagement häufig unklar, was man nicht nur am Textduktus von vielen (auf die klassische Hochschulbürokratie zugeschnittenen) Stellenausschreibungen merkt.

Zum einen werden die meisten Stellen weder formal mit Wissenschaftsmanager:in als Stellenbezeichnung ausgeschrieben noch organisationsintern so bezeichnet oder gar vertraglich so geregelt. Dadurch werden Positionen im Wissenschaftsmanagement schon innerhalb derselben Wissenschaftsorganisation heterogen und wenig systematisierbar. Zum anderen entstammen die Bezeichnungen der bürokratischen **Verwaltungssprache** und lauten generisch z. B. »Koordinator:in« oder »Assistent:in«, »Referent:in« oder »-manager:in«. Statt inner- wie außerhalb des Wissenschaftssystems klar zu artikulieren, was diese (oftmals neue) Position leistet, wie sie ins Gefüge passt und was sie auch von den anderen an Zusammenarbeit voraussetzt, sind diese Bezeichnungen hinsichtlich der Zugehörigkeit zum Wissenschaftsmanagement ebenso leer wie hinsichtlich des Aufgabenfeldes. Erst über ein Stellenprofil oder eine Arbeitsplatzbeschreibung werden die Tätigkeiten mit Attributen inhaltlich verständlicher, wenn auch vielfach nicht klar.

Bezeichnungen, die auf die typischen Arbeitsinhalte von Wissenschaftsmanager:innen verweisen wie das Beraten, Kommunizieren, strategische Planen etc. (▶ Kap. I. 2.2) gibt es ebenso selten wie den Bezug auf die wichtigsten Kompetenzfelder. Stattdessen dominiert der Bezug zur Fachprofession und zur Position innerhalb der funktionalen Aufbauorganisation wie etwa »Spezialist:in Anerkennungswesen« oder »Forschungsmanager:in Drittmittelprojekte«. Insbesondere die implizierte **Führungsfunktion im Wissenschaftsmanagement** findet sich selten in Bezeichnungen wie »Head of ...« oder »Leiter:in ...«. Auch an dieser Stelle zeigt sich auf terminologischer Ebene erneut die Fehleinschätzung, dass Wissenschaftsmanager:innen vermeintlich ihre Wissenschaftskarriere abgebrochen haben und daher in Negativabgrenzung zu Wissenschaftler:innen stehen. Dies wird verstärkt durch die aus Wissenschaftssicht teils negative Einordnung der Wissenschaftsverwaltung als lediglich wissenschaftsunterstützende Hilfstätigkeit, die von Wissenschaftler:innen eher als belastend und von Forschung und Lehre ablenkend wahrgenommen wird. Zuletzt entstehen besagte Stellen oft nicht von der Personalentwicklung systematisch geplant, sondern ad hoc oder aus einem Defizit heraus. So findet sich die paradoxe Situation, dass zwar einerseits mehr **Entlastung der Wissenschaft** von Verwaltungsarbeiten eingefordert wird, andererseits sich die mangelnde **Anerkennung des Wissenschaftsmanagements** in den Bezeichnungen der geschaffenen Stellen zeigt.

Eng verknüpft damit ist das **Rollenverständnis** der Wissenschaftsmanager:innen und deren Rollenzuweisung. Der Rollenbegriff stammt aus der Theaterwissenschaft, womit ursprünglich die Gesamtheit einer künstlerischen Figur bezeichnet wird, die man »verkörpert«, indem man die eigene Persönlichkeit dahinter zurückstellt. Darauf zurückgehend fungieren Rollen als **Menge von personenunabhängigen Erwartungshaltungen** an die Rolleninhaber:innen und sind von Positionen, Eingruppierungen oder Titeln zu unterscheiden. Der Vorteil dieser Personenunabhängigkeit ist u. a., dass sie zu einer Vorhersehbarkeit von menschlichem Verhalten gegenüber den anderen und damit zu einer Objektivierung führt. Professionelles Management soll eben nicht davon abhängen, ob Person A Person B gut leiden kann, ob Organisationseinheit X mit Organisationseinheit Y gerade an anderer Stelle um Ressourcen streitet oder ob die zuständige Sachbearbeitung just auf Urlaub weilt. Ist eine Rolle klar ausgeformt und transparent beschrieben, kann sie einzeln zugeordnet, geteilt wahrgenommen, befristet und wieder getauscht werden. Ein typisches Praxisbeispiel sind etwa Rollen in Hochschulverwaltungs- oder Forschungsprojekten. Ohne die Aufbaustruktur meist in Form eines Organigramms der Wissenschaftsorganisation dauerhaft umzuformen, ergänzt das Rollendenken hingegen auf der Ebene der **Ablauforganisation das prozess- und projekthafte** Vorgehen (▶ Kap. IV. 1.1). Rollen können innerhalb einer Organisationseinheit gemeinsam von und mit einem Team feingliedriger und flexibler an die aktuelle Aufgabenerledigung angepasst werden als dies über etwa Stellenumgruppierungen möglich wäre. Das stärkt nicht nur das gegenseitige Verständnis für das jeweils Geleistete, sondern hilft auch beim Teambuilding. Für eine Rolle gibt es keine Besitzansprüche innerhalb der Aufbauorganisation.

Gerade wenn vermeintliche Mehrarbeit »droht«, rahmen Rollen die tatsächlichen Arbeitsanforderungen besser als der ständige Verstoß gegen starre Aufgabenverteilungen, indem die Arbeit anderer miterledigt oder der eigene Aufgabenbereich unabgrenzbar ausgeweitet wird. Falls eine Umverteilung unter den bestehenden Personen z. B. kompetenz- oder ressourcenhalber nicht gelingt, kann eine Rolle auch ausgelagert werden wie etwa im Falle eines prüfungsrechtlichen Gutachtens aufgrund einer Studierendenbeschwerde, welches von einer darauf spezialisierten Rechtsanwaltskanzlei erstellt wird. Rollen helfen somit dabei, den **eigenen Platz im Wissenschaftsmanagement** zu finden – insbesondere, wenn die dritte Säule (▶ Kap. I. 2.1) nicht klar ausgestaltet ist in der eigenen Wissenschaftsorganisation. Nicht nur entsteht dadurch erhöhtes **Commitment** bei den Rolleninhaber:innen, sodass diese den abgesteckten Spielraum einer hinreichend ausgeformten Rolle eigenverantwortlich ausgestalten können. Auch können diese sich besser von anderen (verwandten) Aufgaben abgrenzen, vor allem wenn viele Kolleg:innen aufgrund der zu bewältigenden Masse auf ähnlich bezeichneten Stellenprofilen sitzen (z. B. Sachbearbeiter:innen für die Bachelorzulassungen an einer Großuniversität oder Studienprogamm-Assistent:innnen einer postgradualen Weiterbildungseinrichtung, die jeweils ein Masterprogramm administrativ betreuen). Gerade in kleineren Organisationseinheiten wie etwa einem Institut für ein Orchideenfach oder in einer frisch gegründeten Stabsstelle ist dies ansonsten oft schwierig, da gerne der ungeschriebene Grundsatz verfolgt wird, »alle machen alles«. Kollegiales Aushelfen und die gegenseitige Hilfsbereitschaft werden dann oft als Deckmantel für Unterbesetzung oder mangelnde Organisations- und Personalentwicklung benutzt oder sogar oftmals vorausgesetzt.

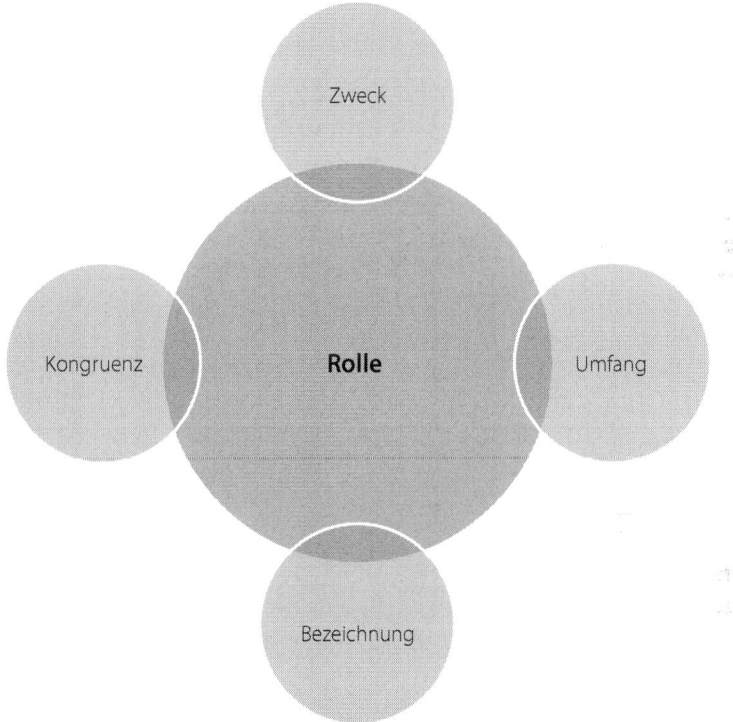

**Dar. 6:** Rollendefinition

Zuletzt zeigt das Denken in Rollen auch eine generelle Haltung der Organisation gegenüber den Mitarbeiter:innnen als Teil der **Organisationskultur** auf: Bei Stellen und Positionen geht es meist darum, »passende« Mitarbeiter:innen zu finden, welche die Stelle gut ausfüllen, um bestimmte Aufgaben zu erledigen. Gegebenenfalls müssen dazu fehlende Kompetenzen aufgebaut oder Qualifikationen nachträglich erworben werden. Bei Rollen hingegen steht (auch) die Potentialentfaltung der Menschen selbst im Vordergrund, was in die jeweilige Rollenausgestaltung einbezogen werden kann: Der Mensch wird nicht allein an Stellenerfordernisse angepasst, sondern umgekehrt sollte eine Rolle auch an die zur Verfügung stehenden Mitarbeiter:innen angepasst werden.

Zu einer Rollendefinition gehören u. a. Antworten auf folgende Fragen:

- **Rollenzweck**: Wozu gibt es gerade diese Rolle in dieser Ausformung und welche Perspektiven bietet sie für die Rolleninhaber:innen?
- **Rollenbezeichnung**: Wie heißt die Rolle und wie kann die Bezeichnung möglichst deutlich machen, was dazugehört und was nicht?
- **Rollenumfang**: Was sind zur Rolle gehörende, erwartete Beiträge der Rolleninhaber:innen und wie grenzen sie sich von anderen (ähnlichen) Tätigkeiten ab?
- **Rollenwirkung**: Wie stark zahlt die Rolle auf ein funktionierendes Team, die Organisationseinheit oder die Wissenschaftsorganisation insgesamt ein?
- **Rollenkongruenz**: Welche Verantwortungsbereiche, Kompetenzen, Befugnisse und sonstige Ressourcen gehören zur Rolle und ist alles dies aufeinander abgestimmt?

> **Reflexionsübung**
>
> - Vergleichen Sie die Aufgabenschwerpunkte in Ihrer Organisationseinheit mit den Personen, auf welche sie verteilt sind – inklusive sich selbst.
> - Gibt es Aufgaben, die (formal) niemandem direkt zugeordnet sind? Gibt es Kompetenzen oder Ressourcen von Personen, die in der vorhandenen Ausprägung für keine der Aufgaben zwingend gebraucht werden?
> - Schreiben Sie die 10 wichtigsten Aufgaben je auf einen Post-it und clustern Sie inhaltlich verwandte Aufgaben miteinander. Formen Sie – ohne Beachtung von Personen – aus den Clustern Rollen, die o. g. Definitionsmerkmale erfüllen.

## 4.2 Funktionen und Herausforderungen von Wissenschaftsmanagement

Was leistet ein professionelles Wissenschaftsmanagement spezifisch, was Wissenschaft und Verwaltung bislang nicht tun oder in Zukunft nicht mehr können? Einiges ergibt sich bereits aus den typischen Arbeitsinhalten in Verbindung mit den dazu notwendigen Kernkompetenzen (▶ Kap. I. 3.1):

- **Spezialist:innen-Funktion**: Wissenschaftsmanager:innen in obigem Sinne beschränken sich selten auf ihre fachliche Spezialisierung, sondern sind meist auch im generalistisch-interdisziplinären Denken zuhause. Dennoch ist oft die Schaffung ihrer Position genau zuerst Genanntes, ob es etwa das Akkreditierungswesen oder das Studien- und Prüfungsrecht ist, das E-Learning oder Wissenschaftsmarketing. Gerade in sich immer weiter ausdifferenzierenden Wissenschaftsbetrieben gilt dort Spezialisierung als Zeichen von Expertise und weniger von Einseitigkeit oder »Fachidiotentum«. Diese Funktion macht es nicht nur leichter, die Zuordnung innerhalb der Wissenschaftsorganisation zu treffen und zu kommunizieren als beispielsweise generalistische Bezeichnungen. Es verschafft Wissenschaftsmanager:innen auch schneller Anerkennung insbesondere von Seiten der Wissenschaftler:innen.

Selbstverwaltungsaufgaben werden auf der einen Seite von vielen Wissenschaftler:innen als Last empfunden, kostet dies doch (selten honorierte) Ressourcen. Welche:r neuberufene W2-Professor:innen freut sich schon, gleich im zweiten Jahr zum Prodekan gemacht zu werden und ins kalte Wasser zu tauchen? Und wem geht das wissenschaftliche Herz dabei auf, wenn er bzw. sie in Ausschreibungstexten für Professuren den kleinen Standardsatz »Beteiligung an der akademischen Selbstverwaltung erwünscht« liest? – eben! Für viele hoch spezialisierte Managementaufgaben auf der anderen Seite hat die Wissenschaftsverwaltung oft wenig Ressourcen. In beiden Fällen kann diese Funktion somit zur Entlastung der Gremien und der Verwaltung führen (▶ Kap. III.3.2 und 3.3).

- **Führungsfunktion**: Ohne auf die Stellenzuordnung, Fachinhalte oder die eigene Organisationseinheit beschränkt zu bleiben, sollen Wissenschaftsmanager:innen – im besten Falle mit der Sicherheit einer unbefristeten Stelle – etwa den Blick darauf werfen, wie Beziehungen gefestigt oder die Rahmenbedingungen von Hochschulmitarbeiter:innen verbessert werden. Neben der gelegentlich repräsentativen, ebenfalls oft über den rein funktionalen Wirkungsbereich hinausgehenden Funktion, gehören auch die Positionierung der jeweiligen Wissenschaftsorganisation oder die Stärkung eines Forschungs- und Studienfelds insgesamt mit dazu. Die Führungsfunktion beinhaltet dabei nicht allein Koordination hin zur Verwirklichung vorgegebener Ziele, sondern Moderation und Konfliktmanagement sowie andere zu inspirieren und zu motivieren.
Zusammen mit der Spezialist:innen-Funktion macht diese Form des generalistischen Managements im funktionalen Führungssinne Wissenschaftsmanager:innen zu »spezialisierten Generalist:innen«.
- **Vermittlungsfunktion**: Wissenschaftsmanagement schlägt die Brücke zwischen den oft unterschiedlichen Funktionslogiken gehorchenden zwei Säulen der Hochschulen, da Wissenschaftsmanager:innen in beiden Metiers zuhause sind. Diese Funktion hilft nicht nur operational bei der Zusammenarbeit, sondern dient auch als institutionelle Schnittstelle, die beide Säulen mit ihren unterschiedlichen Funktionslogiken dauerhaft näher zueinander bringt im Sinne einer kontinuierlichen, nachhaltigen Organisationsentwicklung.
Dabei ist ein großer Vorteil gegenüber der sonstigen Wissenschaftsverwaltung, dass hier weder ein Eigeninteresse einer Säule (▶ Dar. 1) noch kurzfristiges Taktieren aufgrund begrenzter Funktionsperioden unterstellt wird.
- **Strategiefunktion**: Anders als etwa Wissenschaftler:innen, die Managementfunktionen ausfüllen z. B. im Rahmen der akademischen Selbstverwaltung, müssen sich Wissenschaftsmanager:innen grundsätzlich nicht an befristeten Funktionsperioden ausrichten oder darauf achten, wie der persönliche Managementsich zum Wissenschaftsanteil verhält. Vielmehr sollen sie sich weg von Indivi-

dual- und/oder Partikularinteressen einiger weniger hin auf ein längerfristig strategisches »Big-Picture-Denken« ausrichten. Statt von taktischen Überlegungen getrieben zu sein, zählt dazu auch der Entwurf von Strategien und die Entwicklung von Konzepten sowie deren jeweilige Umsetzung und Kommunikation. Die kann im Rahmen der Zweckprogrammierung oft lange dauern und einer hohen Frustrationstoleranz bedürfen, die ebenso in dieser Funktion aufgehoben ist. Statt etwa einem auf eine Funktionsperiode begrenzten Dekanat obliegt der Fakultätsgeschäftsführung neben der Exekution auch Richtungen vorzugeben und Ziele erst zu entwickeln. Die Weichen längerfristig zu stellen und als Impulsgeber:in zu dienen, bedeutet nicht nur, operatives und strategisches beiderseits zu beachten, sondern miteinander zu verzahnen, sprich, vor allem dafür zu sorgen, dass Strategien an der Basis »gelebt« werden und diese nicht wie hehre Ideale über dem profanen, operativen Alltag des Wissenschaftsbetriebs schweben (▶ Kap. II. 2.4).

- **Veränderungsfunktion**: Wissenschaftsmanager:innen stehen oft an der Speerspitze von Innovation und geben treibenden Veränderungen ein Gesicht z. B. als Change-Agents oder Change-Ambassadors. Dabei hilft den Wissenschaftsmanager:innen nicht nur ein Informationsvorsprung aufgrund ihrer exponierten Schnittstelle, sondern der schnellere Zugriff auf Kommunikationskanäle und die Möglichkeit zum Agenda-Setting wie zum (Re-)Framing aktueller Themen.
Dazu gehört auch die Ausdauer, bestimmte Programme gegen Widerstände durchzusetzen und Rückschläge einstecken zu können bzw. über Jahre Adaptionen und wissenschaftspolitische Dynamiken wie z. B. geänderte Hochschulgesetze oder internationale Forschungsinnovationen kontinuierlich zu berücksichtigen.

Neben großem Potenzial sieht sich das Wissenschaftsmanagement auch Herausforderungen ausgesetzt: Die Spezialist:innen-Funktion mit ihrer fachlichen Expertise etwa kann dazu führen, dass die Wisssenschaftsmanager:innen genau auf diese (und nur diese) **Spezialisierung reduziert** werden. Aus der zuweilen umstrittenen Einordnung der Wissenschaftsmanager:innen resultiert dann eine »Schubladisierung« dergestalt, dass jemand auf einer zugeordneten Verwaltungsstelle keine Rolle (▶ Kap. I. 4.1) im Wissenschaftsmanagement, sondern eine Position im Organigramm innehat. Die Leitung der Stabsstelle zur übergreifenden Etablierung einer Prozessmanagementarchitektur wird dann beispielsweise ganz funktional als Projektkoordination verstanden, welche Vorlagen für Ablaufdiagramme und Modellierungssoftware bereitstellt anstatt einen Kulturwandel zu begleiten. Die Veränderungsfunktion kann ferner dazu missbraucht werden, dass nun jemand für die Belastungen und **Unsicherheiten verantwortlich** gemacht werden kann, die damit typischerweise einhergehen. Auf die Funktion wird somit alles Negative (dankbar) abgeladen, zumal gerade im öffentlich-rechtlichen Wissenschaftssektor die organisationale **Veränderungsresistenz** hoch ist.

Anstelle einer Annäherung der beiden Säulen durch die Vermittlungsfunktion kann das Dazwischenschieben einer dritten weiterhin dazu führen, dass diese sich ihren Platz nimmt und die beiden anderen stärker auseinanderdrückt und damit

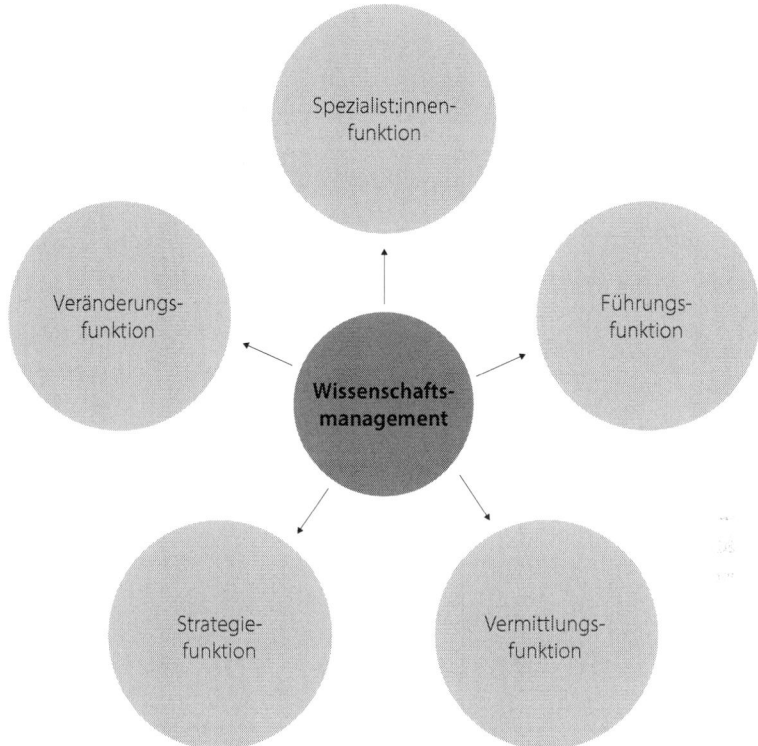

**Dar. 7:** Funktionen

einander entfernt. Die gilt umso mehr, als das noch junge Wissenschaftsmanagement stets selbst **um Anerkennung** als Teil einer dritten Säule zu kämpfen hat und dafür Ressourcen abgezogen werden. Hinzu kommt, dass der Wissenschaftsbetrieb eher auf Forschungsdisziplinen ausgerichtet ist statt auf komplexe Schnittstellen und eine statusgruppenorientierte Governance-Strukturen stark gremienbasierte Entscheidungsprozesse aufweist (▶ Kap. III. 3.1).

Zuletzt wird eine Karriere im Wissenschaftsmanagement manchen High Potentials nicht immer schmackhaft gemacht – will man die besten Köpfe dafür anziehen. Neben der oft fehlenden Anerkennung einer dritten Säule, der mangelnden Kongruenz in der Form fehlender Ressourcen und einem absenten Rollendenken (▶ Kap. I. 4.1) werden die o. g. Funktionen gelegentlich über **befristete Wissenschaftsstellen** zweckentfremdet wahrgenommen mangels zur Verfügung stehender Planstellen im Haushalt. Ein unstimmiges und/oder nicht an o. g. Kernkompetenzen orientiertes Recruiting und **Zufälligkeiten** bei so mancher Stellenbesetzung tragen dazu ebenso bei wie die **Eindimensionalität und Undurchlässigkeit**, die solche Positionen oftmals wenig attraktiv machen. Organisationsinterne Karrieremodelle, Laufbahnen und spezielle interne Weiterbildung zum Thema sind gleichsam Mangelware wie die **Durchlässigkeit**: Hat man sich einmal für diesen Weg entschieden, gelangt man etwa von der Wissenschaft in das Wissenschaftsmanagement, selten aber wieder zurück – obwohl gerade dies befruchtend für eine lernende Wissenschaftsorganisation sein würde.

Auch beim Onboarding und der weiteren Ausgestaltung von Positionen im Wissenschaftsmanagement existiert vielfach eine unklare Erwartungshaltung von Seiten der Organisation gepaart mit **fehlender Unterstützung** – gerade was die Kompetenzen anbelangt. Die neuen Wissenschaftsmanager:innen hüpfen ins kalte Wasser, tasten sich mühsam von kleineren hin zu anspruchsvolleren Aufgaben vor und dürfen sich das Meiste von erfahrenen Kolleg:innen abschauen.

**Reflexionsübung**

- Erinnern Sie sich, wie Sie selbst zum bzw. zur Wissenschaftsmanager:in geworden sind. Welche Erwartungshaltungen hatte Ihre Organisation an Sie und wie versuchen Sie, diese zu erfüllen?
- Gehen Sie die Funktionen von Wissenschaftsmanagement nacheinander durch – Welche davon spielt bei Ihrem Einsatzbereich eine zentrale Rolle und wieso?
- Welche der aufgeführten Herausforderungen treffen zu, welche spüren Sie zusätzlich in ihrem täglichen Tun?
- Überlegen Sie mindestens fünf konkrete Verbesserungsvorschläge dazu, die weder zusätzliche Kosten noch größere Umstrukturierungen verursachen und zeitnah umgesetzt werden könnten.

# 5 Wissenschafts- als Expert:innen-Organisationen

## 5.1 Wissenschaft soll Wissen schaffen

Wissenschaftsmanagement benötigt nicht nur **Systemkompetenzen** unter Betonung der unterschiedlichen Funktionslogiken von Wissenschaft und Verwaltung (▶ Kap. I. 2.1), sondern auch ein Grundverständnis dafür, wie und warum Wissenschaftsorganisationen so funktionieren (bzw. nicht funktionieren), wie sie es tun.

Wie alle sozialen Systeme sind Wissenschaftsorganisationen sinn- und strukturdeterminiert bezogen auf den Organisationszweck. Dieser könnte auf den ersten Blick nicht klarer sein, als es der Name bereits sagt: Wissenschaft ist vornehmlich dazu da, um **Wissen zu schaffen**! Forschung und Lehre bilden unbestrittenermaßen die beiden Kernbereiche, um dieses zu tun. Einige weitere »Missionen« moderner Wissenschaftsorganisationen werden gerne genannt, wie beispielsweise die Verflechtung der Hochschulen mit ihrer Umwelt durch Wissens- und Technologietransfer, regionales und soziales Engagement oder kommerzielle Weiterbildungsangebote (»Third Mission«). An Hochschulen als besonderer Wissenschaftsorganisation wird die Wilhelm von Humboldt zugeschriebene **Einheit von Forschung und Lehre** bemüht. Ein autonomes, aufgeklärtes Individuum und ein mündiges Weltbürgertum zur Zeit der preußischen Rekonvaleszenz im Sinn dient Humboldt zufolge Wissenschaft nicht nur der Berufsvorbereitung oder konkreten Forschungsergebnissen, sondern besitzt darüber hinaus einen Selbstzweck, nämlich die Entfaltung der persönlichen Fähigkeiten und Talente (»Humboldt'sches Bildungsideal«). Dieser Gedanke, dass Studierende anders als etwa Schüler:innen nicht allein Lernende sondern gedanklich stets auch bereits Forschende seien (»forschendes Lernen«), wurde mit einem zweiten Ansatz Humboldts verbunden, dass Wissenschaft immer nur als nie ganz abgeschlossener Forschungsprozess zu denken sei.

Obwohl Forschung und Lehre eng zusammenhängen und gemeinsam der Erreichung des Organisationszwecks Wissen zu erschaffen dienen, gibt es zwischen beiden abweichende Funktionslogiken. Bei der Forschung geht es darum, (vorläufige) »**Wahrheiten**« in Form von wissenschaftlichen Erkenntnissen auf Basis von Beobachtungen, Experimenten und Analysen zu liefern, welche u. a. objektiv (personenunabhängig) und reproduzierbar, valide und generalisierbar sowie verlässlich sein sollen. Bei der Lehre hingegen geht es um **Erwachsenenbildung** (»Andragogik«) dergestalt, dass die Emanzipation einzelner Individuen von sozialen Selektionsentscheidungen begleitet wird – etwa durch die Vergabe von Prüfungsnoten, die Verleihung akademischer Studienabschlüsse oder die informelle Kontrolle von Lernergebnissen. Statt auf Wahrheitssuche rekurriert dieser Teil somit auf normativ-erzieherische Komponenten. Trotz des Grundrechts einer gemeinsamen Freiheit von Forschung und Lehre (vgl. Art. 13 der europäischen Grundrechtecharta und Art. 5 des deutschen Grundgesetzes) benötigt Forschung dazu typischerweise eine ausgeprägte **Selbstorganisation mit hoher Prozessautonomie**, während Lehre vergleichsweise formalisiert anmutet: Zwar sind etwa akademische Lehrveranstaltungen inhaltlich als auch methodisch-didaktisch frei und damit grundrechtlich geschützt, jedoch auf Basis von Studienordnungen, Curricula, Prüfungsregularien, Studienverlaufsplänen und staatlichen Zulassungskriterien weit stärker reglementiert und direkter steuerbar, dies tendenziell zunehmend wie beispielsweise über die transnational-europaweite Vereinheitlichung von Studiengängen und -abschlüssen sowie auf internationale Studienmobilität abzielende Reformbemühungen (»Bologna-Prozess«). Daraus folgt auch eine höhere institutionelle Verantwortlichkeit von Wissenschaftsorganisationen für deren quantitativ-qualitative Entwicklung des Studienangebots denn für den Forschungsoutput, welcher nicht mittels Absolvent:innen-Zahlen, ECTS-Workloads oder die Auslastung von Studienfächern messbar ist. Unter der Säule Wissenschaft firmieren somit **zwei ähnliche, miteinander verbundene und dennoch unterschiedliche Teilbereiche** mit – wie in jedem Subsystem – eigenen Spielregeln und Funktionslogiken, selbst wenn oftmals Forschung und Lehre von denselben Individuen betrieben werden.

Die komplementäre Verankerung der beiden ändert nichts daran, dass zwischen Forschung und Lehre ein Gefälle besteht, dass **an erster Stelle der Wissenschaft der Erkenntnisgewinn durch Forschung** steht und erst an zweiter die Lehre. Das hängt nicht nur damit zusammen, dass »Wissen« zunächst durch die eigenen Forschungsleistungen geschaffen und dies somit unmittelbarer bei der eigenen Wahrheitssuche erfahren wird. Zwar wird auch in Lehrveranstaltungen durch den wissenschaftlichen Diskurs über Präsentationen und Diskussionen neues Wissen geschaffen – dies jedoch stets vermittelt über bereits bestehendes und/oder neu erforschtes Wissen. Als Wissenschaftler:in ein:e exzellente Forschung bei schwacher Lehre zu machen, ist in einem solchen System durchaus möglich, zumal es reine Forschungsprofessuren und Forschungsstellen außerhalb von Wissenschaftsorganisationen ohne nennenswerte Lehranteile gibt. Hingegen als Wissenschaftler:in ein:e exzellente Lehre bei schwacher Forschung abzuliefern, ist selbst auf den seltenen reinen Lehrprofessuren oder ähnlichen Stellen nahezu undenkbar bzw. heiß umstritten. So entscheidet das Reputationssystem über das berufliche Hineinwie Fortkommen in der Wissenschaft zuförderst über die Qualität von wissenschaftlichen **Publikationen** (»Publish or perish«), das Renommee von **Forschungsprojekten** oder eingeworbene **Drittmittel**. Verliehene Preise etwa für innovative Seminare, positive Lehrevaluationen oder gar Erfahrung im Bekleiden verschiedener akademischer Selbstverwaltungsfunktionen geben selten den Ausschlag.

Selbst in der Forschung bleibt weitgehend offen, welche Qualitäten und Quantitäten der **wissenschaftlichen Performance** angemessen sind. Anders als etwa in der Automobilherstellung kann man dies nicht über gebaute Modelle und verkaufte Stückzahlen vorab festlegen und anders als in einer Baubehörde nicht an der Anzahl genehmigter Anträge, Bürgerberatungsstunden oder bearbeiteter Aktenbestände messen. Schon die Vorüberlegung, welche Forschung sich »lohnt« und welche nicht, ist schwer zu beantworten. Würde beispielsweise heute jemand Forschungsgelder für Albert Einsteins (wissenschaftsübergreifend nicht ganz irrelevante) Allgemeiner Relativitätstheorie hergeben und dies rechtfertigen – mit der ersten Publikation acht Jahre nach Forschungsbeginn, der ersten experimentellen Bestätigung weitere fünf Jahre danach und einer praktischen Anwendbarkeit nach etwa 90 Jahren? Nicht zuletzt kann jede Forschung auch am Ende insofern »ergebnislos« sein, weil sich die Methode im Nachhinein als ungeeignet herausgestellt, die gesammelten Daten nicht ausreichen oder die Schlüsse nicht verallgemeinerbar sind. Diese **Offenheit für das Scheitern** gehört zu ihrem Wesen ebenso wie die unbeantwortbare Frage, was man tun muss, um sicher Durchbrüche in der Forschung zu erreichen. Die Messungen von Forschungserfolgen sind nicht nur deswegen erschwert, weil manche Forschung hochumstritten diskutiert wird – und dies selbst auch wiederum »Wissenschaft« ist. Sie werden von Fachdisziplin zu Fachdisziplin, von einer zur anderen wissenschaftlichen Schule und den jeweils verschiedenen Wissenschaftskontexten und -kulturen unterschiedlich beurteilt. So kann beispielsweise die Erfassung von Patentanmeldungen über den Output mancher technischer Forschungsvorhaben Auskunft geben, für geisteswissenschaftliche Fächer ist dies hingegen wenig sinnvoll. Die oft herangezogene Bewertung der Menge und Qualität von Forschungsergebnissen etwa danach, in welchen anerkannten Fachzeitschriften publiziert und wie oft dies von anderen Wissenschaftler:innen zitiert wurde (»**Zitationsanalyse**«) mag nicht nur problematisch dahingehend sein, dass manche Scientific Communities kleiner als andere sind, manche Forschung gerade stärker in der multimedialen Aufmerksamkeit steht oder z.B. gesellschaftswissenschaftliche Forschung eine generell geringere Zitationsdichte aufweist. Sie messen letztlich immer nur stellvertretend und damit indirekt als Proxyvariable, was die eigene Scientific Community gut bzw. besprechenswert findet, rezipiert, anerkennt und was nicht.

Zuletzt bleibt neben der Priorisierung von Forschung die Ausgewogenheit dessen zu anderen Wissenschaftsbereichen wie Lehre oder der Third Mission ungeklärt: Wie viele Ressourcen steckt ein:e Wissenschaftler:in idealtypisch in die jeweiligen Teile hinein? Ist etwa der Wissenstransfer in die Gesellschaft wichtiger als der Lernerfolg der Seminarteilnehmer:innen? Geht die Teilnahme an einer Forschungskonferenz dem Aufbau eines neuen Joint-Venture-Studiengangs vor? Und wie ist das Verhältnis von der Schaffung exzellenter Nachwuchswissenschaft zu etwa einer breit angelegten Bildung möglichst vieler, heterogen ausgerichteter Absolvent:innen? Die alles macht eine **zentrale Planung, Priorisierung und formalisierte Steuerung** von Wissenschaft nicht nur herausfordernd, sondern lässt diese oftmals auch nicht zweckmäßig erscheinen.

## 5.2 Persönliche Expertise und Säulenordnung

Auf Ebene der Personalentwicklung werden die o. g. Herausforderungen vor allem durch die Beschäftigung von professionellen Mitarbeiter:innen zu lösen versucht (»**Professional Bureaucracy**«), welche nicht nur für ausgewählte Spezialgeschäfte eingesetzt werden. Vielmehr steht die Leistung hoch qualifizierter Wissenschaftler:innen im Mittelpunkt, die keine Routinetätigkeiten im eigentlichen Sinne kennt. Sie erbringen durchgehend komplexe, nichttriviale Dienstleistungen, indem sie ihr spezialisiertes Wissen auf stets neue, wechselnde Problemstellungen anwenden. Um den Kernbereich der Wissenschaft überhaupt abdecken zu können, wird demnach vorhandenes, persönliches Wissen anstelle von automatisierten Maschinen oder rein physischen Arbeitsleistungen zur Wissensproduktion in Forschung und Lehre eingesetzt. Insofern entscheidet in Wissenschaftsorganisationen der weitgehend aus Expert:innen bestehende Personalbestand – als Regel und nicht als Ausnahme – wesentlich über den Erfolg des Kernbereichs, welche dazu über eine vergleichsweise große Gestaltungsmacht verfügen (»Expert:innen-Organisation«). Die Qualitätskontrolle dieser Expert:innen liegt nicht bei einer QM-Abteilung oder in einem Controlling-Referat, sondern direkt bei diesen selbst im Wege etwa von Selbstbegutachtungen durch wissenschaftlich ebenbürtige, anerkannte Fachkolleg:innen (»Peer Reviews«). Die hohe **individuelle Autonomie** aufgrund des Expert:innen-Status' folgt nicht nur faktisch daraus, dass sich schlicht immer nur eine begrenzte Anzahl gleichermaßen in deren Bereich auskennt. Sie ist auch normativ dergestalt intendiert, als Expert:innen die inhaltlich beste Entscheidung etwa bezüglich des Einsatzes von Forschungs- und Lehrmethoden, Ressourcen und Prozesse zu treffen vermögen.

Aufgrund der starken Expert:innen-Betonung in Wissenschaftsorganisationen identifizieren sich Wissenschaftler:innen eher mit ihrer **eigenen Profession** wie etwa einem Forschungsgebiet oder einem fachlichen Schwerpunkt in der Lehre, weniger dagegen mit der Teilorganisation im Gefüge (z. B. Fakultäten, Departments, Forschungsverbünde etc.) und selten mit der Gesamtorganisation. Die eigene Disziplin erfährt die höchste **Loyalität**, nicht nur weil für Expert:innen die Erfahrung auf ihrem Gebiet wichtiger ist als Hierarchien, Regeln oder der organisationale Kontext der Wissenschaftsorganisation. Auch **Respekt und Autorität** finden auf Basis von Expertise und der Einhaltung von Professionsnormen statt, weswegen anderes nur schwerlich Legitimität herzustellen vermag. So wurden Wissenschaftler:innen von Fachkolleg:innen selektiert und über professionelle Normen und Werte der Expert:innen geprägt, weswegen diese als Referenzsystem fungieren. Die Sozialisierung erfolgt vor allem durch Standards im Rahmen der von den späteren Expert:innen zu durchlaufenden Ausbildungen (»**Indoktrination**«), wie etwa der klassische Weg von der studentischen über die wissenschaftliche Hilfskraft mit Abschluss hin zur wissenschaftlichen Mitarbeiterin bzw. zum wissenschaftlichen Mitarbeiter weiter zum Postdoc und zum bzw. zur wissenschaftlichen Assistent:in. Möglichkeiten des Überspringens einer Station, Quereinstiege oder gar der ständige Wechsel zwischen Wissenschaft und Praxis (»Pracademics«)

sind rar. Über das Absolvieren der vorgesehenen Phasen im Wissenschaftsbetrieb kennen die Expert:innen frühzeitig die Codes sowie **Koordinations- und Kontrollmechanismen** in der Wissenschaft, was vor allem über Expertise und das wissenschaftliche Ansehen vermittelt wird (»**Scientific Standing**«). Ein typischer Mechanismus, der einer personalen Erstarrung wie Schulenbildung entgegenwirken soll, ist etwa die weithin verpönte Bevorzugung von Bewerber:innen derselben Wissenschaftsorganisation bei der Berufung zu einer Professur (»Hausberufung«). Durch das Fehlen starrer bürokratischer Strukturen, strenger Arbeitsteilung oder von zentralen Kontrollmechanismen, erfolgt eine **flexible, stark interpersonale Abstimmung** durch die beteiligten Expert:innen selbst – und zwar (nur) dann, wenn sie konkret benötigt wird (»Adhokratie«). Wenn in Wissenschaftsorganisationen Zentralfunktionen eingerichtet sind, z. B. an einer universitären Hauptverwaltung die Personalabteilung, sind diese wissenschaftsunterstützend auf die Bedürfnisse der in der Wissenschaftsorganisation tätigen Expert:innen ausgerichtet mit **schwacher Integrationskraft**. Daher zeichnet ein Referat für Personalentwicklung beispielsweise nicht für die gesamtorganisationale Personalentwicklung zentral verantwortlich im Unterschied zu einem privatwirtschaftlichen Industrieunternehmen.

Stattdessen existiert nur eine **lockere vertikale Verbindung** von oben nach unten – wie z. B. vom Rektorat oder Präsidium zu Fakultäten, Fachbereichen oder Departments, welche keineswegs mit Hauptabteilungen in einem Unternehmen vergleichbar sind (»loosely coupled systems«). Ein Durchgreifen »top-down« ist daher lediglich innerhalb der reinen Verwaltung vorgesehen, der aber nur die Verwaltungsbediensteten, jedoch mitnichten die Wissenschaftler:innen unterstehen, obgleich beide Teil derselben Institution sind (»unvollständige Organisation«). Prototypisch im deutschen Universitätssystem ist die **Unabhängigkeit der Wissenschaftler:innen** in der historischen Entwicklung ein zentrales Merkmal mit kaum Macht- und Sanktionspotentialen gegenüber diesen. Gerade zwischen den beiden äußeren Säulen aber herrschen unterschiedliche, z. T. **diametrale Arbeitskulturen**: Während die Verwaltungskultur eine stufenmäßig auf Überordnung und Unterordnung beruhende Ordnung verfolgt (»Hierarchie-Prinzip«), herrschen dort Planbarkeit, Verlässlichkeit, Struktur und Rechtssicherheit vor. Ein bürokratisches Modell der Säule Verwaltung agiert mit definierten Abläufen und einer Entscheidungsfindung über rationales Abwägen von Alternativen auf der Suche nach der bestmöglichen Lösung zur Zielerreichung (▶ Kap. III. 3.1). Hingegen spielen Werte wie Autonomie, Neugier und Experimentierbarkeit vor allem im Forschungsbereich der Säule Wissenschaft eine maßgebliche Rolle, weswegen **institutionelle Konflikte** zwischen beiden vorprogrammiert sind. Es werden beispielsweise neue Managementinstrumente wie Prozessmodellierungen, Projektmanagementstandards oder leistungs- und performanceorientierte Kennzahlenmessungen verwaltungsseitig eingeführt, können gegenüber der Wissenschaft jedoch nicht durchgesetzt werden. Diese ist gut darin, »**Parallelwelten**« zu schaffen, um diese Kultur ohne offene, freie Forschung »behindernde« Konflikte zu umgehen. Falls diese Muster einmal durchbrochen werden, kommt oftmals die Notwendigkeit von außen, wie etwa bei der steigenden, wettbewerbsorientierten Einwerbung von zusätzlichem Geld über Förderprogramme oder Unternehmensinvestitionen (»Drittmittel«), wenn die staatliche Grundfinanzierung für öffentlich-rechtliche Wissenschaftsorganisationen zurückgefahren wird.

## 5.3  Akademische Selbstverwaltung

Mit der fortschreitenden **öffentlichen Reformverwaltung** ab Mitte der 1990er Jahre durch verstärkte Übernahme privatwirtschaftlicher Managementtechniken in der öffentlichen Verwaltung geht nur eine tendenzielle Schwächung der traditionellen akademischen Selbstverwaltung zugunsten einer Stärkung der Managementebene einher. Vor allem wurde die **Autonomie als Selbstverwaltungskörperschaft** gegenüber den staatlichen Wissenschaftsministerien vergrößert. So werden die Leitungsspitzen der Profession zumeist von Angehörigen dieser selbst ausgeübt, d. h. die Schlüsselpositionen wie die Fakultäts-, Hochschul- oder Forschungsgruppenleitungen werden von den Wissenschaftler:innen ebenso wahrgenommen wie diese die Stimmenmehrheiten in Selbstverwaltungsgremien besitzen (z. B. Curricular-Kommissionen, Studien- und Prüfungsausschüsse, Fachbereichsräte, Berufungskommissionen etc.). Die akademische Selbstverwaltung erfolgt dabei in Form von befristeten Funktionsperioden durch gewählte Leitungskräfte (z. B. Präsidien, Rektorate, Dekanate, Institutsvorstände etc.), denen jedoch nicht lediglich die wesentlichen Entscheidungen zu Fragen der Wissenschaft vorbehalten sind. Vielmehr bestimmen diese auch über alle anderen, nicht zwingend gesetzlich vorbestimmten Entscheidungen wie den Personaleinsatz, die Finanzverteilung sowie auch die innere Struktur der Wissenschaftsorganisation. Dabei handelt es sich zumeist um eine Ausformung der **Laienverwaltung** aus Managementsicht, denn selten bringen die Wissenschaftler:innen Erfahrungen als klassische Führungskraft, Fachwissen über Verwaltungsabläufe oder betriebswirtschaftliche und juristische Grundkenntnisse dafür mit. Gerade im kommunikativen Bereich wirkt sich das aus, bestimmt doch Inhalt statt Form den wissenschaftlichen Erfolg und wird – von Ausnahmen abgesehen – wissenschaftliches Einzelkämpfertum statt Teamwork hochgehalten, mag dies auch im Wandel begriffen sein.

Durchaus gewollt sollen Wissenschaftler:innen aus Leidenschaft für ihre Forschungs- und Lehrschwerpunkte diesen Beruf ergreifen und nicht, weil sie über generische Management- und Kommunikationskompetenzen verfügen oder diese verwirklichen wollen. Als diesbezügliche **Amateur:innen** passen ihre an Wahrheit und Bildung orientierten Entscheidungslogiken aus der Wissenschaft nicht auf das Management einer Organisation. So kann man z. B. zur Frage der Prüfungsmethodik in einem Studienprogramm oder dem Stand der Technik eines Forschungslabors nach wissenschaftlichen Kriterien vorgehen. Hingegen sind Organisationsfragen wie z. B., ob man eine:n weitere:n Vizepräsident:in oder Prodekan:in benötigt ebenso wenig nach diesen Kriterien beantwortbar wie Allokationsfragen etwa dergestalt, welches Forschungsgebiet mehr Ressourcen erhält als ein anderes. Die darum konkurrierenden wissenschaftlichen Disziplinen teilen diese vornehmlich nach **macht- und mikropolitischen** Spielregeln untereinander auf (▶ Kap. III. 1.3), welche jedoch immer unter der Prämisse wissenschaftlicher Kollegialität stehen. Statt offene Konflikte auszuleben, sehen sich die Wissenschaftler:innen als **Konföderation**, deren Entscheidungsfindung über die Konsenssuche durch Verständigung als Ergebnis von Verhandlungen vollzogen wird. Zumal alle Ämter und Gremien der akademischen Selbstverwaltung nur begrenzte Funktionsperioden haben, wissen die jeweils befristet gewählten Wissenschaftler:innen nicht nur um die **zeitliche Begrenztheit der dortigen Macht** und wollen (bzw. müssen) danach weiter kollegial zusammenarbeiten ohne böse Nachgeschmäcker einer Amtszeit. Sie bleiben zudem auch während der noch laufenden Funktionsperiode Kolleg:innen, die weiterhin der Wissenschaft nachgehen, was das konsequente Wahrnehmen der nebenamtlichen Rolle – neben den oft fehlenden Kompetenzen (▶ Kap. I. 5.2) – nicht vereinfacht. Eine kollegiale Leitung dieser Art wird daher gerne als Rolle in einer Gruppe mit gleichberechtigten Mitgliedern mit denselben Rechten missverstanden (»Primus/prima inter pares«) und ist damit auch wenig effektiv.

Auf der Ebene der Organisationsentwicklung stellt die akademische Selbstverwaltung die **institutionelle Fortsetzung des Grundrechts der Wissenschaftsfreiheit** dar, deren personale Träger:innen nicht nur selten dafür vollumfänglich kompetent, sondern zumeist auch wenig daran interessiert sind. Sie ist in den Augen vieler Wissenschaftler:innen eine **unbeliebte, bürokratische Notwendigkeit** der Selbstbestimmung, um die sich kaum Freiwillige reißen. Vielmehr werden in der Praxis Funktionsperioden oft verkürzt und neu nachrückende Kolleg:innen wie z. B. Junior-Professor:innen oder frisch habilitierte Wissenschaftler:innen zuerst für Selbstverwaltungstätigkeiten herangezogen.

## 5.4 Wissenschafts- als hybride Interessens- und Arbeitsorganisation

Organisationssoziologisch unterscheidet man gemeinhin zwischen **Interessens- und Arbeitsorganisationen**. Zuerst genannte beruhen auf einem freiwilligen Zusammenschluss ihrer Mitglieder, um deren Interessen (**eigennützig**) gemeinsam besser zur Geltung zu bringen als individuell. So bilden sich beispielsweise Graswurzelbewegungen oder Vereine prototypisch als Organisationsformen mit einer Entscheidungsbildung »**bottom-up**«, u. a. um die eigenen Interessen zu erkennen, zu priorisieren und zu artikulieren. Arbeitsorganisationen hingegen erbringen (**fremdnützig**) Leistungen für Interessengruppen außerhalb der eigenen Organisationsstruktur, meist zum Zwecke einer effizienter organisierten Arbeitsteilung. So verkaufen etwa Wirtschaftsunternehmen ihre Produkte auf dem Markt und stellen diese nicht so her, wie es den Firmeneigentümer:innen passt, sondern so, dass die Nachfrageinteressen der Kund:innen befriedigt werden. Und staatliche Behörden treffen Verwaltungsentscheidungen nicht so, wie Beamt:innen es persönlich für gut und richtig halten, sondern kraft Gesetzes so, wie die Bürger:innen es zurecht erwarten dürfen. Statt auf freiwilligem Zusammenschluss wird die Mitgliedschaft in einer Arbeitsorganisation typischerweise durch gesetzlichen Bescheid, Dienst- oder Arbeitsvertrag begründet mit einer Entscheidungsbildung »**top-down**«.

Neben diesen beiden Organisationstypen in Rein- existieren **Mischformen**, welche je das eine oder andere Element der Interessens- oder Arbeitsorganisation stärker betonen. So erbringen z. B. Start-ups oder Rundfunkanstalten zwar ebenso fremdnützig Leistungen für Interessensträger:innen außerhalb der eigenen Organisationsstruktur im Sinne einer Arbeitsorganisation, dies jedoch zuweilen sehr partizipativ-kollaborativ bzw. mit viele Elementen innerorganisatorischer Demokratie über Selbstverwaltungsgremien. Demgegenüber stehen etwa Parteien oder Gewerkschaften zwar als freiwillig gebildete Interessensorganisationen, die durch Gesetze, (tarifvertragliche) Sachzwänge oder straff kontrollierte Steuerung von Kommunikation nach außen (»Message Control«) manchmal nur noch wenig von einer Entscheidungsbildung »bottom-up« erkennen lassen.

Die prototypische Vorstellung von Wissenschaftsorganisationen orientiert sich immer noch stark an der **historisch-kooperativen klassischen Universität** (»Universitas magistrorum et scholarum«), wonach die Hochschulangehörigen – früher im Wege eines Aufnahmeritus' als Inkorporierte, heute als Mitglieder einer Körperschaft – Teil einer sich gegenseitig unterstützenden, nährenden Gemeinschaft sind (»Almer mater«). Es scheint, als schlössen sich Gleichgesinnte als Wissenschaftler:innen zusammen, um primär ihrem Forscher:innen-Drang innerhalb eines geschützten Rahmens nachzugehen, Ressourcen zur Erlangung wissenschaftlicher Erkenntnisse zu bündeln und wissenschaftliche Erkenntnisse für sich und die eigene Disziplin zu generieren. Heutzutage jedoch lassen sich Wissenschaftsorganisationen nicht als Interessensorganisation verstehen, da sie trotz der für ihre Willensbildung prägenden akademischen Selbstverwaltung (▶ Kap. I. 5.3) nicht auf einem freiwilligen Zusammenschluss ihrer Mitglieder beruhen, sondern durch **staatliche oder private Träger** errichtet werden – die Hochschule eines Bundeslandes, das Forschungsinstitut einer Wissenschaftskooperation etc. Auch mag wissenschaftliche Passion eine wesentliche persönliche Triebfeder für das Ergreifen der Profession als Wissenschaftler:in sein; hingegen liegt der **Organisationszweck** von Wissenschaftsorganisationen nicht im Interesse ihrer Mitglieder an wissenschaftlicher Tätigkeit begründet, sondern im **gesamtgesellschaftlichen Interesse** an wissenschaftlicher Erkenntnis. Es handelt sich daher vielmehr um eine Arbeitsorganisation lediglich mit (z. T. historisch gewachsenen) Anteilen einer Interessensorganisation.

Am deutlichsten lassen sich diese **interessensgeleiteten** Anteile noch in der Forschung ausmachen, weniger stark bereits in der Lehre, die weit stärker durch institutionelle und staatliche Reglements geprägt sind (▶ Kap. I. 5.1). Während die akademische Selbstverwaltung noch geringe Spuren einer Interessensorganisation aufweist, ist dies beim Wissenschaftsmanagement sowie der Hochschulverwaltung nicht mehr zu erkennen. Insofern darf die lediglich lockere vertikale Verbindung innerhalb der Wissenschaftsorganisation (▶ Kap. I. 5.2) nicht nur als Resultat, sondern gleichsam als **Strategie** verstanden werden, strukturelle Spannungen zu vermeiden und diese besondere **hybride Arbeitsorganisation** überhaupt erst zum Funktionieren zu bringen.

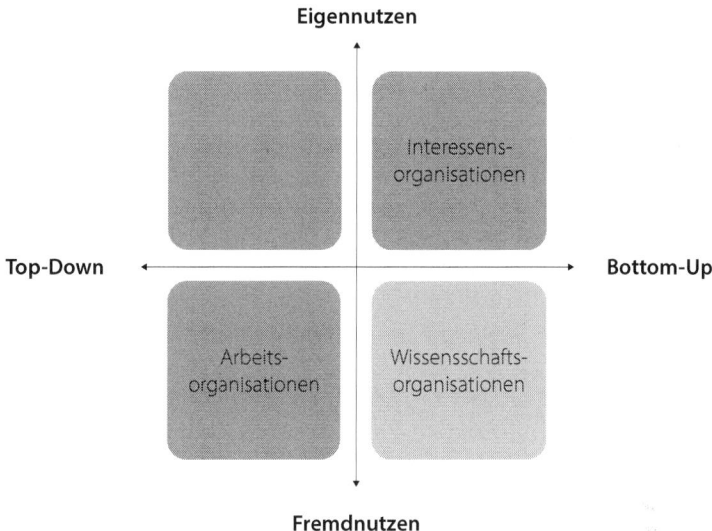

**Dar. 8:** Arbeits- und Interessensorganisationen

Die Frage, wann eine solche Wissenschaftsorganisation **funktional statt dysfunktional** arbeitet und ihre Herausforderungen meistert, lässt sich nicht pauschal beantworten. Wählt man den personellen Zugang, zeigt ein durchgängig **geringer Grad an Unterauslastung mit wenig Fluktuation** (ausgenommen solche aufgrund systematisch bedingter Stellenbefristungen) an, dass man sowohl attraktiv für Bewerber:innen ist als auch im Recruiting einiges richtig macht. Mehr noch als bei etwa privatwirtschaftlichen Organisationen wirkt es sich hier unmittelbar negativ aus, nicht die besten Expert:innen zu erhalten, etwa wenn Master-Graduierte lieber woanders ihre Dissertation schreiben, weil die Zulassung zum Promotionsverfahren bürokratisch oder die Promotion mehr als verschultes Studium denn als förderungswürdige Forschung verstanden wird. Bleiben ausgeschriebene Stellen etwa im IT-Bereich in der Wissenschaftsverwaltung **lange unbesetzt**, weil die Eingruppierung der Besoldung meilenweit vom Marktpreis entfernt ist oder freigegebene Professuren, weil sich die beteiligten Wissenschaftler:innen am Department nicht auf Forschungszuschnitte einigen können oder die Berufungsverfahren überlange dauern, kann dies gleichfalls auf Dysfunktionalitäten hindeuten. Auch ein Blick auf die gleichmäßige bzw. ungleichmäßige **Verteilung von Stelleneingruppierungen** nach den Tarifordnungen kann ein Symptom sein (»Personalkegel«) – beispielsweise wenn die Immatrikulationsbüros zu Semesterbeginn ihre Arbeit nur mithilfe zahlreicher studentischer Hilfskräfte und befristeten Kurzzeit-Honorarbediensteten erledigen können, weil die geeigneten Kräfte dafür im Stammpersonal fehlen oder wenn einige Fakultätsverwaltungen überproportional viele Dauerstellen in der Laufbahngruppe des höheren Dienstes haben und andere für ähnlich gelagerte Tätigkeiten des Wissenschaftsmanagements lediglich befristete Positionen ausschreiben können, die dem gehobenen Dienst zuzuordnen sind. Speziell an Hochschulen kann auch das **Engagement der Hochschulangehörigen für die akademische Selbstverwaltung** (▶ Kap. III. 3.1) ein Indiz dahingehend sein, dass sich etwa genügend Personen für die Besetzung des neuen Dekanats finden lassen oder die Wahlliste aller Statusgruppen für die Gremien repräsentativ Personen über die gesamte Wissenschaftsorganisation verteilt umfasst und auch dies nicht stets dieselben sind.

Bei den Hochschulfinanzen geraten oft die **Drittmittel** in den Blick, wobei der Rückschluss zu kurz greift, dass viele eingeworbene solche automatisch auf größere Funktionalität einer Wissenschaftsorganisation hindeuten. Vielmehr ist hier ebenso wie beim Personal wichtig, dass nicht wenige Forschungssparten »Drittmittel-Kaiserreiche« sind, sondern möglichst **alle wissenschaftlichen Einheiten** partizipieren. Die aus der Herkunft resultierende Reputation ist hierbei wichtiger als die absolute Fördersumme – wie etwa über Ministerien-Programme, von etablierten Forschungsgemeinschaften oder an der innovativen Speerspitze der Forschung stehenden Institutionen. Von einem **»gesunden« Finanzierungsmix** spricht man, wenn langfristig nicht weniger als ca. 15 % aus Drittmitteln eingeworben werden, um die Attraktivität und Relevanz der Wissenschaft herauszustellen und dieser eine perspektivische Finanzierungsdynamik über die rein (staatliche) Grundfinanzierung hinaus zu verleihen. Stammt hingegen mehr als ein Drittel der Gelder aus Drittmitteln, kann leicht die **Abhängigkeit gegenüber externen Auftraggeber:innen** und die Anpassung an deren Vergabelogik zu stark werden bzw. dies unterstellt werden.

Aus Performance-Sicht sprechen für die Funktionalität von Wissenschaftsorganisationen forschungsbezogen z. B. **Netzwerke** in anerkannten, internationalen Forschungsverbünden, die Beteiligung von finanzstarken und forschungspräsenten Unternehmen sowie die Mitwirkung oder die Initiierung von Vorhaben mit Signalwirkung und hohem Bekanntheitsgrad (»**Leuchtturmprojekte**«). Studienbezogen lassen die durchgehende **Auslastung der angebotenen Studienprogramme** und ihrer Pflichtfächer mit hohem Anteil auch von Erstsemester:innen, die ihre Hochschulzugangsberechtigung im Ausland erworben haben (»**Bildungsausländer:innen**«) ebenso auf die Attraktivität des Studienangebots schließen wie regelmäßige, **positive Lehrevaluationen**. **Hohe Absolvent:innen-Zahlen** gemessen an den Immatrikulierten innerhalb der **Regelstudienzeit** sprechen für die faktische Studierbarkeit. Zuletzt geben **Auszeichnungen und Preise** für innovative Hochschullehre, exzellente Forschung und Gütesiegel wie **Programm- und Systemakkreditierungen** oder Zertifizierungen z. B. nach Prozessmanagementstandards oder einem Qualitätsmanagement-Modell zumindest hilfsweise Aufschluss darüber, dass eine Wissenschaftsorganisation »funktioniert«.

> **Reflexionsübung**
>
> - Welche Funktionalitäten bzw. Dysfunktionalitäten haben Sie bereits in ihrem konkreten Arbeitskontext erfahren?
> - Wie reagiert Ihre Wissenschaftsorganisation bzw. Organisationseinheit insbesondere auf Dysfunktionalitäten und wie gehen Sie persönlich damit um?

## 5.5  Herausforderungen von Expert:innen-Organisationen

Zwar ist Wissen zu schaffen der gemeinsame Organisationszweck (▶ Kap. I. 5.1), jedoch ist dieses geschaffene Wissen höchst unterschiedlich einzuordnen, folgt in der Verbreitung oft eigentümlichen Fächerkulturen oder gar dem persönlichen Duktus der Wissenschaftler:innen. Neben dem Performance Measurement der Wissenschaftler:innen sind Herausforderungen einer solchen Expert:innen-Organisation die Bildung von und die Motivation zu **übergeordneten, strategischen Zielen** der Gesamtorganisation. Diese stehen den **lokalen Rationalitäten** divergierender Akteur:innen ohne stringente Orientierung daran gegenüber, welche zum einen gegenüber der Verwaltung zur Herrschaftslosigkeit tendieren (»organized anarchy«). Zum anderen sorgt die stärkere **Identifikation mit dem eigenen Wissenschaftsbereich** dafür, dass sich befristete Forschungsprojekte abwechseln und stark von einzelnen Persönlichkeiten und deren Wissenschaftsbereichen dominiert werden (»epistemische Gemeinschaften«). Die Fragmentierung verläuft demnach nicht allein zwischen den Säulen, sondern findet innerhalb der Säule »Wissenschaft« mit ihren vielen Disziplinen und Fächern eine Fortsetzung in einer schwachen **horizontalen Kopplung**. Verstärkt wird dies noch dadurch, dass viele der Expert:innen Mitglieder sehr unterschiedlicher, veränderlicher Gruppen sind, z. B. als Wissenschaftler:in Vertreter:in eines Forschungsschwerpunktes, als Lehrstuhl- oder Institutsmitglied Teil einer Disziplin, als Department-Angehörige:r einem fachlichen Themengebiet zugehörig, als Teammitglied Teil eines Forschungsprojektes und zusätzlich noch in verschiedenen Ämtern und Gremien der akademischen Selbstverwaltung tätig (»**wechselnde Multikollektivität**«). Deswegen bedeutet beispielhalber die gelungene Arbeitsweise von Forschungsprojekt X noch lange nicht, dass diese von Forschungsprojekt Y übernommen wird – selbst dann nicht, wenn beides im selben Wissenschaftsdepartment in derselben Fachdisziplin stattfindet. Würde man selbst die Vertreter:innen einer Disziplin oder einer wissenschaftlichen Organisationseinheit fragen, was dort schwerpunktmäßig geforscht bzw. gelehrt würde, bekäme man höchst unterschiedliche Antworten, da dies nicht allein an Studiengängen, Dissertationsthemen und der Benennung von Forschungsgebieten ablesbar ist. So ist vieles von diesem **Wissen wenig systematisiert**, die Verbreitung und Nutzung des Wissens innerhalb der Organisation nicht von den Wissenschaftler:innen intendiert und ein **strukturierter Wissensaustausch** untereinander ebenso herausfordernd wie das **organisationale Lernen** in einer solchen

Expert:innen-Organisation. Aus denselben Gründen sind **Reformfreudigkeit** und **Veränderungsbereitschaft** unter Expert:innen begrenzt, was die Wissenschaftsorganisation anbelangt. Da sie bereits in das Funktionieren der Gesamtorganisation wenig Energie stecken möchten, gilt dies erst recht für Investitionen in strukturelle Verbesserungen und Change-Prozesse.

Das wird dadurch verstärkt, dass die Wissenschaftler:innen sich für eine dauerhaft erfolgreiche Karriere nicht allein inhaltlich an ihren Forschungsoutputs, sondern auch an der Ausgestaltung des Berufsmarktes orientieren müssen. Neben der Jobsituation, dass Expert:innen-Positionen mit einer spezifischen wissenschaftlichen Ausrichtung ohnehin rar gesät sind, kommt die Besonderheit der starken **Befristung von Arbeitsverhältnissen** im internationalen Vergleich. Anders als im sonstigen Arbeitsrecht sind zu Beginn der wissenschaftlichen Karriere sachgrundlos befristete Arbeitsverträge nicht nur zulässig, sondern bilden die Regel für graduierte und promovierte Wissenschaftler:innen noch ohne Professur (»Akademischer Mittelbau«). Es kommt hinzu, dass eine unbegrenzte Aufeinanderfolge von befristeten Anstellungsverhältnissen ebenso wenig zulässig ist (»**Kettenvertragsregelung**«). Zum einen kommen jüngere Wissenschaftler:innen daher selten in den Genuss früher unbefristeter Beschäftigungen. Zum anderen endet nach einigen Jahren die Möglichkeit, sich stets weiter »von Befristung zu Befristung weiter zu hangeln«. Das hat mit dem zeitgebundenen Projektcharakter von Forschung ebenso zu tun wie mit der Intension wissenschaftlicher Anfangspositionen, auf denen Wissenschaftler:innen sich einen großen Teil bewusst der Anfertigung etwa einer Dissertation oder Habilitation widmen dürfen (»**Qualifikationsstellen**«). Es soll jüngeren Wissenschaftler:innen den Anreiz geben, sich frühzeitig um die Ausprägung eines eigenen wissenschaftlichen Profils zu kümmern und den eigenen Platz im Netzwerk mit anderen Wissenschaftler:innen zu finden (»Scientific Community«) bzw. sich ggf. doch für einen Karriereweg außerhalb der Wissenschaft zu entscheiden. Es mag ferner dafür sorgen, dass der für Wissenschaft notwendige Zufluss stets neuer Ideen und Talente durch zumeist Jüngere anhält, die von Älteren aus der Expert:innenorganisation eingeführt, betreut, mentoriert und gecoacht werden. Diese teilweise als Prekarisierung von Jung-Wissenschaftler:innen angesehenen Arbeitsbedingungen bedingen in Wissenschaftsorganisationen eine erhöhte Fluktuation, welche nicht zu einer Identifikation mit ihnen führt.

# II Strategisches Wissenschaftsmanagement

# 1 Management – operativ, taktisch und strategisch

## 1.1 Operatives und strategischen Arbeiten

Viele Tätigkeiten im Wissenschaftsmanagement sind operativer Natur und derer oftmals so viele, dass sie kaum zu schaffen sind – schon allein aufgrund der Komplexität und Vielseitigkeit (▶ Kap. I. 2.2). Zeit für strategisches Wissenschaftsmanagement bleibt da meist nur, wenn es von außen eingefordert oder rechtlich vorgesehen ist, etwa wenn eine Umstrukturierung Not tut oder die Gültigkeit eines befristeten strategischen Instruments ausläuft wie etwa die Laufzeit eines Hochschulentwicklungsplans. Dabei ist gerade in lose gekoppelten, interessengeleiteten Wissenschaftsorganisationen mit vielen wissenschaftlich befristeten Expert:innen (▶ Kap. I. 5.5) wichtig, nicht nur auf Zuruf zu reagieren, sondern strategische Handlungsprogramme zu entwerfen, zu übersetzen und umzusetzen, welche Funktionsperioden überdauern und eine Planungssicherheit gewähren.

Strategisch lässt sich in diesem Zusammenhang nicht zwingend auf einen **längerfristigen Planungshorizont** (meist von mehr als drei Jahren) reduzieren, mag dieser auch oft damit einhergehen. Vielmehr meint »Strategie« inhaltliche Planungen und Entscheidungen von grundsätzlicher (oft hochschulpolitischer) Bedeutung und betrifft die **gesamte Wissenschaftsorganisation, Organisationseinheit bzw. große Teile** davon oder ganze Forschungsgebiete. Strategie in diesem Sinne ist daher selten dem Tun oder Verhalten einer Person oder wenigen zuzuschreiben, sondern denkt einen vorher definierten (auch kleineren) Bereich ganzheitlich und umfassend. Anders als beim operativen Tun mit kurzfristigen Zeiträumen weniger Wochen oder Monate will strategisches Management **Potentiale für die entfernte Zukunft** schaffen, weswegen sich (Miss-)Erfolge häufig erst später zeigen bzw. auswirken. Strategische Entscheidungen bieten eine leichte Angriffsfläche für diejenigen, die behaupten, sie seien ohnedies falsch und/oder bewirkten nichts – unter Verweis auf die aktuell gleichbleibende Situation. Strategie etabliert Frühwarnsysteme statt kurzfristigem Risikomanagement, arbeitet mit **Trends und Prognosen**, trifft Vorsorge und will **Potenziale ausloten**, schafft mithin Räume und bietet Möglichkeiten. Inwiefern diese sinnvoll (aus-)genutzt werden, hängt dabei meist von weiteren Faktoren ab. Ob etwa die Ausgliederung der quartären Weiterbildung für Führungskräfte in eine privatrechtlich organisierten Executive Academy zu einer besseren Vermarktung der MBA-Programme geführt, der Aufbau eines eigenen Projektmanagement-Office die Forschungsvorhaben von Bürokratie entlastet oder ein fakultätsübergreifendes Didaktik-Zentrum die Online-Lehre insgesamt verbessert hat, kann selten kurzfristig beurteilt noch strategisch so determiniert werden, dass es monokausal Erfolge verspricht. Somit reagiert Strategie nicht vornehmlich und setzt Vorgegebenes um, sondern ist selbst **normativ gestaltend** darauf ausgerichtet, die Lebens- und Entwicklungsfähigkeit der Organisation(-seinheit) langfristig sicherzustellen. Um dies sinnvoll zu tun, verbleibt sie nicht in der jeweiligen Wissenschaftsorganisation, sondern bezieht auch **externe Faktoren und Umwelten** mit ein und wirkt darauf ein, wie z. B. die Employability und der Arbeitsmarkt bezogen auf Studienprogramme, die Berücksichtigung der staatlichen Landes- und Bundesbildungspolitik oder die eigene Positionierung von Forschung gegenüber derjenigen anderer Wissenschaftsorganisationen in Wettbewerb wie möglicher Kooperation mit diesen. Betrachtet man strategisch etwa die Entwicklung von Studierendenzahlen, können diese nicht allein von der Attraktivität des Bildungsangebots und die Ausrichtung nur darauf festgemacht werden. Vielmehr spielen neben dem Renommee der Lehrenden und Hochschulrankings auch Geburtenraten, Migration und Mobilitätskultur hinein, weswegen strategische Überlegungen nie nur auf die **Innensicht** beschränkt bleiben.

## 1.2 Managementebenen im Verhältnis zueinander

Zwischen operativem auf der einen und strategischem Management auf der anderen Seite steht die **Taktik**. Mit zumeist mittelfristigen Zeithorizonten zwischen einem und drei Jahren teilt sie sich mit dem strategischen Management zwar den stark planenden, konzeptionellen Zugang, während das operative Management vor allem die den Aufgabenvollzug und das Tagesgeschäft betrifft. Taktisches Management soll die sich aus der Strategie ergebende Ausrichtung des Wissenschaftsorganisation sowohl zeitlich herunterbrechen in eine mehrperiodige Programmplanung. Anders als das oft noch recht abstrakte, qualitativ ausgerichtete strategische Management ist das taktische schon weit quantitativer, arbeitet mit konkreteren Zahlen und Mindestmengen, mit Berechnungen und Deadlines. Taktik macht daher Strategie oftmals erst konkret sichtbar und weckt nicht von ungefähr Assoziationen mit der Kunst der Kriegsführung, wo dies herstammt. So ist vom chinesischen »Philosophengeneral« Sunzi der Ausspruch sinngemäß überliefert, dass ein jeder die Kriegstaktik des anderen auf dem Schlachtfeld nachvollziehen könne, etwa indem man die Truppenbewegungen beobachte – aber keiner die dahintersteckende Kampfstrategie, die letztlich erst den Sieg ausmache.

Damit soll mitnichten gesagt sein, dass eine Managementebene wichtiger wäre als die andere; vielmehr bedarf es eines **operativen, taktischen wie strategischen Managements** für eine funktionierende Wissenschaftsorganisation, welches jeweils ineinandergreift bzw. voneinander abgeleitet ist. Strategisches Denken steht hierarchisch gesehen an der Managementspitze und kann grundsätzlich so (in der Intensität und auf den Feldern) erfolgen, wie es für angemessen gehalten wird, während taktisches und operatives Management sich daran auszurichten haben. Anders als die beiden letztgenannten ist es nicht an einen systematisch wieder-

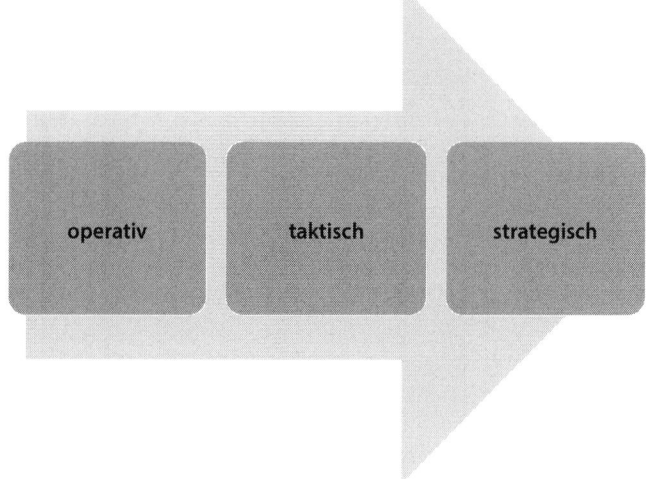

**Dar. 9:** Managementebenen

kehrenden, organisatorischen Ablauf oder einen feststehenden Planungshorizont gebunden und kann prinzipiell jederzeit revidiert werden, sollten Fehler schnell zutage treten oder sich schlicht die wissenschaftspolitische Richtung (inner- wie außerhalb der Wissenschaftsorganisation) ändern.

**Reflexionsübung**

- Versetzen Sie sich in ein (fiktives) Strategie-Meeting hinein und finden Sie mindestens drei konkrete, überzeugende Argumente für »ein Mehr an Strategie« aus Sicht des Wissenschaftsmanagements.
- Sammeln Sie jeweils drei Ergebnisse, Dokumente oder Maßnahmen aus der Arbeitswelt Ihrer Wissenschaftsorganisation, die Sie als strategisch, taktisch und operativ einordnen würden, und begründen Sie jeweils stichwortartig, weshalb.

# 2 Strategiebildung und -verzahnung

## 2.1 Strategischer Kontext durch SWOT, TOWS und Szenarien

Die Strategiebildung selbst lässt sich wiederum in Teilbereiche untergliedern. Der **strategische Kontext** beschäftigt sich damit, in welchem Sinnzusammenhang die Wissenschaftsorganisation bzw. Organisationseinheit betrachtet werden sollte: Welche Hintergründe hat sie (z. B. wissenschaftliche Erfolge oder Fehlschläge in der Vergangenheit), in welches Umfeld ist sie eingebettet (z. B. bestehende Kooperationen) oder welche Positionierung besitzt sie (z. B. auf einem bestimmten Forschungsgebiet im Vergleich zu anderen)? Typische Instrumente auf dieser Ebene des strategischen Wissenschaftsmanagements sind etwa Wettbewerbs- und Konkurrenzanalysen, Trendprognosen, die Bildung von Zukunftsszenarien etc. Auf Basis der Kontextualisierung stellt der **strategische Rahmen** eine erste grundsätzliche Ausrichtung her. Hier fließen Werte und Haltungen der Wissenschaftsorganisation mit ein, die in Vision Statements, Missionen, Leitbildern und -profilen, Entwicklungsplänen etc. ihren Ausdruck finden. Während der strategische Kontext oft als Vorbereitung durch bestimmte Funktionsträger:innen oder spezialisierte Stellen der Wissenschaftsorganisation keinen Formalia folgt, wird der strategische Rahmen – schon wegen der meist damit verbundenen Außenwirkung aufgrund einer Veröffentlichung – durch förmliche Beschlüsse von Leitungsgremien wie Instituts- und Fachbereichsräten, Hochschulsenaten, Forschungskomitees oder Steuerungskreisen verbindlich gemacht. Zuletzt konkretisiert die **strategische Steuerung** den Rahmen weiter und leitet daraus typischerweise strategische Ziele mit strategischen Maßnahmen ab. Hierbei steht vor allem die Überprüfung der Zielerreichung und die Steuerung dorthin im Vordergrund, etwa durch mittelfristige Projekte, Schwerpunktsetzungen, Konzentration auf bestimmte Fachgebiete und Organisationseinheiten etc. Dies markiert damit auch den Übergang zum taktischen bzw. operativen Management, mithin zu einer anschließenden **Operationalisierung der Strategie**.

> **Reflexionsübung**
>
> - Finden jeweils zwei Ergebnisse, Dokumente oder Maßnahmen aus der Arbeitswelt Ihrer Wissenschaftsorganisation, die Sie jeweils den drei Teilbereichen des strategischen Kontextes, des strategischen Rahmens und der strategischen Steuerung zuordnen würden und begründen Sie jeweils stichwortartig, weshalb.

In der gelebten Realität werden weder die drei Teilbereiche von Strategiebildung hinreichend unterschieden noch existiert eine **strategische Einheitlichkeit** »aus einem Guss«. Vielfach wird alles zusammengeworfen und z. T. diametrale **Mikro-Strategien** von Fachbereichen, Forschungszentren, Studienprogrammen etc. neben- oder gegeneinander gestellt. Eine Synchronisierung zwischen einzelnen Organisationseinheiten wird selten vorgenommen, stattdessen häufig (vergeblich) versucht, diesen eine oft verwässerte gemeinsame Strategieversion überzustülpen. Auch wird auf die Strategiebildung inhaltlich meist mehr Wert gelegt als auf deren Kommunikation sowie die Verzahnung mit der taktisch-operativen Ebene darunter. So existieren zwar ähnlich einem Forschungsprojekt mit viel Aufwand betriebene hochdifferenzierte Strategieanalysen und -dokumente. Dabei wird übersehen, dass es sich hierbei nicht um Wissenschaft, sondern um Management handelt und die Strategiebildung keinen Eigenwert besitzt, solange sie nicht in konkrete Ergebnisse und erreichte Ziele umgesetzt oder zumindest zur wirkungsvollen Steuerung in eine intendierte Richtung mutiert – z. B. eine stärkere Forschungsprofilbildung oder eine gesteigerte Lehr-Qualität. Die Brücke zur **Realisierbarkeit** wird oft nicht sofort mitgedacht, sondern denjenigen überlassen, die für die spätere Umsetzung verantwortlich sind. Wenn deren fehlende oder sehr späte Einbindung dann zur Erkenntnis führt, dass die »hehre Strategie« zwar gut klingt aber nicht ausführbar ist, kleidet dies die Strategie nicht in das Gewand einer organisationalen Hilfe für die Mitglieder der Wissenschaftsorganisation, sondern wird als bürokratische Vorgabe wahrgenommen.

Neben der Kommunikationsleistung, die Strategie zu erklären, fehlt es oft auch an Ressourcen dazu, diese **Übersetzung in die jeweilige Fachsprache** etwa einer Forschungsdisziplin oder auf eine bestimmte Abteilungskultur angepasst zu leisten. Zuletzt wird die Ableitung der Strategiebildung vom Allgemeinen zum Besonderen gerne auf ein einmaliges Top-down-Vorgehen reduziert, das weder der Dynamik von Wissenschaftsorganisationen noch einem modernen Strategieverständnis entspricht. Wenn man die einzelnen Mitglieder nach den strategischen Eckpunkten ihrer Wissenschaftsorganisation oder Organisationseinheit fragen würde, könnten die meisten dies vermutlich nicht einmal zusammenfassen – nicht aus Desinteresse oder mangelnder Einsicht, sondern schlicht, weil es keinerlei Bedeutung für deren Arbeitsalltag hat und nicht verinnerlicht wurde! Vielmehr sollten die Bausteine der Strategiebildung nicht lediglich in- und miteinander verzahnt sein, sondern dies in einem ständigen Prozess entwickelt und jeweils mit der Umwelt ab- und ggf. daran angeglichen werden. Dies ist selbst auch eine Form der Kommunikation über die (weitere Richtigkeit, bisherige Bewährtheit und Richtung sowie allgemeine Verständlichkeit der) Strategiebildung. Ein mit allen Teilen intern abgestimmter Entwicklungsplan einer Hochschule etwa wird auf mehrere Jahre angelegt gegen Ende seiner Laufzeit selten mit den tatsächlichen Entwicklungen der einzelnen Wissenschaftsgebiete und Studienbereiche übereinstimmen. **Strategie als Prozess** begriffen macht diese bestenfalls nicht nur realitätsnäher, sondern gibt den vielen, unterschiedlich motivierten Beteiligten einer Wissenschaftsorganisation nicht etwas fix vor, sondern bietet Möglichkeiten der Mitgestaltung, Flexibilisierung und

Anpassung. Da dies auch als sicherheits- und strukturgebende Klammer dient, ist damit keine Ad-hoc- oder Anlassstrategiebildung gemeint, sondern vielmehr ein systematisches, abgeleitetes Vorgehen der Strategiebildung nach o. g. Muster, flankiert durch eine jährliche Strategiekonferenz sowie ein durchgehendes **Strategie-Controlling**.

> **Reflexionsübung**
>
> - Greifen die Teilbereiche in Ihrer Wissenschaftsorganisation aus Ihrer Sicht sinnvoll ineinander?
> - Welche Akteur:innen (Gremien, Funktionsträger:innen, Organisationseinheiten etc.) sind an welchen Stellen in den Strategieprozess eingebunden?
> - Welche Möglichkeiten der Strategie-Anpassung und des Strategie-Controllings sind vorgesehen oder könnten es sein?

Strategien sind naturgemäß immer direktiv auf die **Verbesserung der Zukunft** gerichtet, weswegen es ratsam ist, zunächst den Ist-Zustand der Wissenschaftsorganisation einzuschätzen. Das dient nicht nur dazu, möglichst realistisch die aktuelle Lage einzuordnen, sondern auch organisationsintern, eine gemeinsame Sicht zu entwickeln. Möglicherweise ist das Präsidium der Ansicht, ein fakultätsbezogenes Prüfungswesen sei intransparent und müsse von Grund auf restrukturiert werden, während der Studien- und Prüfungsausschuss der jeweiligen Fakultät dies nicht so sieht. Oder aber die Forschungsgruppenleiter:innen fühlen sich durch die Verwaltung nicht hinreichend bei der Antragstellung von Drittmitteln unterstützt, während der zuständige Forschungsservice eine gute Auslastung und steigende erfolgreiche Bewilligungen verzeichnet.

Ein gängiges wie einfaches Instrument, mit einem systematischen Strategieprozess zu starten, stellt die sog. »**SWOT-Analyse**« dar: Diese unterteilt wesentliche Eigenschaften der Wissenschaftsorganisation oder Organisationseinheit in momentan vorhandene Stärken (»Strengths«) und Schwächen (»Weaknesses«) sowie in – vom jetzigen Standpunkt aus betrachtet – zukünftige Chancen (»Opportunities«) und Gefahren (»Threats«). Während die ersten beiden dabei einer internen Sichtweise folgen (»Mikro-Umwelt«), sind die beiden letztgenannten einer nach außen gerichteten Sichtweise zuzuordnen (»Makro-Umwelt«). Wo sich die eigenen Stärken und Schwächen der **Mikro-Umwelt** noch recht leicht durch Selbstbeobachtung und -reflexion einfangen lassen, ist dies bei den Chancen und Risiken der **Makro-Umwelt** schwieriger. Zum einen liegt diese außerhalb des eigenen Wirkungsbereichs und verlangt zum anderen eine prognostische Zukunftsabschätzung. Um die Chancen und Risiken nicht beliebig werden bzw. ausufern zu lassen und um nichts Relevantes in der Breite zu übersehen, behilft man sich damit, diese Makro-Umwelt anhand von sechs typischen Einflussfaktoren abzuklopfen – bildlich gesprochen wie das Zerstoßen in einem Mörser in Kreisbewegungen (»**PESTLE-Technik**«):

- **Politische Einflussfaktoren** (»political«) – z. B. die Landeswissenschaftspolitik, internationale Forschungsförderungsprogramme oder eine wissenschaftsfreundliche bzw. -feindliche »Stimmung« in der Bevölkerung.
- **Wirtschaftliche Einflussfaktoren** (»economical«) – z. B. der kommerzielle Weiterbildungsmarkt, die Arbeitsmarktanforderungen an die Ausbildung oder die staatliche Finanzierung von Universitäten.
- **Soziokulturelle Einflussfaktoren** (»socio-cultural«) – z. B. der demografische Faktor bei Studierenden, die Mobilität von Forscher:innen oder das Verständnis vom Nutzen von Wissenschaftsorganisationen in der Bevölkerung.
- **Technologische Einflussfaktoren** (»technological«) – z. B. die Entwicklung der Informations- und Kommunikationstechnologie für die wissenschaftsunterstützende Verwaltung, die Digitalisierung der Lehre oder die Energieversorgung an Forschungsstandorten.
- **Rechtliche Einflussfaktoren** (»legal«) – z. B. die Datenschutzgesetze im Umgang mit Studierendeninformationen, der Rechtsschutz gegen Prüfungs- und Zulassungsbescheide oder das Arbeitsrecht für Institutsbeschäftigte.
- **Ökologische Einflussfaktoren** (»environmental«) – z. B. pandemiebedingte Einschränkungen für das Studium vor Ort, die nachhaltige Energieressourcenschonung in Verwaltungsgebäuden oder Umweltschutzauflagen für Forschungstätigkeiten.

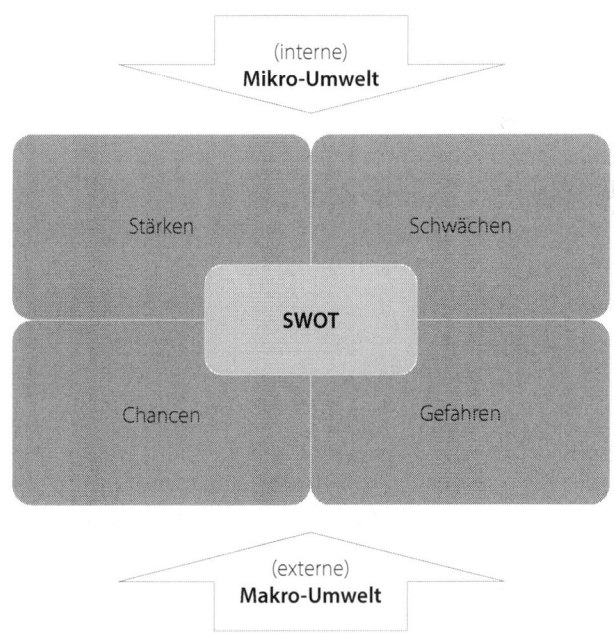

**Dar. 10:** SWOT-Analyse

Mittels der SWOT-Analyse erhält man einen Überblick über den Ist-Zustand der Wissenschaftsorganisation und damit einen **gemeinsamen Ausgangspunkt** für weitere strategische Überlegungen. Schon von daher ist es ratsam, sie nie allein, sondern mit mehreren zusammen zu erstellen und organisationsintern abzugleichen. Schließlich kann es sein, dass eine Seite etwas als Stärke einordnet, das eine andere als Schwäche deklariert oder jemand dort eine Chance erblickt, wo andere eine Gefahr wittern. Damit die SWOT-Analyse nicht beliebig wird und man einen Anhaltspunkt hat, »wofür« das Erarbeitete eine Stärke, Schwäche, Chance oder Gefahr ist, sollte stets zuvor ein **strategisches Objekt** gewählt werden, das auf einen Soll-Zustand gerichtet ist. »Im Hinblick auf« etwas in der Zukunft lassen sich zudem fokussierter Eigenschaften finden als abstrakt danach zu fragen.

> **Reflexionsübung**
>
> - Suchen Sie sich ein strategisches Objekt aus der Arbeitswelt Ihrer Wissenschaftsorganisation und führen Sie eine SWOT-Analyse durch. Das kann z. B. einen zu optimierenden Sachverhalt betreffen oder die Nutzung eines Potenzials, eine verbesserte Arbeitsweise in der Zukunft oder die Weiterentwicklung einer inhaltlichen Thematik.
> - Beginnen Sie damit, gemeinsam die beiden oberen Felder der Mikro-Umwelt mit Eigenschaften zu befüllen – pro Feld fünf bis zehn Stärken bzw. Schwächen.
> - Anschließend befüllen Sie die beiden unteren Felder der Makro-Umwelt mit Eigenschaften – ebenso pro Feld fünf bis zehn Chancen bzw. Gefahren, gerne unter Zuhilfenahme der PESTLE-Technik.

Bei der SWOT-Analyse folgen aus den vier Eigenschaften noch keine strategischen Handlungsfelder oder gar strategische Maßnahmen unmittelbar. Natürlich sollten die positiven Eigenschaften der beiden oben positionierten Felder – Stärken und Chancen – möglichst maximiert, indes die negativen der beiden unten liegenden Felder – Schwächen und Gefahren – möglichst minimiert werden. Aber welchen widmet man sich und welche Auswirkungen haben sie aufeinander? Statt isoliert danach zu trachten, Stärken zu fördern und Schwächen zu reduzieren sowie Chancen zu nutzen und Gefahren zu begrenzen, sollten anschließend alle vier systematisch miteinander in einer **TOWS-Matrix** kombiniert werden. Aus den SWOT-Erkenntnissen heraus werden dabei die internen den externen Eigenschaften gegenübergestellt und diese miteinander abgeglichen. Die daraus entstehenden vier **Strategietypen** beantworten jeweils die Frage, welche Stärken zu welchen Chancen passen (»SO-Strategie«), welche Stärken zu welchen Gefahren (»ST-Strategie«), welche Schwächen zu welchen Chancen (»WO-Strategie«) und welche Schwächen zu welchen Gefahren (»WT-Strategie«):

- SO: **Matching-Strategie** (»Maxi-Maxi«): Mit welchen Stärken kann man welche Chancen realisieren?
- ST: **Neutralisierungsstrategie** (»Maxi-Mini«): Mit welchen Stärken kann man welche Gefahren verringern?
- WO: **Umwandlungsstrategie** (»Mini-Maxi«): Welche Schwächen kann man abbauen, um welche Chancen zu realisieren?
- WT: **Verteidigungsstrategie** (»Mini-Mini«): Welche Schwächen kann man abbauen, um welche Gefahren zu verringern?

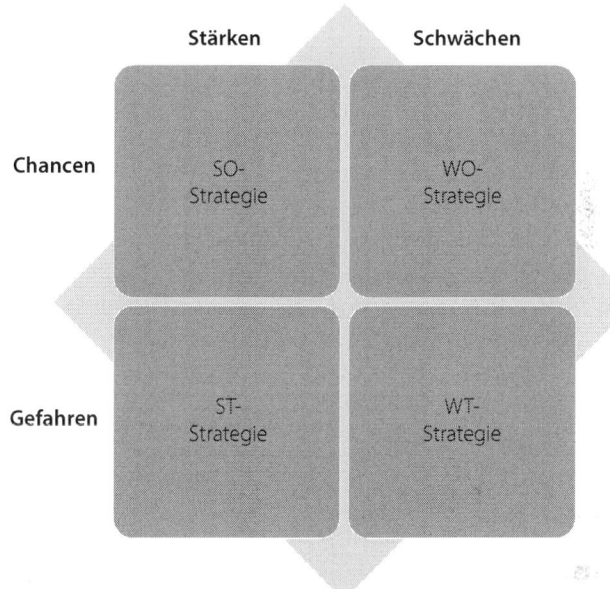

**Dar. 11:** TOWS-Matrix

TOWS – deswegen das umgedrehte Akronym – zielt damit auf Basis von SWOT auf einen **Soll-Zustand** ab. Dies soll dabei helfen, die verfügbaren strategischen Optionen und diejenigen, die weiterverfolgt werden, besser zu verstehen. So kann es sein, dass Bestimmtes aus der SWOT-Analyse (etwa aus Ressourcen-Gründen oder weil es sich nicht so stark auswirkt) nicht weiterverfolgt wird, während durch Untersuchung der Wechselwirkungen mittels der TOWS-Matrix **strategische Synergieeffekte** herausgearbeitet werden. So könnte eine beispielsweise als vergleichsweise hoch gewertete Chance auf einen Programmfördertopf durch gleichzeitigen Einsatz der Stärke »passendes Forschungsprofil« und Abbau der Schwäche »keine Förderantragserfahrung in diesem Bereich« strategisch weit wirksamer genutzt werden. Letztlich bedeutet strategisches Denken immer auch Schwerpunkte durch **Zusammenwirken von Faktoren** zu setzen und **Entscheidungen** für und gegen strategische Möglichkeiten zu treffen.

> **Reflexionsübung**
>
> - Führen die das oben ausgewählte, strategische Objekt aus der Arbeitswelt Ihrer Wissenschaftsorganisation weiter und befüllen Sie eine TOWS-Matrix.
> - Bringen Sie dazu Stärken und Schwächen mit Chancen und Gefahren zusammen und entwickeln Sie aus den vier Strategietypen jeweils zwei strategische Maßnahmen.

Die Einschätzung von Chancen und Gefahren verlangt bereits eine **Prognose** dergestalt, wie wahrscheinlich und unter welchen Bedingungen diese in welcher Form und mit welcher Auswirkung eintreten können. Liegt etwas jedoch in noch stärkerer zeitlicher Ferne, hängt von einer unüberschaubaren Anzahl von Beteiligten ab oder birgt viele Unbekannte, ist es häufig schwierig, die Folgen für die Zukunft abzuschätzen. Je mehr Möglichkeiten sich auftun, desto herausfordernder ist es, deren Wahrscheinlichkeiten einzuschätzen, gänzlich Unrealistisches auszuschalten und Naheliegendes zu berücksichtigen. Die ursprünglich aus der Militärstrategie stammende **Szenario-Technik** fasst dafür allzu isolierte Vorstellungen über Entwicklungen einfach und klar zusammen samt der Wege, die dazu führen können. Das hat den Vorteil, dass man – je weiter man in die Zukunft blickt – nicht mit allem theoretisch Denkbaren kalkuliert, sondern nur die wahrscheinlichsten, alternativen Zukunftsszenarien behandelt. Szenarien stellen **hypothetische Folgen von Ereignissen** auf, um auf die wichtigsten Kausalitäten, Faktoren und Entscheidungsmomente aufmerksam zu machen. Dabei werden weder exakt-wissenschaftliche Prognoseverfahren auf der Basis rein quantitativer Informationen auf der einen Seite erstellt noch realitätsferne Utopien, Phantasien oder Wunschrealitäten auf der anderen Seite erträumt. Vielmehr sollen Szenarien als Verbindung (objektiv) aus Daten und Fakten wie (subjektiv) aus Erfahrungen und Einschätzungen mögliche Zukünfte transparenter machen. Grafisch erfolgt dies zumeist in Trichterform auf einer gedachten Zeitachse von links nach rechts (»**Szenario-Trichter**«).

Ganz links findet sich die **Gegenwart in der Trichterspitze** visualisiert mit nur einem Szenario als aktuellem Jetztzustand. Mit zunehmender Entfernung von der Gegenwart erweitern sich die Möglichkeitsräume stetig nach rechts, weshalb auch der Trichter sich öffnet. Dabei steigt nicht nur quantitativ die Gesamtsumme an möglichen Zukünften; auch deren extreme Ausprägungen (ins Positive wie ins Negative) nehmen zu. Ganz rechts befindet sich das zeitliche Ende des Betrachtungszeitraums. Hier besitzt die Schnittfläche des Trichters die größte Ausprägung, an der sich unterschiedliche weitere Szenarien darstellen lassen. Da der Szenario-Trichter Komplexität reduzieren soll, ist es wenig sinnvoll, dort eine Unzahl aller denkbaren Szenarien aufzuführen und gegeneinander abzugrenzen. In der einfachsten Form beschränkt sich die Szenario-Technik daher auf **drei Grundszenarien** in der Zukunft, die nach jetzigem Erkenntnisstand zumindest möglich sind. Dadurch werden die Möglichkeitsräume begrenzt und erst später ggf. weitere Szenarien dazwischen beschrieben – soweit und sofern dies erforderlich sein sollte.

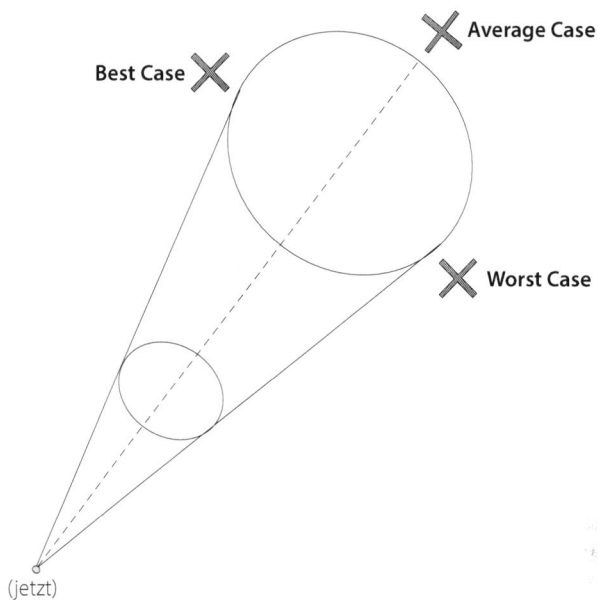
(jetzt)

**Dar. 12:** Szenario-Trichter

Diese drei Grundszenarien sind das positive Extremszenario ganz oben (»Best Case«), das negative Extremszenario ganz unten (»Worst Case«) sowie das Trendszenario in der Mitte zwischen beiden (»Average Case«):

- **Best-Case-Szenario** als günstigste Zukunftsentwicklung, z. B. ist der frisch akkreditierte MBA-Studiengang vollausgelastet, ohne Abbrecher:innen und Durchfallende, mit überwältigendem Feedback und im höchsten Ranking etc.
- **Worst-Case-Szenario** als ungünstigste Zukunftsentwicklung, z. B. wird der MBA-Studiengang nicht akkreditiert, kann wegen zu geringer Bewerber:innen nicht starten, findet keine fachlich geeigneten Dozent:innen, die dort lehren wollen etc.
- **Average-Case-Szenario** als neutrale Zukunftsentwicklung, z. B. ist der MBA-Studiengang weitergelaufen wie bisher, hat durchwachsen bewertete Module mit einer moderaten Abbrecher:innen- und Durchfallquote, hat nur einige renommierte Top-Expert:innen mit jährlich schwankenden Teilnehmer:innen-Zahlen.

Die Szenario-Technik unterstellt, dass das **Trendszenario wahrscheinlicher** anmutet als alle anderen Szenarien, denn für dieses sind keine oder nur geringe Veränderungen gegenüber dem aktuellen Ist-Zustand (»Jetztzustand«) vorgesehen – sprich: Wenn alles einigermaßen so weiterläuft wie bisher, führt dies typischerweise zum Trendszenario. Jedoch ist zu beachten, dass zum einen selbst der Jetztzustand ganz links als Basis dafür nicht frei von interpretativen Selbsteinschätzungen und von unterschiedlichen Sichtweisen geprägt ist. Zum anderen kann die Zukunft mit fortschreitender Zeit aufgrund von **Störereignissen** nach oben oder unten in Richtung der Extremszenarien tendieren, dann aber beispielsweise gegenkorrigiert werden und gerade deswegen wieder zum Trendszenario zurückpendeln. So könnte z. B. der o. g. MBA-Studiengang anlässlich einer schlechten Auslastung einiger Jahre in Folge aufgrund gezielten Studiengangmarketings oder einer befristeten Kooperation mit anderen Anbieter:innen wieder »in ruhigeres Fahrwasser« gebracht werden.

Die beiden Extremszenarien gelten als am unwahrscheinlichsten, wobei es sich beim Best-Case-Szenario um einen **erstrebenswerten Idealzustand** und beim Worst-Case-Szenario um eine **unerwünschte Horrorvorstellung** handelt. Beide Extreme sollten auf Fakten beruhen, mag das Eintreten auch unwahrscheinlich sein. Extremszenarien dürfen drastisch und krass, keinesfalls aber völlig abwegig oder gar unmöglich sein. Gerade weil die beiden Extremszenarien so unwahrscheinlich (aber möglich) sind, bestimmen sie dadurch erst Grenze und Umfang des Trichters. Mit anderen Worten wird alles das, was sich außerhalb des Trichters befindet, als zu unwahrscheinlich in der Folge nicht weiter betrachtet, dies hilft dabei, sich zu fokussieren. Sie müssen dazu in sich logisch wie empirisch widerspruchsfrei sein und deutlich voneinander differieren, um Aussage- und Abgrenzungskraft zu entfalten. Dabei sollte sowohl der **Zeitraum**, wann die drei Szenarien eintreten könnten, nicht zu weit auseinander liegen, also auch eine **vergleichbare Eintrittswahrscheinlichkeit** gegeben sein. Andernfalls sind sie nur schwer gegenüberstellbar – grafisch verformt sich der Trichter sodann asymmetrisch.

Wie bei SWOT und TOWS (▶ Kap. II. 2.1) sollte stets zuvor ein strategisches Objekt gewählt werden, das auf einen Soll-Zustand gerichtet ist. Themen wie beispielsweise »Entwicklung der Universität in 10 Jahren« oder »Wissenstransfer 2030« sind zwar methodisch ebenso mit der Szenario-Technik zu bearbeiten, geben in dieser Allgemeinheit aber für die Strategiebildung wenig her. Auch sollten zuerst mögliche Einflussfaktoren für die drei Grundszenarien gesammelt werden, was ebenfalls unter Zuhilfenahme der PESTLE-Technik geschehen kann. Diese Faktoren sollten zusätzlich zum einen gemäß ihrer voraussichtlichen Wirkungsintensität gewichtet werden, um die wichtigsten von den weniger entscheidenden abgrenzen zu können. Zum anderen sollten sie mit qualitativ-quantitativen Kerngrößen ausdifferenziert werden, um die Entwicklungsdynamik bei der weiteren Strategiebildung berücksichtigen zu können (»Deskriptoren«). Um das o. g. Beispiel des MBA-Studiengangs fortzuführen, könnte ein Einflussfaktor »Akkreditierungswesen« z. B. quantitativ mit den Deskriptoren »hochschulisches Teilbudget für externe Akkreditierungsagenturen« oder »Dauer (Re-)Akkreditierungsverfahren« und qualitativ mit den Deskriptoren »Programm- versus Systemakkreditierung« oder »Vorgaben des Akkreditierungsrats« näher konkretisiert werden.

Nun erst folgt die Beschreibung des **Average-Case-Szenario**, der Betrachtungszeitraum und anschließend die beiden Extremszenarien. Obwohl es ggf. außerhalb des Betrachtungszeitraumes liegen mag, schadet es nicht, sich zusätzlich mögliche Langzeitfolgen der beiden Extremszenarien zu vergegenwärtigen: Würde der MBA-

Studiengang nach obigem Beispiel im Falle des Best-Case-Szenarios in den Lehrkanon der führenden Executive-Weiterbildungen aufgenommen und zu einem internationalen Musterstudiengang mit eigener wissenschaftlicher Lehrdidaktik erkoren? Oder würde er bei einem Worst-Case-Szenario für immer aus dem Lehrangebot der Hochschule gestrichen inklusive alle dort Lehrenden? Diese Betrachtungen liegen außerhalb des Trichters, dienen aber zum Abstecken seiner Grenze.

Im letzten Schritt erfolgt die Bildung von wenigen, aber **zentralen strategischen Maßnahmen** über die Beantwortung der Frage: Was kann anhand der am höchsten gewichteten Einflussfaktoren getan werden, um deren Deskriptoren positiv zu beeinflussen in Richtung des Best-Case-Szenarios unter Vermeidung des Worst-Case-Szenarios? Gerade bei längeren Betrachtungszeiträumen empfiehlt sich eine Aufgliederung in folgende Teilaspekte:

- **Inhalte** – Was sollte getan werden?
- **Handlungsvarianten** – Welcher Entscheidungen bedarf es dazu?
- **Ressourcen** – Welcher Mittel bedarf es dazu?
- **Zeithorizonte** – Wann bzw. wie oft sollte etwas getan werden?
- **Akteur:innen** – Wer sollte etwas (ggf. mit wem zusammen) in welcher Funktion tun?

Auch wenn erfahrungsgemäß selten alle Maßnahmen in diesem Sinne umgesetzt werden, ist es sinnvoll, diese zumindest einmal als strategisch möglich durchdacht zu haben. Die Ausrichtung am erstrebenswerten Best-Case-Szenario ist auch dann strategisch angebracht, wenn dieses (aus Ressourcengründen etwa) in der Realität nicht angestrebt wird. Vielmehr soll die **Gestaltbarkeit unsicherer Zukünfte** geschärft und die strategische Ausrichtung anhand des Bestmöglichen erfolgen statt lediglich anhand des (oft auf den ersten Blick) Naheliegenden oder bequemen Durchschnittlichen.

---

**Reflexionsübung**

- Suchen Sie sich ein strategisches Objekt aus der Arbeitswelt Ihrer Wissenschaftsorganisation und wenden Sie darauf die Szenario-Technik an.
- Beginnen Sie damit, gemeinsam maximal zehn Einflussfaktoren zu finden, diese zu gewichten und jedem Faktor mindestens je einen qualitativen und einen quantitativen Deskriptor beizugeben.
- Anschließend bilden Sie – ausgehend von einer Beschreibung des Jetztzustandes – ein Average-, dann ein Best- und zuletzt ein Worst-Case-Szenario.
- Zum Abschluss entwickeln Sie fünf bis zehn strategische Maßnahmen, welche anhand der fünf am höchsten gewichteten Einflussfaktoren deren Deskriptoren positiv in Richtung Best-Case-Szenario beeinflussen könnten.

## 2.2 Strategischer Rahmen durch Vision und Profilbildung

Auf Basis erfolgreicher Kontextualisierung geht es nun darum, daraus einen strategischen Rahmen zu schaffen, wobei es sich nicht mehr nur um Optionen, Varianten oder mögliche strategische Maßnahmen dreht. Es geht vielmehr um eine verbindliche Grundaussage der Wissenschaftsorganisation bzw. Organisationseinheit auf Basis der Werte und Haltungen, d. h. eine Grundsatzentscheidung, welche **strategische Richtung** eingeschlagen werden soll (und welche nicht). Sehr häufig findet diese sich in einem zentralen Dokument wieder etwa in Hochschulstruktur- oder Fakultätsentwicklungsplänen. Da diese z. T. gesetzlich vorgeschrieben sind, werden dort alle fachlichen, strukturellen, personellen, baulichen und finanziellen Entwicklungen darzustellen versucht inklusive der Schwerpunkte in Studium und Lehre, Weiterbildung und Forschung, beim Wissenstransfer etc. Dies führt in der Strategiepraxis vermehrt zu einer Überfrachtung mit Details auf der einen und einer wenig aussagekräftigen Profilbildung auf der anderen Seite. Bevor man sich allzu schnell in strategischen Details zu verlieren droht, beantwortet man bestenfalls zu Beginn des strategischen Rahmens zunächst die Frage »*Wohin wollen wir grundsätzlich?*« mittels einer **Vision**. Diese nutzt die Offenheit über die Zukunft anstatt dies als Mangel an Information oder Unklarheit anzusehen. Vormals spirituell verstanden, bezeichnet sie im ursprünglichen Sinne ein subjektiv-bildhaftes Erleben von etwas, das auf einer transzendenten Macht beruht. Außerhalb des sinnlich Wahrnehmbaren für die meisten anderen träfe die Visionär:innen danach eine Übersetzungsobliegenheit. Der für die Strategiebildung zutreffende Kern davon ist, dass Mitarbeiter:innen ihre Entscheidungen selten rein rational treffen. Oft ist unser Gehirn nur sehr geschickt darin, uns Rationalität vorzugaukeln bzw. rückblickend eine rationale Rechtfertigung für eine Entscheidung zu konstruieren.

Die **strategische Identifikationskraft** einer gelungenen Vision liegt somit in einer bildhaften und einfachen Beschreibung davon, wohin sich die Wissenschaftsorganisation bzw. Organisationseinheit künftig bewegt (»**Vision Statement**«). Sie sollte inspirierend wie motivierend sein und nicht allein den Verstand, sondern möglichst das Herz ansprechen. Anders als beim Best-Case-Szenario (▶ Kap. II. 2.1) geht es dabei darum, was tatsächlich erreicht werden kann und soll – allerdings nicht funktional, sondern **emotional** in maximal ein bis zwei Sätzen. Man kommt nicht umhin, sich kurzzufassen und auf das Kondensat, d. h. die inhaltlich wichtigste Essenz zu einigen. Letztlich sorgt also bereits der gemeinsame Prozess des Erstellens einer Vision dafür, dass unterschiedliche Standpunkte darüber transparent werden, was wirklich für die Strategie wichtig ist. So könnte eine Vision für eine Hochschulbibliothek etwa lauten »*Wir kreieren Wissensräume für 2035!*«, für eine Forschungsabteilung »*In 10 Jahren gibt das Science Department Musikwissenschaft federführend den Ton an!*« oder für eine Universität schlicht »*Wissen schafft Wert!*«. Bei der Vision kommt es weniger auf Genauigkeit oder knackige Wortspiele als vielmehr darauf an, dass sie ein **positives Bild** generiert in den Köpfen, verbunden mit dem Gefühl gemeinsam nach etwas zu streben, das größer ist die Summe der Teile aller Einzelnen. Gerade in lose gekoppelten Expert:innen-Organisationen (▶ Kap. I. 5.5) kann eine Vision daher als **strategisches Dach** dienen. Eine (emotional beruhigende) Nebenwirkung der Vision ist auch, dass sie zunächst einmal »arbeitsneutral« daherkommt, also ohne dass einzelne Organisationseinheiten oder Personen sogleich mit Mehrarbeit konfrontiert werden wie etwa bei einer Ziel-, Ergebnis- oder Aufgabendefinition.

Um sich einem Vision Statement zu nähern, ist die Antwort auf folgende Leitfragen geeignet:

- Was **begeistert** uns aktuell am meisten?
- Welche **Werte** sind uns hierbei besonders wichtig?
- Was wäre **außergewöhnlich, einmalig** oder **neuartig**, wenn wir dies schaffen könnten?
- Was würde uns nicht nur effizienter und effektiver, sondern auch **zufriedener** bei unserer (Zusammen-)Arbeit machen?
- In welchem **Licht von anderen** möchten wir in Zukunft gesehen werden?

Dies soll nicht darüber hinwegtäuschen, dass Strategiebildung meist genauen Vorgaben zu folgen hat mit wenig Spielraum bzw. der Negierung handfester Mängel bzw. Defizite dient. Integrationskraft dahingehend, dass möglichst viele später der aufgesetzten Strategie folgen, entfaltet es aber selten, wenn die Defizitorientierung bereits zu Beginn vorangestellt und einzig in diese Richtung gedacht wird.

> **Reflexionsübung**
>
> - Kehren Sie zum vorherigen Best-Case-Szenario zurück und formulieren Sie anhand dessen ein Vision Statement.
> - Sammeln Sie dazu zunächst anhand der o. g. Fragen Stichwörter.
> - Achten Sie anfangs noch weniger darauf, ob die Formulierung sich dazu eignet, werbewirksam nach außen kommuniziert zu werden, sondern darauf, dass die Vision inspirierend, motivierend und emotional ausfällt.

Visionen werden in Wissenschaftsorganisationen selten verwendet, weil man sie gerne auf Marketingsprüche reduziert oder als irrationale Traumtänzerei brandmarkt. Weder scheinen sie recht zur – auf Fakten und wissenschaftliche Erkenntnisse ausgerichteten – Säule der Wissenschaft noch in die bürokratisch-regelorientierte Verwaltungslogik zu passen. Wenn überhaupt werden sie einmalig zu Beginn formuliert, beim Kick-off oder ersten Strategie-Meeting vorgetragen oder für den Titel eines Strategiepapiers oder als Zierrat für einen Projektleitspruch verwendet. Strategische Steuerungswirkung entfalten sie so nicht. Vielmehr sollte die Vision in operativen Settings, in Meetings und bei Besprechungen immer wieder angeführt, daran erinnert und mit dem gerade Aktuellen operativ zusammengebracht werden. Visionen helfen auch dabei, etwaige **Motivationstäler** zu durchqueren, in **Konfliktsituation** bei der Strategieumsetzung oder wenn im späteren Strategieprozess bislang **verdeckte Fragen** auftauchen. Wenn es hakt, stockt oder man sich gerade in Detaildiskussionen verstrickt sieht, kann man damit kurz einen gedanklichen Schritt zurückzutreten, nach der gemeinsamen Basis fragen und von dort aus gestärkt die Herausforderungen angehen.

Im Weiteren geht es dann um die Frage, was fachlich genau Gegenstand der Strategie sein soll, mithin welche angestrebten Potentiale für die entfernte Zukunft geschaffen werden sollen. Zwar tragen Wissenschaftsorganisationen gewisse Anteile von Interessensorganisationen in sich (▶ Kap. I. 5.4); sie erbringen aber als **Arbeitsorganisationen** (fremdnützig) Leistungen für Interessensträger:innen außerhalb der eigenen Organisationsstruktur und haben oft Kraft gesetzlicher Grundlage einen **vorgegebenen Auftrag** (Stiftungs- oder Vereinssatzung, Universitätsgesetz etc.). Handelt es sich um die Strategie einer Organisationseinheit, kommt auch diese an den rechtlichen Vorgaben nicht vorbei. Im Hochschulbereich etwa definieren sich die meisten Universitäten gerade über deren inhaltlich-thematische Breite, an der Studium und Lehre der grundlegenden Fachbereiche wie der Geistes-, der Natur-, der Ingenieur- sowie der Rechts-, Wirtschafts- und Sozialwissenschaften (»Volluniversität«), während wenige wie Medizin-, Technik-, Pädagogik- oder Kunst-Hochschulen bereits durch ihren Auftrag spezialisiert sind (»Spartenuniversitäten«). Auch die Fachhochschulen sind insofern spezialisierter, als sie berufsqualifizierende Aus- und Weiterbildungen mit dem Schwerpunkt auf der Lehre anbieten. Selbst derlei Wissenschaftsorganisationen pflegen eine (meist) **interdisziplinäre Ausrichtung** und die parallele Tradierung wie Weiterentwicklung von **mehreren gleichberechtigen Fächern** – zum einen, um Interdisziplinarität und wissenschaftliche Offenheit zu erhalten, zum anderen gemäß dem postulierten Selbstzweck der Entfaltung der persönlichen Fähigkeiten und Talente gemäß dem Humboldt'schen Bildungsideal. Aus diesem Grund verfolgen Wissenschaftsorganisationen oftmals einen **stark quantitativen Ansatz**: Innerhalb des gegebenen Auftrags wird der Fokus darauf gelegt, das Bestehende besser zu machen (z. B. kürzere Studiendauern, höhere Publikationsquoten, besserer Verwaltungsservice etc.). Anders als ein privates Wirtschaftsunternehmen können Wissenschaftsorganisationen sich selbst dann nicht einzelner Teile »entledigen«, wenn diese es wollten, so wie ein nicht nachgefragtes Produkt aus dem Sortiment zu nehmen oder eine Sparte komplett neu zu erfinden. Auch eine Organisationseinheit wie die Stabstelle Forschungsservice kann (und soll) nicht im Rahmen ihrer Strategiebildung entscheiden, sich künftig nur auf Dozentenservice auszurichten oder die Finanzabteilung der Universität, ihre Buchhaltung zu reduzieren. Gleichwohl stehen etwa Hochschulen im **Wettbewerb am Bildungsmarkt** und konkurrieren untereinander um Studienanfänger:innen oder die besten Nachwuchsforscher:innen, Forschungsgemeinschaften ringen um externe Finanzierungen durch innovative Forschungsideen und neu gegründete Institute um öffentliche Anerkennung und politische Rechtfertigung für deren besondere Förderung von staatlicher Seite.

Mögen Wissenschaftsorganisationen auch **nicht primär erwerbswirtschaftlich** ausgerichtet und damit die Wettbewerbslogiken der freien Märkte nicht vollständig übertragbar sein, so erlangt dennoch eine grundsätzliche Marktorientierung zunehmende Bedeutung: Nicht allein dann, wenn es um das Erwirtschaften von Einnahmen über Drittmittel geht, sondern generell in Zeiten knapper Ressourcen, wenn die Befolgung des **Effizienzgrundsatzes** auch in Wissenschaftsorganisationen angebracht ist. Auch konkurrieren nicht nur die Expert:innen als deren Mitglieder selbst um Positionen, Ressourcen und wissenschaftliches Prestige. Studierende entscheiden ebenfalls aufgrund von Reputation und Studienkosten, wo sie ein Studium beginnen oder aus Karrieregründen in eine hochpreisige, zeitaufwendige akademische Weiterbildung investieren. Hier wird u. a. der **Effektivitätsgrundsatz** aus der Wettbewerbslogik einschlägig. Zuletzt ist einem modernen Managementmodell ebenso die starke **Kund:innen-Orientierung** zu eigen, die sich gerade im Lehrbereich niederschlägt: So entsteht zwar das »Produkt Bildung« nicht durch bloße Passiv-Konsumation von Lehrinhalten sondern ist durch eine Lehr-Lern-Beziehung auf Gegenseitigkeit geprägt, wo Studierende mit- und untereinander Lernergebnisse als proaktive Teilgeber:innen statt passive Teilnehmer:innen erarbeiten (»Prosumtion«). Jedoch fragen Studierende zurecht immer häufiger, wozu welche Bildungsinhalte im Lehrplan stehen, welche Hintergründe eine bestimmte Didaktik hat und wollen ein individuelles (d. h. passgenaues) Bildungsangebot mitgestalten. Kund:innen-Orientierung bedeutet keine Degradierung von Bildung in ein bloßes Konsumgut, sondern schlicht eine Ausrichtung auf die Anspruchsgruppen.

Wettbewerbsvorteile im Sinne dieser Wettbewerbslogik zu erlangen, funktioniert jedoch nicht mithilfe eines rein quantitativen Ansatzes; vielmehr bedarf es eines **qualitativen Zugangs der Profilbildung**. Das gilt umso mehr, als die inhaltlich-thematische Breite Teil von guter Wissenschaft und somit Teil jeder Wissenschaftsorganisation darstellt. Profilbildung in diesem Sinne heißt, als Wissenschaftsorganisation oder Organisationseinheit **Alleinstellungsmerkmale** zu entwickeln, durch das sich die eigene Performance deutlich abhebt und so einen Wettbewerbsvorteil schafft (»Unique Selling Proposition«). Wichtig ist dabei stets, dass dies sich nicht auf ein bloßes »Anderssein« reduziert, um sich abzuheben, sondern stets innerhalb des vorgegebenen Auftrags bleibt und zudem einen **veritablen Mehrwert für die jeweiligen Anspruchsgruppen** beinhaltet (»Unique Value Proposition«), der zur Positionierung nach außen sichtbar wird. Da Strategiebildung auf längerfristige Planungshorizonte ausgerichtet ist
(▶ Kap. II. 1.1), sollte das Alleinstellungsmerkmal nicht allzu leicht **substituierbar** bzw. **kopierbar** sein, sonst steckt man ggf. viel Energie für die Entwicklung und Erprobung hinein, während andere schlicht »auf den bereits fahrenden Zug aufspringen« oder schnell etwas mit ähnlicher Wirkung nachahmen. So nutzen sich strategisch gesehen Zertifikate wie »familiengerechte Hochschule« ebenso schnell ab wie Schnupperstudien für angehende Abiturient:innen oder die Möglichkeit von mobilem Arbeiten für Beschäftigte. Das macht diese Angebote nicht schlechter oder verzichtbar, es taugt jedoch nicht als Alleinstellungsmerkmal für eine langfristig nachhaltige Abgrenzung gegenüber anderen. Eine Profilbildung statt über qualitative Zugänge anstatt über quantitative kann auf unterschiedlichen Ebenen erfolgen bzw. können diese kombiniert werden:

- **Personale Ebene**: Anspruchsgruppen z. B. ein exklusives Forschungsumfeld oder eine besondere Lehrhonorierung für Wissenschaftler:innen, eine individuelle Studierendenbetreuung, rentable anwendungsorientierte Forschung für Kooperationsangebote mit Wirtschaftsunternehmen oder spezialisierte Fachkräfte für die Verwaltung.
- **Sachliche Ebene**: Wissenschaftsperformance z. B. eine wissenschaftliche Spezialisierung, eine besondere Forschungsausstattung, ein postgradualer Online-Lehrgang mit hohem Praxisanteil, eine agil-prozessorientierte Organisationseinheit oder eine seltene Systemakkreditierung.
- **Räumliche Ebene**: Geografie z. B. eine Verankerung in der Region, ein nachhaltiger Standort, ein internationaler Forschungsverbund oder hybride Arbeitsplätze für Projektteams.

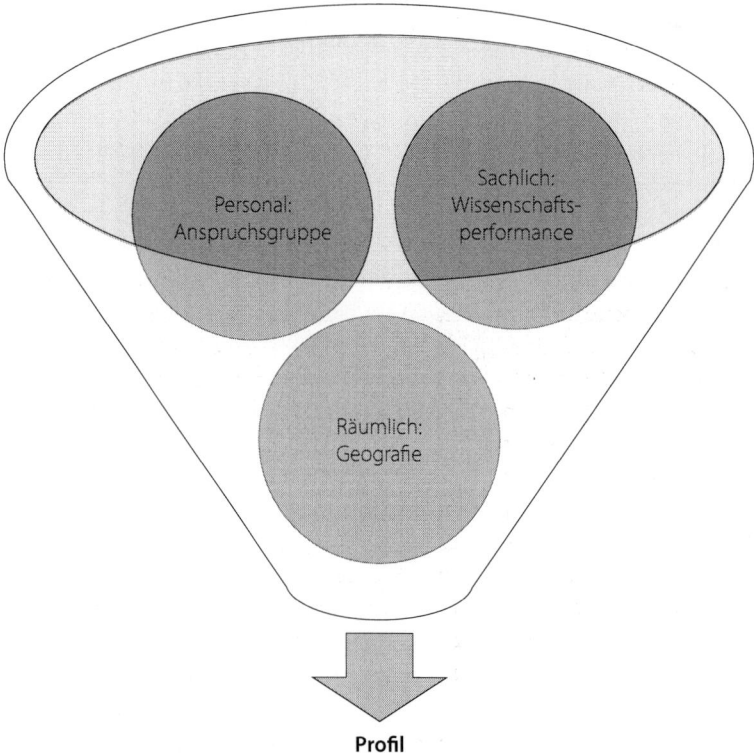

**Dar. 13:** Profilbildung

> **Reflexionsübung**
>
> - Überlegen Sie sich anhand des Vision Statement, welche quantitativen und qualitativen Aspekte bei der Profilbildung für Ihr strategisches Objekt in Betracht kommen könnten.
> - Arbeiten Sie stichwortartig je auf personaler, auf sachlicher und auf räumlicher Ebene ein Alleinstellungsmerkmal heraus, welches den o. g. Kriterien entspricht.

Herausforderungen bei der Suche nach Alleinstellungsmerkmalen in Wissenschaftsorganisationen sind u. a. darin begründet, dass ein Mehrwert für eine Anspruchsgruppe nicht unmittelbar als **messbarer Gewinn einer strategischen Investition** zurückfließt wie ein gestiegener Absatz aufgrund einer Produktentwicklung bei einem privatwirtschaftlichen Unternehmen (»Return on investment«). So führen zufriedene Studienabsolvent:innen etwa nicht kausal zu einer besseren Grundausstattung von Universitäten, sondern das staatlich zugewiesene Budget u. a. über die Zahl an Studienanfänger:innen. Auch erfüllen Wissenschaftsorganisationen durch das zu schaffende Wissen eine gesellschaftspolitische Funktion, die gerade deswegen nicht dem Spiel des freien Marktes überlassen und z. B. unrentable Grundlagenforschung abgebaut oder rein berufsbezogene Ausbildungen angeboten werden sollen. Auch ist der **Anreiz an strategischer Innovation** außerhalb der Forschung nicht besonders hoch, weswegen etwa Lehrinnovation für Wissenschaftler:innen zunächst viel Arbeit für wenig Reputation bedeutet oder die Einführung von agilem Verwaltungsarbeiten einer Fachabteilung etwa in einem bürokratischen System die Zusammenarbeit mit anderen Organisationseinheiten oder staatlichen Stellen außerhalb nicht erleichtert. Zumal innerhalb der Säule »Wissenschaft« zwischen Forschung und Lehre ohnedies ein Gefälle dergestalt besteht, dass an erster Stelle der Wissenschaft der Erkenntnisgewinn durch Forschung steht und erst an zweiter die Lehre (▶ Kap. I. 5.5), besteht in der Praxis die Tendenz, dies auch bei der Strategiebildung fortzusetzen. Dies ist zum einen folgerichtig, da eben dortig auch die hauptsächliche Performance der Expert:innen liegt und die vergleichende Profilierung im Wissenschaftswettbewerb maßgeblich über diese Art der Leistungsdifferenzierung erfolgt. Zum anderen aber kann dies die **Vernachlässigung der Lehre** noch verstärken anstatt sie gerade zu einer strategischen Weiterentwicklung für diesen Teil der Säule aktiv zu nutzen.

Da Strategie immer auf die Zukunft ausgerichtet ist, kann die Profilbildung über Alleinstellungsmerkmale entweder dort ansetzen, wo man (extern) die größten Chancen für die spätere Positionierung sieht, oder auch dort, wo bereits (intern) Stärken vorhanden sind. Zuerst Genanntes folgt danach einem **marktorientierten** Zugang etwa auf einem boomenden Markt für Online-Microlearning, ein solches Lernen in kleinen Einheiten selbst zu entwickeln und in den eigenen Curricula zu verankern (»Outside-in-Verfahren«). Zuletzt Genanntes folgt demgegenüber einem **ressourcenorientierten** Zugang, z. B. wenn eine Hochschule mit vielen Wissenschaftler:innen eines vorhanden Forschungsfelds ein Kompetenzzentrum errichtet (»Inside-out-Verfahren«). Ähnlich wie bei der SWOT-Analyse (▶ Kap. II. 2.1) sollten beide Zugänge parallel verfolgt werden, wobei der marktorientierte gegenüber dem ressourcenorientierten bei Wissenschaftsorganisation mit einigen Nachteilen zu kämpfen hat: So bedarf die Ausrichtung auf etwa noch nicht Existentes gemeinhin zunächst einer Einigung dergestalt, dass gerade dieses Alleinstellungsmerkmal erreicht werden soll und der Anstrengung, dies gemeinsam zu tun. Aufgrund der losen Koppelung jedoch (▶ Kap. I. 5.5) wird beispielsweise die künftig modernste Labortechnik eine geisteswissenschaftliche Fakultät ebenso wenig überzeugen, wie etwa die Einführung von Prozessmanagement an einem wissenschaftlichen Schreibzentrum, wo viele Mitarbeiter:innen Einzelberatungen, Schreibcoachings und Workshops machen und den Mehrwert für sich nicht unmittelbar erblicken. Marktorientierung löst bei vielen eine Gefahr für Mehraufwand aus, welche Mängel und Probleme betont, die erst wieder beseitigt werden wollen. Hingegen ist bei der Ressourcenorientierung bereits etwas Bestehendes vorhanden, d. h. es wurde bereits Energie hineingesteckt und soll nichts vergeudet werden. So wird ein:e hoch spezialisierte:r Wissenschaftler:in in einer auf Kollegialität ausgerichteten Expert:innen-Organisation es nicht charmant goutieren, wenn die eigene Forschung künftig mangels strategischer Passgenauigkeit kaum noch Berücksichtigung findet – obwohl sie womöglich hoch angesehen ist und wissenschaftlich ihre Berechtigung hat. Ressourcenorientierung hingegen kann einfacher **Rücksicht auf Heterogenität** legen – etwas, das Wissenschaftsorganisationen systemimmanent ist (▶ Kap. I. 5.5). Mag dies auch kein Argument für ein sachgemäßes strategisches Management bilden, so wird vielen Expert:innen in der Rolle als Lehrende die Ressourcenorientierung insofern vertrauter vorkommen, da diese sich auch in der Didaktik für erhöhte Lernmotivation, bessere Selbstwirksamkeit und für die persönliche Lernstrategieentwicklung als nützlich erweisen kann (»Ressourcenorientiertes Lernen«).

Ressourcen müssen nicht nur erkannt, gewürdigt und herausgestellt werden, sondern auch zu einem Alleinstellungsmerkmal führen, welches den allgemeinen Kriterien genügt. Ressourcen-orientiert gedacht sind das solche, die einen veritablen Mehrwerts für die jeweiligen Anspruchsgruppe besitzen und nicht allzu leicht substituierbar sind, also **besonders wertvoll und selten**. Beispielsweise kann eine gute öffentliche Verkehrsanbindung mit gratis Parkplätzen einer Wissenschaftsorganisation einen Standortvorteil bieten, der – sollten nicht alle bzw. viele andere dies auch haben – zu einem solchen Alleinstellungsmerkmal führt. Der Begriff Ressource in diesem Sinne ist nicht begrenzt auf **materielle oder immaterielle Güter**, sondern kann ebenso wissenschaftliches Renommee, Netzwerke oder auch das gemeinsame Erlebnis der Mitglieder einer Organisationseinheit umfassen, die durch einen schwierigen Veränderungsprozess gegangen und daran gemeinsam gewachsen sind. Häufig wird die Art und Weise entscheidend sein, wie eine Ressource gewertet und strategisch eingesetzt werden soll. So kann eine traditionelle Gründungsfakultät eine Ressource an Bestandskraft sein oder aber dem Reformprozess einer Wissenschaftsorganisation entgegenstehen. Und die neu geschaffene Zentralbibliothek unter Auflösung bestehender Seminar- und Lehrstuhlbibliotheken etwa kann als effizientes Beschaffungswesen gefeiert oder als Vernachlässigung des Titelspektrums missbilligt werden.

Während einige Ressourcen leichter imitierbar sind wie etwa neue Studienmodelle oder aber auf Konferenzen vorgestellte wissenschaftliche Methoden, sind andere dies nicht. Aufgebautes Vertrauen in der Zusammenarbeit zwischen Organisationseinheiten etwa oder auch exklusiv vertraglich abgesicherte Forschungskooperationen bieten gleichsam einen Kopierschutz in diesem Sinne. Bei Wissenschafts- als Expert:innenorganisationen liegt es zudem nahe, zuletzt genannte über **Kernkompetenzen** von Personen, Organisationen oder Organisationseinheiten zu verorten. Da die dazugehörigen konkreten Fähigkeiten und Fertigkeiten, das Wissen und Können sowie die Qualifikationen für die jeweilige Kernkompetenz eigens erlernt sind, kann etwa die Forschungsexpertise in einen bestimmten Bereich oder die Arbeitserfahrung in einer Wissenschaftsverwaltung nicht einfach dadurch kopiert werden, dass ein:e Wissenschaftler:in lediglich mit gleicher Ausbildung sich an ein spezialisiertes, komplexes Forschungsvorhaben setzt oder dass man Top-Manager:innen aus der Privatwirtschaft auf die Schlüsselpositionen der Säule Verwaltung platziert. Auch sind diese Kernkompetenzen zumeist **eingebettet in das jeweilige Beziehungsgeflecht** der Wissenschaftsorganisation, was diese ebenfalls schwerer kopierbar macht (»Relational View«). Beispielsweise pflegen viele Wissenschaftler:innen nicht zuletzt über deren Selbstverwaltungsfunktionen oft Kontakte zu hohen Regierungsstellen oder andern politischen Akteur:innen, es haben sich inoffizielle Kommunikationsstrukturen über Arbeitskreise herausgebildet oder sind bestimmte ITK-Systeme inklusive deren Bedienbarkeit stark auf die jeweilige Wissenschaftsorganisation bzw. Organisationseinheit angepasst (Studien- und Prüfungssoftware, Forschungsdatenbanken etc.).

Wie bei jedem Fokus auf Bestehendes birgt ein ressourcen- gegenüber einem marktorientierten Zugang jedoch die Gefahr, dass die daraus generierten Alleinstellungsmerkmale losgelöst von dem sind, was der Bildungswettbewerb fordert, d. h. eine Ressource nur deswegen in die Strategiebildung einfließt, weil sie (zufällig) da und nicht, weil sie (auch) aktuell wertvoll ist. Gerade tief verankerte Kernkompetenzen halten oft nicht mit der Schnelligkeit etwa digitaler Entwicklungen mit, weshalb die ohnehin schwerfällig lernende Wissenschaftsorganisation selbst oftmals zu langsam lernt und durch rigides Festhalten an Bestehendem regelrechte **Kompetenzfallen** entstehen (»Core Rigidities«).

**Reflexionsübung**

- Welche weiteren Alleinstellungsmerkmale für Ihr strategisches Objekt können Sie finden, indem Sie verstärkt einen ressourcenorientierten Zugang bemühen?
- Welche Ressourcen Ihrer eigenen Organisationseinheit eignen sich für Alleinstellungsmerkmale?
- Welche Kernkompetenzen kämen dafür in Betracht und wo sehen Sie inwiefern Gefahren einer Konzentration darauf für die Strategiebildung?

## 2.3 Strategische Steuerung mithilfe von KGSt-Zielfeldern und Academic Scorecard

Im letzten Schritt werden **strategische Ziele** gebildet, welche den zuvor abgesteckten strategischen Rahmen konkretisieren. Ziele sind wünschenswerte Zustände in der Zukunft. Oftmals werden in der Praxis sehr viele unterschiedliche Ziele kreiert, deren Verhältnis zueinander undeutlich ist bzw. die sich auf unterschiedlichen Ebenen befinden – so etwa, wenn mehrere Teilziele notwendig sind, um ein übergeordnetes Ziel zu erreichen. So hat etwa das Ziel eines Fachbereichs, weitere Räumlichkeiten zu erhalten für einen neuen Forschungscluster nur dann Sinn, wenn dieser überhaupt bewilligt wird, während ein Teilziel davon etwa die IT-Ausstattung sein könnte. Um dies zu verhindern, sollte man ein strategisches **Gesamtzielkonzept** verwenden wie das von der Kommunalen Gemeinschaftsstelle für Verwaltungsmanagement, welches zwischen vier thematischen Zielfeldern unterscheidet (»**KGSt-Zielfelder**«):

1. **Ergebnisse & Wirkungen**: Was wollen wir erreichen?
2. **Programme & Produkte**: Was wollen wir dafür tun?
3. **Prozesse & Strukturen**: Wie wollen wir das tun?
4. **Mittel & Ressourcen**: Was wollen wir dafür einsetzen?

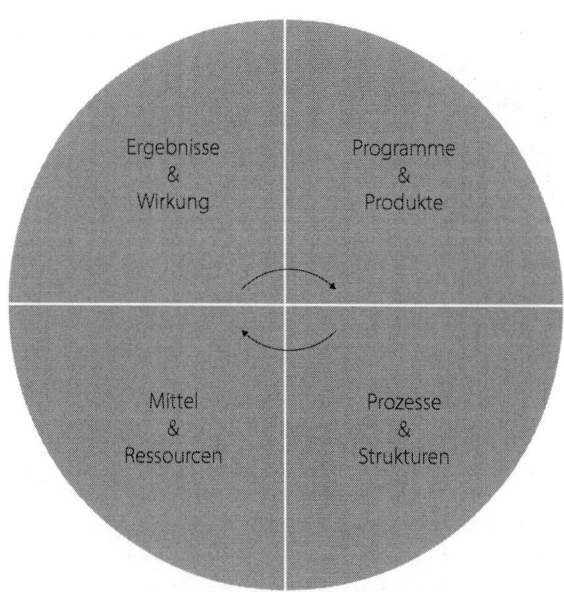

**Dar. 14:** KGSt-Zielfelder

Die vier Felder sind in einem **Regelkreis** angeordnet, weshalb man sie nacheinander durchgeht und die jeweilige Frage durch ein oder mehrere strategische Ziele beantwortet. Wichtig ist, dass die Ziele der jeweiligen Felder **zueinander stimmig** sind, d. h. ein Ergebnisziel aus dem Feld (1) »Unter den ersten fünfzig im nächsten QS World University Ranking sein« etwa auch mit einem entsprechenden Prozessziel aus Feld (3) wie beispielsweise »systematische Lehrevaluation aufgesetzt« korrespondiert; oder ein Programmziel »Internes Förderprogramm für gute Forschung aufgesetzt« z. B. ein entsprechendes Ressourcenziel wie etwa »Förderbudgettopf aus der Grundfinanzierung eingerichtet« hat. Die Felder bauen aufeinander auf bzw. leiten sich voneinander ab, weshalb es nach erstmaligem Durchlaufen des Regelkreises passieren kann, dass man ihn nochmals oder sogar mehrfach durchläuft, »um den Kreis rund zu machen« – wenn Feld (4) plötzlich nicht mehr zu Feld (1) passt, etwa weil nicht genügend Personal, Zeit oder Geld zur angestrebten Wirksamkeit vorhanden ist oder Feld (3) nicht mehr zu Feld (2), weil die notwendige Strukturänderung für das ambitionierte Produkt rechtlich nicht umzusetzen ist.

Im Unterschied zu operativen Zielen (▶ Kap. III. 1.2) sind strategische Ziele – wie die meisten strategischen Instrumente – nicht nur auf **längere Zeitspannen** angelegt. Sie genügen anders als zuerst Genannte meist auch nicht den Erfordernissen, hinreichend **spezifisch** und **messbar** zu sein. Ein strategisches Ziel gibt im Gegensatz dazu eine Richtung vor und kann selten unmittelbar umgesetzt werden, sondern bedarf dazu weiterer (operativer) Ziele im Folgenden. Strategische Ziele konzentrieren sich außerdem stets auf **Veränderung hin zum Neuen** statt nur auf Verbesserung von Bestehendem, weswegen beispielsweise »Studienabbruchquoten weiter gesenkt« oder »bisherige kurze Berufungsdauer beibehalten« keine sinnvollen strategischen Ziele bilden.

> **Reflexionsübung**
>
> - Entwickeln Sie aus Ihrem Vision Statement ein strategisches Gesamtzielkonzept am Beispiel der KGSt-Zielfelder.
> - Durchschreiten Sie dazu den Regelkreis der vier Felder (ggf. auch mehrfach), indem Sie jedes Feld mit mindestens zwei strategischen, voneinander abgeleiteten Zielen bestücken.

Oft gilt es nicht nur, für ein strategisches Objekt ein Gesamtzielkonzept zu entwickeln, sondern – gerade bei der Strategie einer größeren Organisationseinheit oder einer ganzen Forschungseinrichtung – für mehre gleichzeitig. Es stehen diese Objekte nicht in einem Über-Unterordnungsverhältnis zueinander und es existiert auch keine Priorisierung, sondern sie sollen möglichst alle gleichberechtigt verfolgt werden. Anders formuliert nützt es nichts, wenn ein Objekt kaum oder nur schlecht und ein anderes dafür besonders herausragend entwickelt wurde. Offenkundig wird dies am Beispiel Hochschule deutlich, welche sowohl **Forschungs- als** auch **Lehrstrategien** benötigt, ohne dass eines das andere komplett »ausgleichen« könnte, um erfolgreich zu sein. Dafür wurde in der Privatwirtschaft ein Instrument entwickelt, welches von der dortigen, oft einseitigen Überbetonung rein des Finanziellen weg hin zu einer **ausbalancierten Kombination mehrerer gleichwertiger Perspektiven** kommen möchte (»Balanced Scorecard«). Diese sind klassischerweise:

- die **Finanzperspektive** z. B. Rendite, Gewinn, Umsatz, Investitionen.
- die **Kund:innenperspektive** z. B. Kund:innennutzen und -zufriedenheit, Empfehlungen, Beschwerden.
- die **Prozessperspektive** z. B. interne Abläufe, Durchlaufzeiten, Logistik, Bestellabwicklungen.
- die **Entwicklungsperspektive** z. B. Produktinnovationen, Unternehmensimage, Lern- und Fehlerkultur.

Eine davon abgeleitete Variante findet im akademischen Bereich Anwendung (»**Academic Scorecard**«), bei der einige privatwirtschaftliche Perspektiven zugunsten von wissenschaftlichen zurücktreten wie Forschung, Lehre, Prozesse und Ressourcen.

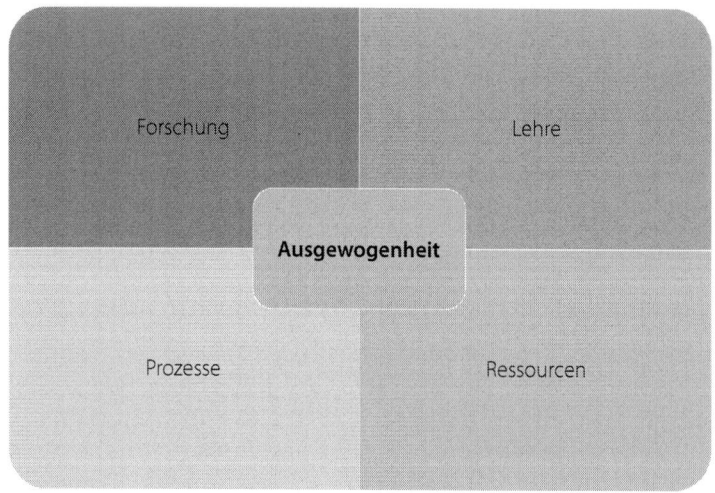

**Dar. 15:** Perspektiven

Deren **Perspektiven sind grundsätzlich frei wählbar** und können dem jeweiligen strategischen Objekt der Wissenschaftsorganisation oder Organisationseinheit angepasst werden. Ähnlich wie bei den KGS-Zielfeldern mit ihren vier Feldern (▶ Kap. II. 2.3) finden sich unterhalb jeder Perspektive die jeweiligen strategischen Ziele angeordnet. Die Perspektiven haben dabei zum einen eine **Clustering-Funktion**, die inhaltlich zueinander passende Ziele zusammenfassen soll, weswegen der Übersichtlichkeit halber nicht mehr als vier Perspektiven gewählt werden sollten. Die Perspektiven stehen nicht im Regelkreis- sondern im Ausgewogenheitsverhältnis zueinander; »Balanced« sind nicht die einzelnen strategischen Ziele zueinander, sondern die vier Perspektiven der Academic Scorecard. Innerhalb jeder Perspektive kann also weiterhin eine Über- oder Unterordnung einzelner Ziele stattfinden oder einfach ein Ziel gegenüber einem anderen prioritär gewichtet werden.

Die Academic Scorecard enthält zum anderen bereits selbst die (intern auszuverhandelnde) **strategische Entscheidung**, welche Perspektiven gebildet werden bzw. was in diesem Sinne »Ausgewogenheit« bedeutet. Um diese nicht nur zu postulieren, sondern auch strategisch messbar zu machen, kann man unterhalb der strategischen Ziele zusätzlich **Kennzahlen** hinterlegen, d. h. Maßstabswerte, die auf die Zielerreichung einzahlen (»Key Performance Indikators«). Beispielsweise könnte bei einer gewählten Perspektive »Ausbildung« ein strategisches Ziel sein »Employability stärken« mit einer Kennzahl: »Anzahl fachnaher Beschäftigungen nach Studienabschluss«.

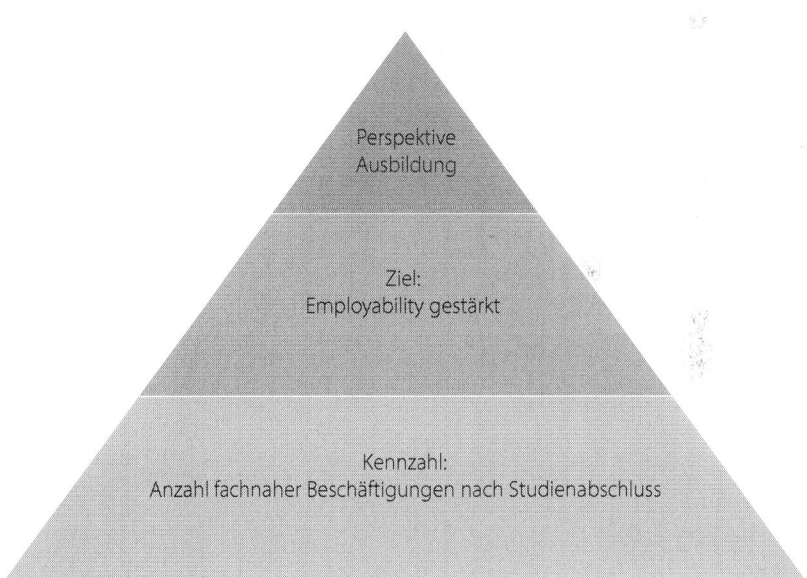

**Dar. 16:** Strategische Messbarkeit

Letztlich kann man über die Ausgewogenheit der Academic Scorecard solchermaßen nicht nur den **strategischen Erfolg insgesamt** messen (statt nur einzelner Ziele). Sie bildet auch als Kommunikationsinstrument **ganzheitlich die Performance-Vielfalt** der Wissenschaftsorganisation bzw. Organisationseinheit ab.

> **Reflexionsübung**
>
> - Entwickeln Sie aus Ihrem Vision Statement eine Academic Scorecard als ausbalancierte Kombination von gleichwertigen Perspektiven.
> - Bilden Sie unterhalb jeder Perspektive jeweils zwei strategische Ziele und hinterlegen Sie zuletzt jedes strategische Ziel mit jeweils zwei Kennzahlen.

## 2.4 Strategieumsetzung durch Zielvereinbarungen und Budgetierung

Die hohe Komplexität verbunden mit der losen Kopplung in Wissenschaftsorganisationen führt dazu, dass der »kleinste gemeinsame Nenner« anstelle des »großen strategischen Wurfs« gesucht wird, wenn man möglichst viele Akteur:innen mit jeweils deren Eigeninteressen an einem solchen Ausverhandlungsprozess beteiligt. Hierbei gilt es, nicht nur eine ausgewogene Mischung zwischen »top-down« und »bottom-up« zu finden, sondern auch eine partizipative, dialogorientierte Mitwirkung der Expert:innen auf Augenhöhe zu ermöglichen, da sowohl deren Inputs für das Aufsetzen benötigt werden als auch deren Aktivität für die anschließende Umsetzung. Letztlich geht es darum, strategische Zielvorstellungen im Sinne eines transaktionalen Austauschverhältnisses mit der operativen Zielumsetzung zusammenzubringen.

Als etabliertes Beispiel dafür fungieren **Zielvereinbarungen**, welche die Umsetzungserwartungen in Form von operativen Zielen fassen (»Management by Objectives«). Zielvereinbarungen können methodisch auf unterschiedlichen Ebenen eingesetzt werden, z. B. zwischen Bundesländern und ihren Hochschulen (»Hochschulverträge«) oder intern zwischen der Leitung einer Wissenschaftsorganisation und nachgeordneten Organisationseinheiten wie Verwaltungsabteilungen, Fachbereichen oder wissenschaftlichen Departments. Meist koppeln diese die Umsetzung mit einer **leistungs- und bedarfsorientierten Ressourcenverteilung** – sowohl als Anreiz als auch zur späteren Überprüfung. Statt einer übertriebenen Detailorientierung mit ständigen Zwischenkontrollen (»Mikromanagement«) soll lediglich der gelungene **Umsetzungsstand am Ende** in Form der Zielerreichung überprüft werden, während für den Weg dorthin den jeweiligen Akteur:innen Freiräume ermöglicht werden. Diese operativen Ziele werden aus den strategischen konsistent abgeleitet – jedoch nicht vorgegeben, sondern gemeinsam vereinbart. Gerade diese »Vertraglichkeit« soll **Verbindlichkeit wie Motivation** durch das Mitverhandeln der konkreten Realisierbarkeit sowie die anschließende, aktive Zustimmung von beiden Seiten erzeugen. Auch sollen damit die Machtpotentiale der einzelnen Wisssenschaftler:innen bzw. Organisationseinheiten frühzeitig auf der Verhandlungsebene gesteuert werden, statt diese in späteren Blockaden oder Widerständen zu erleben.

Obgleich Zielvereinbarungen meist vertikal eingesetzt werden und formal nur zwischen den beteiligten Partner:innen gelten, haben sie **indirekte horizontale Auswirkungen**. Anderen werden die Inhalte nicht nur transparent, weswegen sie vergleichend etwas für ihre eigenen Zielvereinbarungen lernen. Auch entstehen so über einzelne Zielvereinbarungen hinausgehend Maßstäbe für **Prozesse und Bezugswerte** (»Benchmarking«), etwa indem mit allen ähnliche Zielvereinbarungsgespräche geführt, dieselben Vorlagen verwendet und auch inhaltliche Anforderungen nicht sichtbar ungleich verteilt werden. So sehen beispielsweise Hochschulen anhand aller sonstigen Hochschulverträge, welche **Verhandlungsspielräume** überhaupt bestehen, welche Ansprüche ihre Partner:innen grundsätzlich stellen und welche bildungspolitischen Trends gerade verfolgt werden. Auch organisationsintern kann es bei der eigenen Führung helfen, etwa den Mitarbeiter:innen oder Wissenschaftskolleg:innen anhand der ausverhandelten Zielvereinbarungen klare Vorstellungen zu vermitteln, ohne dass diese sich über zentrale Kontrollmechanismen hierarchisch gegängelt fühlen oder eine (aufwendige) rein interpersonale, adhokratische Abstimmung innerhalb einer Organisationseinheit bemüht werden müsste (▶ Kap. I. 5.5). Erfahrungsgemäß führt deren individuelle Autonomie aufgrund des Expert:innen-Status' dazu, dass in Gruppen **geringere Kollektivleistungen** erbracht werden als Personen einzeln zumutbar bzw. von diesen erwartbar wäre (»Ringelmann-Effekt«). Zielvereinbarungen können demgegenüber beispielsweise motivations- oder koordinationsbedingt abwartende, Trittbrett fahrende oder sich sozial ausruhende Wissenschaftler:innen bei der Umsetzung solcher strategischer Ziele ins Boot holen, in denen sie selbst keinen direkten Mehrwert für ihre konkrete Forschungstätigkeit erblicken.

> **Reflexionsübung**
>
> - Welche Formen und Einsatzmöglichkeiten von Zielvereinbarungen kennen Sie aus Ihrer eigenen Wissenschaftsorganisation?
> - Welche Fälle von einseitigen Zielvorgaben kennen Sie und wie stark motivieren diese Ihrer Meinung nach?
> - Inwiefern würden sie aus Ihrer Sicht besser im Wege der Zielvereinbarung funktionieren bzw. nicht – und wieso?

Damit Zielvereinbarungen ihre Steuerung bei der Strategieumsetzung entfalten, hat sich die Einhaltung bestimmter Leitlinien bewährt. Um etwa die indirekten horizontalen Auswirkungen darzustellen, sollten jedenfalls für einen laufenden Zielvereinbarungsturnus die **Spielregeln klar kommuniziert** und nicht abgeändert werden. Andernfalls kann kein Benchmarking entstehen und ein Bevorzugungs- bzw. Benachteiligungsanschein erweckt werden. Dazu gehört zunächst deutlich zu machen, was zur **Verhandlung** steht und was selbst dann nicht vereinbart werden kann, sollten sollten dies die Partner:innen anstreben. So bedingen etwa **gesetzliche Vorgaben** dies ebenso wie etwa **vorab getroffene Festlegungen** auf übergeordneter Ebene, weswegen Zielvereinbarungen zwischen einem Hochschulpräsidium und den Fakultäten ebenso wenig mehr Ressourcen ausschütten können als zuvor für die Grundfinanzierung bewilligt wurden wie die im Hochschulentwicklungsplan durch die zuständigen Gremien bereits verbindlich beschlossenen strategischen Ziele erneut diskutiert oder gar aufgeweicht werden dürfen. Auch bezüglich der **Ansprechpartner:innen** sollte man zwischen denjenigen unterscheiden, die formell zuständig sind – wie etwa die Dekan:innen zur Vertretung ihres Fachbereichs – und denjenigen, die fachlich die Kompetenz für ein professionelles **Zielvereinbarungsmanagement** besitzen, wie etwa Wissenschaftsmanager:innen auf der Position der Fakultätsgeschäftsführung. In der Praxis ruft zumeist die vertikal höhere Ebene die nachgeordnete dazu auf, anhand einer Vorlage einen **Entwurf für eine Zielvereinbarung** vorzuformulieren, was sodann schriftlich ausgetauscht und abschließend mündlich verhandelt wird. Methodisch gibt damit die höhere Ebene die strategischen Ziele, die Form und das Verfahren »top-down« vor (»Institutional Design«), überlässt es aber der nachgeordneten Ebene, dies »bottom-up« in operative Ziele zu konkretisieren, um zuletzt gemeinsam den Abgleich zwischen beiden abzustimmen (»**kontraktpartnerschaftliches Gegenstromverfahren**«). Dieses Initiativrecht der nachgeordneten Ebene wird gerade bei kleineren Organisationseinheiten mit traditionell wenig Bezug zu Management-Zugängen nicht immer sinnvoll wahrgenommen, fehlt es doch oft an Erfahrung oder Kompetenzen dafür. Will man dauerhaft tragfähige Vereinbarungen erzielen, sollte gerade die nachgeordnete Ebene sich zeitlich nicht unter Druck gesetzt oder inhaltlich übervorteilt sehen. Zumal Wissenschaftsorganisationen lose gekoppelte Systeme sind (▶ Kap. I. 5.4), sollte allen Partner:innen nicht nur Raum gewährt werden, sich selbst **intern abzustimmen** und eine kollektive Meinung zu entwickeln. Es bedarf auch Hilfestellungen z. B. in Form von interner Beratung, Erfahrungsaustausch, Best Practices oder Qualitätszirkeln im Prozessmanagement (▶ Kap. IV. 6.1) zur Förderung einer Zielvereinbarungskultur. Ferner sollten Dokumentenvorlagen vorab erläutert werden – z. B. mit Ausfüllhinweisen, Textzeichenbegrenzungen, verpflichtenden oder fakultativen Angaben sowie Mindestanforderungen an Lesbarkeit und Konkretisierung, ohne zur formalen Checkliste oder zum Bürokratiemonster zu mutieren.

Dem Grundsatz der Transparenz folgend steht am Ende der Zielvereinbarungen eine **einsehbare, schriftliche Dokumentation**, ohne dass die kontroversen Punkte über mündliche Nebenabreden oder in versteckten »Side Letters« enthalten sind. Die dort enthaltenen **operativen Ziele** sollten – um Verantwortung zu schaffen, kontrolliert werden zu können, aber auch um sich abgrenzen zu können gegenüber allzu überhöhten Erwartungshaltungen – keine bildungspolitischen Absichtserklärungen, sondern (auch für Außenstehende) verstehbar und klar sein. Hoffnungen und Zuversicht mögen dabei sprachlich mit zum Ausdruck kommen, mit Zielsteuerung haben sie nichts zu tun. Operative Ziele sollten daher zumindest den Kriterien der S. M. A. R. T.-Formel entsprechen (▶ Kap. III. 1.2), auch wenn dies zu Angreifbarkeiten führt – Denn letztlich muss man sich daran messen und »beim Wort nehmen lassen«. Der Erfahrung nach werden Zielvereinbarungen oft aufgeweicht aus zuwenigst drei Ursachen:

## 2 Strategiebildung und -verzahnung

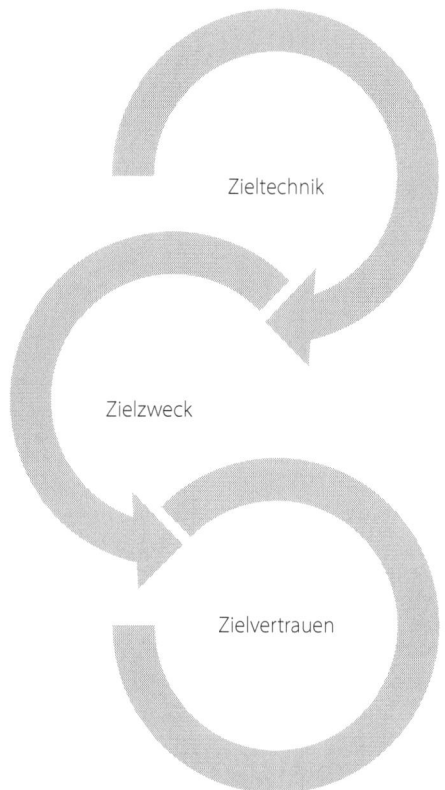

**Dar. 17:** Zielaufweichungen

- **Zieltechnik**: Zum ersten kostet es Zeit und Energie, s. m. a. r. t.e Ziele so zu fassen, dass sie weiterhin kurz, knapp und für alle verständlich sind. Nicht jedes Ziel kann etwa leicht quantifiziert werden und zahlenmäßige Erfassbarkeit ist keine Voraussetzung. Zumal die Überprüfung der Zielerreichung stets einer Interpretation und Gesamtbewertung aller Beteiligten am Ende bedarf, sind operative Ziele keine Kennzahlen, die das Controlling nachrechnet, sondern sie dienen als Basis für eine strukturierte Kommunikation im Nachgang.
- **Zielzweck**: Zum zweiten wird die Sinnhaftigkeit von Zielen gerne auf deren Erreichen reduziert. War man erfolgreich, dann war es ein gutes Ziel; falls nicht, war das Ziel zu schwach, unrealistisch, ambitioniert etc. Tatsächlich aber entfalten auch nicht erreichte oder knapp verfehlte Ziele eine Steuerungswirkung, während diese zu erreichen versucht werden! Das führt bestenfalls nicht nur zu geordneten, klar ausgerichteten Arbeitsprozessen für die Beteiligten, sondern strategisch jedenfalls in die richtige Richtung.
- **Zielvertrauen**: Zum dritten wird gerne vergessen, dass Ziele Zustände in der Zukunft sind, deren Erreichung gerade nicht mitdefiniert werden sollte. Sehr oft finden sich in Zielvereinbarungen Tätigkeiten, Handlungen oder Maßnahmen,

was die Freiheit der nachgeordneten Ebene bei der Zielerreichung einschränkt und Ausdruck fehlenden Vertrauens ist. Das Ziel sollte selbst konkret sein, das konkrete »Wie« hingegen in der Verantwortung der nachgeordneten Ebene verbleiben und nicht über die Zielvereinbarung den Weg dorthin determinieren. Nur dann kann bei der nachgeordneten Ebene die Wertschätzung im Sinne einer Stärkung der Autonomie entstehen, was häufig (noch) nicht der Fall ist.

> **Reflexionsübung**
>
> - Nehmen Sie sich eine Zielvereinbarung aus Ihrer eigenen Wissenschaftsorganisation und überprüfen Sie diese anhand der S. M. A. R. T.-Formel.
> - In welchen Punkten sehen Sie diese als nicht erfüllt an?
> - An welcher Stelle kommt Ihnen der Gedanke, dass eine der drei Ursachen dazu geführt haben könnte und weswegen?

In der Praxis werden **Zielvereinbarungen mit Budgetzuweisungen** gekoppelt. Die dezentrale Mittelvergabe spiegelt die bereits systembedingt vorhandene Autonomie der Expert:innen in einer Wissenschaftsorganisation konsequent auf Ressourcenebene wider und verknüpft die eingeforderte Wissenschaftsfreiheit letztlich mit einer Managementverantwortung für die Strategieumsetzung. Mit anderen Worten soll die nachgeordnete Ebene selbständig und eigenverantwortlich aktiv werden und sich selbst Gedanken über die bestmögliche Umsetzung machen. Des Weiteren ist impliziert, dass eine wirksame Zielsteuerung nicht allein vom Commitment einer Vereinbarung abhängt, deren Missachtung keinerlei Folgen hat. Nicht nur führt die Angst davor ebenso gerne gerade zum Fehlen operativer Ziele (▶ Kap. III. 1.2). Es findet auch zumeist nur einmalig am Ende eine Überprüfung statt. Da die Mittel bis dahin ausgegeben oder zumindest fix verplant sind, kann eine »Rück- oder Strafzahlung« naturgemäß nicht (mehr) stattfinden selbst bei **grober Zielverfehlung**. Auch Auswirkungen auf die kommenden Zielvereinbarungsperiode(n) sind in der Praxis gering, zum einen wegen eines von der Wissenschafts- auf die Managementebene unbesehen übertragenen Kollegialitätsprinzips, das dies als unfreundlichen Akt missbilligt; zum anderen auch deswegen, weil selten Ziele komplett erreicht oder gänzlich verfehlt werden. Es mangelt den meisten Zielvereinbarungen an einer für alle ab- und einsehbaren Vereinbarungskomponente, welcher Zielerreichungsgrad wann welche **graduellen Folgen** nach sich ziehen soll. Will man mit Zielvereinbarungen strategisch in die gewünschte Richtung steuern, muss deren **Selektivität** hingegen anerkannt und berücksichtigt werden, so wie dies bei einzelnen »Zusatztöpfen« bereits der Fall ist (z. B. für didaktisch herausragende Online-Lehre, für innovative Strukturentwicklungen, für aktuelle Forschungsfelder etc.). Das würde für die übergeordnete Ebene heißen, dass sie weggeht von einem Anspruch, dass möglichst die **Gesamtperformance** der nachgeordneten Ebene vollständig und nach gleichem Muster in Zielvereinbarungen abgebildet wird. Und das würde für die nachgeordnete Ebene bedeuten, dass diese lediglich für bestimmte

Bereiche **aufgabenbezogen feste Budgetanteile** vorab erhält, für andere **leistungsbezogen** hingegen nicht. Beispielsweise werden zuerst Genannte Fixkosten etwa für bestehendes Wissenschaftspersonal schon wegen des verfassungsrechtlichen Grundrechts auf Wissenschaftsfreiheit und für Verwaltungspersonal aufgrund der arbeitsvertraglichen Dauerschulverhältnisses umfassen; ähnliches wird für das grundständige Studienangebot gelten. Zuletzt Genanntes hingegen kann z. B. projektorientiert mittels eines **Teilziel- bzw. Meilensteinsystems** dergestalt erfolgen, dass bereits während der laufenden Zielvereinbarungsperiode erst nach Erreichen eines vordefinierten Fortschrittszeitpunkts weitere **Budgetraten** ausgeschüttet werden. Auch ist umgekehrt ein **Monitoring** derart denkbar, dass wiederum während der laufenden Zielvereinbarungsperiode bei ebenfalls vordefinierten **gravierenden Abweichungen** ein Eingreifen der höheren Ebene möglich ist nach angemessener Behebungsfrist. Um Zielvereinbarungen handelbar zu machen, ist ferner ein einfaches **Punktesystem** geeignet, welches zum einen die o. g. Unterscheidung berücksichtigend bestimmte Bereiche zwischen einzelnen, nachgeordneten Partner:innen horizontal vergleichbar machen kann, während in z. B. innovativeren Bereichen unterschiedliche operative Ziele verfolgt werden. So kann das Studiengangmanagement eines Fachbereichs z. B. mit einem anderen gebenchmarkt werden, während die Errichtung eines internationalen Forschungsclusters fächerbezogene Besonderheiten beibehält und nur vertikal in der Zielvereinbarung wirkt. Letztlich werden einige Organisationseinheiten in Wissenschaftsorganisationen zwar dennoch nicht horizontal mit anderen vergleichbar sein, obwohl sie stark aufgabenbezogen ausgerichtet sind – wie etwa eine zentrale Universitätsbibliothek oder ein historisch gewachsenes, inzwischen renommiertes Kompetenzzentrum. Auch dann aber hilft ein Punktesystem den nachgeordneten Ebenen, nicht ihre eigenen **operativen Ziele gegeneinander ausspielen** zu müssen bei knappen Ressourcen. Zudem legt es genauer fest, bei welcher Negativabweichung innerhalb der Kategorie welche Folge eintritt.

**Reflexionsübung**

- Welche Bereiche Ihrer eigenen Wissenschaftsorganisation oder Organisationseinheit fallen Ihnen ein, die stärker aufgabenbezogen oder stärker leistungsbezogen einzuordnen sind und wieso?
- Welche Argumente sprechen Ihrer Meinung nach dafür, leistungsbezogen ein Teilziel- bzw. Meilensteinsystem einzuführen und welche dafür, (umgekehrt) ein Monitoring für gravierende Abweichungen zu betreiben?

Die Kopplung von Zielvereinbarungen mit Budgetzuweisungen erfordert innerhalb von Wissenschaftsorganisation auch grundsätzliche (einheitliche) Regeln darüber, inwiefern die nachgeordneten Ebenen für die **Rücklagenbildung** mitverantwortlich sind, etwa für Sonderausgaben wie beispielsweise in Krisenzeiten oder für die **Bildung von Rückstellungen** für kommende vertragliche oder rechtliche Verbindlichkeiten in der Zukunft – wie etwa Pensionsansprüche von Beamt:innen oder steuerrechtliche Nachforderungen bei Forschungseinnahmen. Auch sollte geklärt werden, inwiefern **innerbetriebliche Leistungen** wie z. B. zentrale Services wie Weiterbildungsangebote der Personalentwicklungsabteilung, Lizenzen der IT für Software oder die Energiekosten des Facilitymanagements miteinbezogen bzw. intern verrechnet werden – gerade in Zeiten steigender Rohstoffpreise und Heizkosten eine dringende, mitnichten eine einfache Thematik. Eine reine Umlage etwa nach Größe oder **Durchschnittsverbrauch** solcher Gemeinkosten mag für eine faire Verteilung sorgen, schafft aber intern keine Anreize für die nachgeordneten Ebenen, diese zu reduzieren. Eine Umlage nach **tatsächlicher Nutzung** ist bei manchen Leistungen nicht nur schwer errechenbar – wie etwa zentral angeschaffte Schriftwerke einer Bibliothek danach, wie oft sie in einem Fachbereich ausgeliehen werden. Sie unterstellt auch ein Einsparungspotenzial mit oft ungleicher Chancengleichheit. So können technische Wissenschaften etwa nicht bedingt durch Abschalten oder Takten ihrer Apparaturen ihren erhöhten Stromverbrauch reduzieren und bestimmte Fachgebiete nicht auf teure Konferenzreisen oder Teilnahmegebühren verzichten, wenn die internationale Wissenschaftsgemeinschaft diese aber erwartet.

Eine besondere Herausforderung bei über Zielvereinbarungen derart dezentralisierter Budgets innerhalb von Expert:innen-Organisationen sind die **Personalkosten**, welche im tertiären Dienstleistungssektor einen finanziellen Hauptfaktor darstellen. Zumal rechtlich zumeist die Wissenschaftsorganisationen als solche Vertragspartner:innen bzw. hoheitlich Tätige sind, halten sie daher diesen wie weitere Teile aus ihren internen Zielvereinbarungen heraus und finanzieren es über Zuweisungen aus einem Globalbudget. Der intendierte Spielraum für die nachgeordnete Ebene im Rahmen von Zielvereinbarungen ist auch rechtlich nicht sehr groß – richten sich Laufzeiten und Befristungen von Anstellungen nun einmal nicht nach Zielvereinbarungsperioden aus, sondern nach Projektförderungen, Arbeitsverträgen und beamtenrechtlichen Regelungen. Ganz zu schweigen vom meist fehlenden Know-how für eine solide Personalfinanzierung auf dezentraler Ebene, muss tatsächlich der **laufende Service-, Studierenden- und Forschungsbetrieb** aufrechterhalten werden und steht nur bedingt zur Disposition. Falls Personalkosten integriert werden, können diese jedenfalls nicht sinnvoll mit einer reinen Geldgröße in der Zielvereinbarung abgebildet werden, sondern müssen unterschiedliche **Personalkategorien** abbilden. Definiert man die Schaffung oder den Ausbau von Stellen in den operativen Zielen wie beispielsweise Senior Lecturers oder eine neue Stiftungsprofessur, dann stehen und fallen diese zwar nach der Zielvereinbarungslogik inhaltlich mit der Zielerreichung und zeitlich mit der Periode. Jedoch birgt selbst ein vorhersehbares späteres **Entziehen oder das Wiederabschaffen** in Expert:innen-Organisation Konfliktpotential: Die Scientific Community hat darin »investiert«, es hat ein Sozialisierungs- wie Selektionsprozess begonnen und sich ein Netzwerk um die Stelle gebildet. Die Stelleninhaber:innen sind kein Apparat, der ausgeliehen wurde, oder ein Projekt, das fertig ist. Vielmehr nimmt die nachgeordnete Ebene nicht wiederbesetzte oder gestrichene Stellen als **kollegialen Verlust** wahr, zumal eine komfortable Stellenausstattung als Indikator für gute Leistung und das Vertrauen der Wissenschaftsorganisation gesehen wird. Tendenziell versuchen Organisationseinheiten daher, Stellen eher zu halten, als diese umzugruppieren oder zugunsten einer fortschreitenden Personal- und Organisationsentwicklung zur Disposition zu stellen. Dieses verbreitete Besitzwahrungsdenken potenziert sich zudem dergestalt, dass ein Mehr an Stellen ein Mehr an Grundausstattung benötigt. Was eine **ausfinanzierte Stelle** umfasst, muss daher bereits vom Definieren her mitberücksichtigt werden, etwa welche Sachmittel dazugehören, ob etwa die tatsächlichen Ist-Personalkosten bezahlt werden oder nur durchschnittliche Personalkosten, um Fehlanreize des öffentlichen Dienstrechts zu umgehen und den Organisationseinheiten die Entscheidung zu überlassen, welche Art Stelle sie letztlich schaffen und wie sie das damit verbundene operative Ziel erreichen wollen.

# III Wissenschaftsmanagement als Führung

# 1 Laterale Führung und Zusammenarbeit

## 1.1 Drei Ebenen lateraler Führung

In Wissenschaftsorganisationen, welche hoch qualifizierte Wissenschaftler:innen im Mittelpunkt sehen, ist deren Kernauftrag – Lehre und Forschung – eng mit den Leistungen und dem Commitment dieser Expert:innen verbunden. Führung folgt u. a. wegen deren großer individueller Autonomie aufgrund des Expert:innen-Status', der nur lockeren vertikalen Verbindungen zwischen Wissenschaftler:innen wie Organisationseinheiten sowie der stark netzwerkartigen und projektbezogenen Arbeitsweise anderen Gesetzmäßigkeiten als etwa in einem privatwirtschaftlichen Unternehmen. Zumal es kaum Macht- und Sanktionspotentiale gegenüber diesen gibt, haben in solchen Akteurskonstellationen typischerweise diejenigen »das Sagen«, die über **Wissens- und Informationsvorteile** verfügen und nicht diejenigen, die formal eine Führungsposition innehaben. Dies gilt sowohl von einer in die andere Säule mit ihren jeweils unterschiedlichen Funktionslogiken (▶ Kap. I. 2.1) – z. B. als Vizepräsident:in für Personal gegenüber den Dozent:innen – wie auch innerhalb einer Säule – z. B. als Forschungsgruppenleiter:in gegenüber den Forschenden.

Um andere Personen zu etwas zu bewegen, ist daher ein angepasst **sachorientiertes, funktionales** und die Interessen des Gegenübers berücksichtigendes Führen ohne Weisungsbefugnis notwendig (»**laterale Führung**«). Das bedeutet nicht, dass diese Art der Führung lediglich als zweitbeste (Not-)Lösung Anwendung findet, sollte keine formale Über-Unter-Ordnung vorliegen. Vielmehr zeigt die Praxis in Wissenschaftsorganisationen, dass Weisungen selbst in den wenigen hierarchischen Beziehungen keine tragfähig nachhaltigen Ergebnisse zutage fördern, sogar unter Nichtwissenschaftler:innen der beiden anderen Säulen. Denn deren Personal mag zwar aus Verwaltungsmitarbeiter:innen und Wissenschaftsmanager:innen bestehen, die zumeist innerhalb eines öffentlich-rechtlichen Verwaltungsgefüges arbeiten. Hingegen passt eine Führung, die auf formalen Top-down-Befehlsketten basiert, nicht zu einer **Organisationskultur**, die sich wesentlich der **Schaffung von Wissen, dem Verstehen und Erkennen** gewidmet hat. Führung muss, um in diesem System anerkannt zu werden, überzeugen, sich erklären, sich auch angreifbar machen und dem Diskurs aussetzen. Expert:innen, die an hohe Autonomiegrade gewohnt sind, diese zum Betreiben bzw. Unterstützen von Wissenschaft benötigen, nehmen strikte Anweisungen mehr als **Störung oder Gefahr** wahr, denn als Steuerung und Klarheit. Bei gefühlter Gefahr im Verzug springen die evolutionären Überreste des Reptiliengehirns an, welches entweder in den Modus des Kampfes, der Flucht oder des Erstarrens wechselt:

- **Kampf** – sich (mehr oder weniger offen) gegen die Führung bzw. die Entscheidungen der Führungskraft stellen, z. B. deren fragliche Kompetenz für die Sache gegenüber Kolleg:innen ansprechen oder Berichtslinien im Geheimen übergehen.
- **Flucht** – sich von den unmittelbaren Führungsauswirkungen distanzieren, z. B. Führungsentscheidungen ignorieren bzw. »vergessen« oder die Kommunikation für den betreffenden Teil reduzieren.
- **Erstarren** – »Beamt:inen-Mikado« nach dem Motto: »*Wer sich zuerst bewegt, verliert!*«, z. B. innere Kündigung bzw. Dienst nach Vorschrift oder bloßes Abwarten und Reagieren auf Beschwerden oder Erinnerungen.

»Lateral« meint dabei **seitliches Führen auf Augenhöhe**, d. h. weder klassisch-hierarchisch »top-down« noch wie eine Grassroot Democrazy »bottom-up«. Ein solches Führen richtet sich darauf aus, mit den anderen Verständigungsprozesse zu organisieren, Machtarenen zu bilden und vertrauensvolle Beziehungen zu etablieren. Um Führungstaktiken, -praktiken und -manöver der Steuerung von Entscheidungen wie auch Mitarbeiter:innen und Kolleg:innen an Wissenschaftsorganisationen sinnvoll einzusetzen, ist dies keinesfalls lediglich auf ein externes Motivieren der anderen, eine langwierige Überzeugungsarbeit oder ein ständiges Nachgeben zu begrenzen. Laterales Führen spielt vielmehr auf den drei Ebenen der Verständigung, des Vertrauens und der Macht gleichzeitig, um erfolgreich zu sein.

Auf der Ebene »Verständigung« geht es darum, die **Denkgebäude des Gegenübers so zu verstehen**, dass neue Handlungsmöglichkeiten der Führung erschlossen werden können, z. B. mit Hilfe des Stakeholdermanagements (▶ Kap. III. 1.2). Gerade bei der Führung einzelner Mitarbeiter:innen und Kolleg:innen bzw. kleinerer Teams steht auch die Frage im Raum, was diese zu guter Arbeit brauchen, wo ihre Stärken eingesetzt werden können und welche **individuelle Motivation** diese im jeweiligen Kontext antreibt. Im nächsten Schritt ist es notwendig, sich mit einem **gemeinsamen Ziel zu identifizieren**, sich auf Ergebnisse und deren Qualitäten zu einigen und auf gemeinsame Spielregeln des Zusammenarbeitens zu verständigen. So ist etwa deutlich zu besprechen, ob ein:e Prä-Doc-Stelle vornehmlich zur Weiterqualifikation gedacht und deswegen befristet ist oder diese als wissenschaftliche Programmkoordinator:innen-Stelle lediglich zweckentfremdet eine Funktion aus dem Wissenschaftsmanagement (mit-)erfüllt. Den Stelleninhaber:innen wie den Kolleg:innen sollte dies mit allen Konsequenzen klar sein bzw. gemacht werden.

Auf der Ebene »Macht« geht es um **Machtpotenziale**, die vornehmlich nicht durch das Organigramm oder formale Positionen vorgegeben sind, sondern oft durch **verborgene Machtressourcen** und -quellen. Diese können etwa aufgrund der Expert:innen-Stellung, des Scientific Standing, des Informationsvorsprungs an einer wichtigen Schaltstelle oder schlicht eines starken Netzwerks in- und außer-

# 1 Laterale Führung und Zusammenarbeit

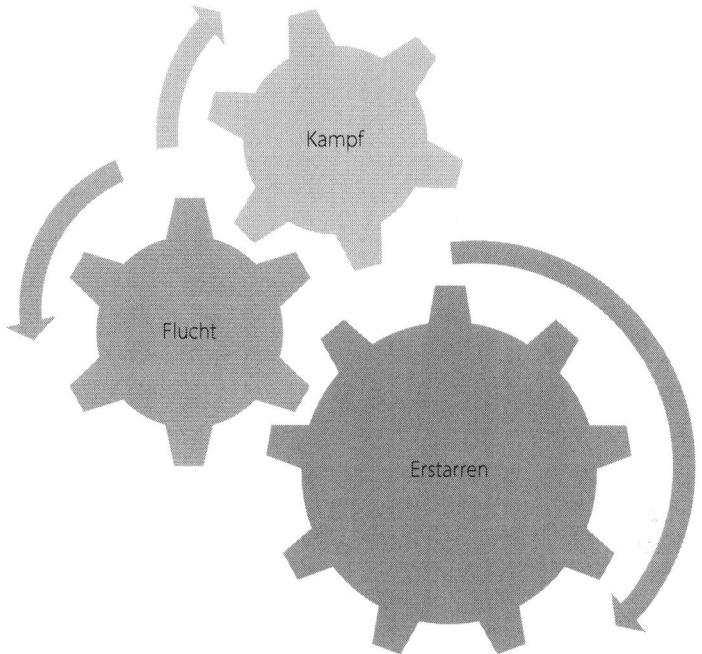

**Dar. 18:** Gefahrenmodus

halb der Wissenschaftsorganisation vorhanden sein. Auch hierbei geht es darum, die eigene Macht wie die der anderen zu kennen, richtig einzuschätzen und für Führung zu nutzen. Zum Beispiel kann das die alteingesessene Studienprogrammleitung sein, deren Unterstützung man sucht oder man nutzt das eigene Zusatzwissen etwa als Teil eines Gremiums oder einer Plattform gezielt zur Durchsetzung der eigenen Führungsagenda.

Auf der Ebene »Vertrauen« schließlich geht es darum, **einander zu kennen inklusive der Bedürfnisse** der anderen wie des **organisationalen Kontexts**, also der Besonderheiten von Wissenschaftsorganisationen. Dazu gehört das Wissen, was grundsätzlich in der Zusammenarbeit funktioniert und was nicht, wie eine Teaminklusive Fehlerkultur gelebt wird und nicht eine Person ein Risiko durch einseitige Vorleistungen eingeht, was andere für einen kurzfristigen Vorteil ausnutzen. Stattdessen kann man sich auf **klare Entscheidungen, vereinbarte Regeln und zugesicherte Gestaltungsspielräume** verlassen, wie etwa im Rahmen eines verbindlichen Prozessmanagements (▶ Kap. IV. 1.2). So sollte etwa eine Halbtagskraft, die zudem viel Arbeitszeit im Homeoffice verbringt, nicht das Gefühl haben, dass wesentliche Entscheidungen am Forschungsinstitut in deren Abwesenheit getroffen werden, sondern diese stets mit einbezogen wird. Auch darf man aus der Erfahrung darauf vertrauen, dass beispielsweise eine im Juli des laufenden Jahres geplante Studienplanänderung das Zulassungsverfahren betreffend sich nicht mehr für den Start des kommenden Wintersemesters auswirkt und keinen Ad-hoc-Stress verursacht, da erfahrungsgemäß die Gremienabstimmungen und sonstigen Vorbereitungen weit länger dauern.

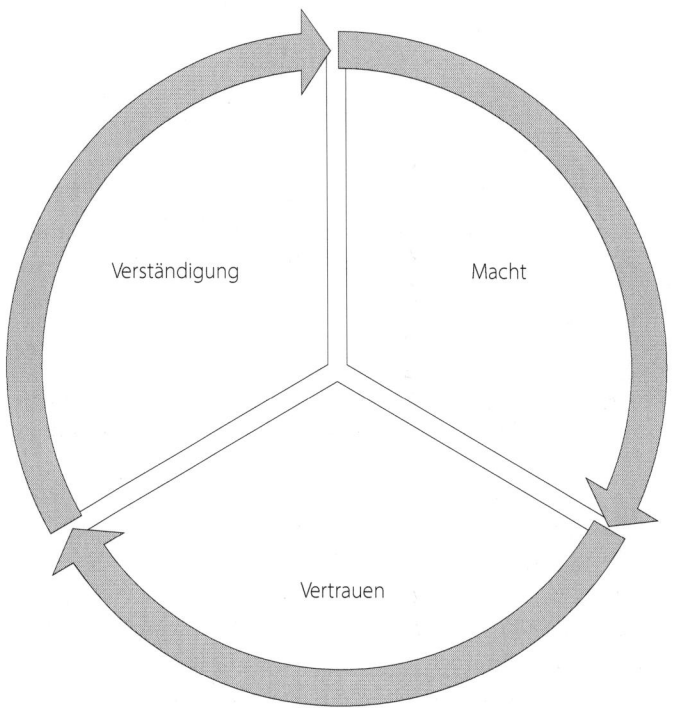

**Dar. 19:** Ebenen lateraler Führung

Bestenfalls greifen Verständigung, Macht und Vertrauen so **ineinander, dass sie sich gegenseitig nützen**. Wenn man beispielsweise seiner Fakultätsleitung vertraut, fällt meist auch die Verständigung über schwierige Themen wie etwa Zusatzarbeiten wegen einer Deadline leichter. Weiß man, dass dies honoriert und nur situationsbezogen eingesetzt wird, hat man keine Angst, »umsonst« Mehrarbeiten zu leisten oder dass dies zum schleichenden Regelfall wird, selbst wenn man nicht im Einzelnen versteht, warum es zu einer Engpasssituation gekommen ist. Wenn man etwa in einer Beziehung viel Macht besitzt, kann man andere auch leichter zu kommunikativen Settings bitten, wie um einen Sondertermin des Akkreditierungsausschusses als Fachexpert:in mit einem Dringlichkeitsargument oder als ein:e allseits geschätzte:r Mitarbeiter:in, die bzw. der um ein Gespräch mit den Vorgesetzten ersucht. Zwar können die drei Ebenen sich **gegenseitig behindern**, wenn sich z. B. eine »Hidden Agenda« auf der Verständigungsebene offenbart und dies als Schwäche auf der Machtebene missbraucht wird. Oder wenn die Vertrauensebene zwischen einzelnen Personen so stark ausgeprägt ist, dass für die Verständigungsebene mit allen anderen kaum noch Raum gesehen wird, da diese wenigen

»zusammenklüngeln«. Letztlich aber liegt ein Vorteil der lateralen Führung darin, dass die drei Ebenen sich z. T. **ersetzen** können, man also nach einer ähnlich wirkvollen Alternative zum jeweils dominierenden Einflussmechanismus Ausschau halten kann, indem man auf eine andere Ebene wechselt. Beispielsweise kann man bei wenig eigener Macht etwa mentale Verbündete finden, die ähnlich denken oder Koalitionen schmieden, was auf eine Aktivierung der Vertrauensbindung hinausliefe.

> **Reflexionsübung**
>
> - Welche Führungssituationen aus Ihrem konkreten Arbeitskontext sind Ihnen – bei Ihnen selbst, bei Vorgesetzten, bei Mitarbeiter:innen oder Kolleg:innen – bekannt, die als Reaktion den Modus des Kampfes, der Flucht oder des Erstarrens nach sich zogen?
> - Welche Beispiele fallen Ihnen zu den drei Ebenen der Verständigung, des Vertrauens und der Macht ein?

Alle der drei Ebenen lateralen Führens **orientieren sich manchmal an formellen Strukturen und Sichtbarem**, sind darauf aber nicht beschränkt. So laufen beispielsweise Machtspiele oftmals zwischen einzelnen Personen oder aber es existiert ein Vertrauen in die Wissenschaftsorganisation als formell öffentlich-rechtliche Körperschaft bzw. staatliche geförderte Strukturen, welche trotz möglicher Überschuldung liquide bleiben und verlässlich das monatliche Gehalt zahlen. Hingegen werden Arbeitsverträge manchmal erst mit dem ersten Tag der tatsächlichen Anstellung oder Lehraufträge verlängert ausgefertigt wegen langsamer Personalverfahren oder erst kurzfristiger Bewilligung aus einem Projekttopf. Hier wiegt das Vertrauen in die unverbindlich-mündliche Zusage der bzw. des künftigen Vorgesetzten oder der zuständigen Onboarding-Stelle weit mehr als das Vertrauen in die Wissenschaftsorganisation selbst.

Oftmals findet sich eine für Wissenschaftsorganisationen **charakteristische Zweiteilung zwischen formeller Mesoebene und informeller Mikroebene** wie formellen Regelungen für Lehrbefreiungen aufgrund der Wahrnehmung von bestimmten Selbstverwaltungsfunktionen gegenüber der informellen Zusage des Dekanats, eine Lehrreduzierung auch für nicht enthaltene Studienprogramm- oder Ausschussvorsitzenden-Tätigkeiten zu gewähren. Derartig informelle Macht-, Vertrauens- und Verständigungsprozesse stehen nicht neben dem formellen System als amoralisch oder gar illegal, sondern bilden einen **wertvollen Teil der Organisationskultur** (▶ Kap. III. 1.3). Gerade wenn man keine formelle Führungsposition als Wissenschaftsmanager:in bekleidet, eignet sich diese Art der Führung, die einen Latenzbereich aufweist. Selten können alle drei Ebenen vollständig erkannt, identifiziert und kommuniziert werden, was systemtheoretisch gesehen auch eine Schutzfunktion für die informellen Macht-, Vertrauens- und Verständigungsprozesse bedeutet. Angesichts der Dynamik in diesem Bereich verlangt die laterale Führung **Kontingenz im Sinne einer Offenheit bzw. Vorläufigkeit** für Ereignisse, welche nicht immer in Kausalzusammenhängen zueinanderstehen und oft nur Testungen oder Erprobungen darstellen. So kann z. B. die temporäre Übertragung von Gestaltungsbefugnissen an eine:n wissenschaftliche:n Mitarbeiter:in, welche:r von sich aus die Überarbeitung der Raumpläne am Forschungscampus mit anderen angeboten hat, mehrdeutig die freiwillige Kollaboration fördern, im Ergebnis ein Empowerment für die Beteiligten oder verdeckte Widerstände Unbeteiligter zutage bringen, im Ergebnis zu einer weit besseren Raumaufteilung führen oder auch zum Chaos. Just in Zeiten, in denen nachrückende Generationen immer weniger Lust auf klassische, als anstrengende Verschleißjobs angesehene Führungspositionen entwickeln, bietet ein laterales Führungsverständnis neue Möglichkeiten, sich auch selbst als Führungskraft auszuprobieren oder dies über Rollen untereinander aufzuteilen.

## 1.2  Verständigung: Ziele und Stakeholder

Sehr oft wird in der Zusammenarbeit wie z. B. bei anstehenden Veränderungsprozessen etwa der Einführung hybrider Arbeit in der Hochschulverwaltung oder beim Start von Forschungsprojekten über das »Wie?« und »(bis) wann?« gesprochen und dabei das »Was?« lediglich vorgegeben. Dass solches zu einem Ende hinführt, welches alle Beteiligten als erfolgreich ansehen, ist dann jedoch ungewiss, da in die Zielfindung – sprich: die für **alle gleichermaßen verständliche Verschriftlichung eines Ziels** – selten viel Energie investiert wird. Gerne werden an anderer Stelle (z. B. in Zielvereinbarungen) festgelegte Ziele einfach nach unten weitergereicht oder in einem Team davon ausgegangen, dass alle ein ähnliches Verständnis von dem in der Zukunft liegenden Zustand haben, der im Vergleich mit der Gegenwart erstrebenswert erscheint. Wohlgeformte Ziele beschreiben die Situation, so wie sie (optimalerweise) am Ende eines Zeitraums von jedem bzw. jeder objektiv erkannt werden könnte. Sie erklären weder den Weg dorthin noch die Zwischenschritte, Tätigkeiten oder eingesetzten Mittel, die dafür benötigt werden. Schließlich geht es bei der Zielformulierung allein um das erfolgreiche Ende; den Weg dorthin kann man sich ruhig offenhalten bzw. variieren, sollte es sich anders entwickeln als zuvor gedacht. Gerade deswegen ist die gemeinsame Zieldefinition so wichtig. Ein wohldefiniertes Ziel sollte der **S. M. A. R. T.-Formel** entsprechen, ein Akronym, das zentrale Zielkriterien benennt:

- **»Specific«**: Das Ziel sollte so konkret wie möglich beschrieben sein.
- **»Measurable«**: Das Ziel muss quantitativ messbar oder qualitativ überprüfbar sein.
- **»Ambitious«**: Das Ziel wird nur dann erreicht, wenn das Team eine besondere Anstrengung dafür unternimmt.
- **»Realistic«**: Das Ziel muss sich an (rechtlichen, technischen, politischen, ressourcenmäßigen etc.) Bedingungen orientieren.

- **»Terminated«**: Das Ziel muss mit einem End- bzw. Realisierungstermin versehen sein.

Hinreichend **konkret** ist ein Ziel nur dann, wenn es **alle Komponenten** beinhaltet, die unbedingt vorliegen sollen. Wenn im neuen Campus-Großraumbüro ein bestimmtes Corporate Design sich auch in einer passenden Wandfarbe oder Logos auf Glastüren niederschlagen soll, gehört dies mit in die Zieldefinition. Kommt es eher auf die Funktionalität an (Wer sitzt bei wem? Welche Gruppen- und Einzelräume sind wie nutzbar?), entfällt das Erstgenannte. Bei diesem Punkt geht es um nicht weniger als das, was genau gewollt ist. Welche Dinge würden rückblickend für ein erfolgreiches Projektende fehlen? Wie sieht dieser Zustand präzise aus, wie fühlt er sich an, wie groß oder klein, laut oder leise bzw. hell oder dunkel ist er? Oftmals äußern sich gerade Vorgesetzte, Ressourcen-Stifter:innen oder Projektauftragsgeber:innen selbst nicht sehr genau dazu, was ihnen wichtig ist. Wenn ein:e Hochschulrektor:in etwa die dringend zu senkenden Energiekosten benennt, wird er bzw. sie angreifbarer als wenn allgemein über eine »Verbesserung nachhaltiger, umweltgerechter Energienutzung« gesprochen wird. Oder wenn eine interne Forschungskommunikation aufgebaut werden soll, können einige die Festlegung von Kommunikationsarten, -kanälen und -zeiten als Angriff auf deren bisheriges Kommunikationsverhalten werten (»*Wieso wollen wir das nun ändern – War es bislang nicht gut genug?*«). Zielkonkretisierungen eignen sich daher nicht für den Smalltalk, sondern bieten Angriffsflächen und geben Aufschluss darüber, was der eigentliche Sinn des Ziels ist, damit alle sich auskennen und auch wissen, was genau verlangt wird. Es ist darauf zu achten, nötige Details nicht zu verklausulieren: Fach- und Fremdwörter sollten genauso vermieden werden wie Abkürzungen, Soziolekte oder Slang. Je einfacher die Zielkonkretisierungen sind, desto weniger entstehen Verständnislücken oder Missverständnisse, die erst ganz am Ende ausgeräumt werden, wenn jedoch zumeist alles an Energie und Ressourcen aufgebraucht oder bislang zweckwidrig eingesetzt wurde.

Hinreichend **messbar bzw. anderweitig überprüfbar** ist ein Ziel zunächst dann, wenn es bereits alle notwendigen Messkriterien enthält, die später als Maßstab angelegt werden. Bei stark quantitativen Zielen, in denen konkrete Zahlen genannt wurden, ergibt sich dies zumeist bereits aus den Zielkonkretisierungen. Je weniger fest umrissen man beim vorhergehenden Punkt »Specific« war, desto eher bedarf häufig die Überprüfbarkeit einer zusätzlichen Feststellung – z. B. mittels Indikatoren, die qualitative Zustände implizieren: Ist z. B. eine »effiziente und kollaborative Arbeitskultur« für ein Team erwünscht, dann sollten zu Beginn Kriterien erarbeitet werden, welche die Zielerreichung anzeigen wie etwa die Maximalanzahl an Überstunden, die tatsächliche Nutzung technischer Tools von allen oder eine durchschnittliche Mindest-Zufriedenheit bei den kommenden drei Retrospektiven (▶ Kap. III. 1.2). Bei den ersten beiden Punkten der S. M. A. R. T.-Formel ist stets die Frage zu beantworten, ob das mit der Zielerreichung betraute Team sich am Ende stolz vor jemanden stellen könnte mit der Feststellung, das Ziel sei nun erreicht. Schießen einem potenzielle Einwände kritischer Personen in den

Kopf, dann mag das oft einen Hinweis auf eine (noch) nicht hinreichend überprüfbare Zielformulierung geben.

Hinreichend **ambitioniert** ist ein Ziel dann, wenn es nicht automatisch oder nebenbei erreicht werden kann, z. B. anlässlich eines anderen Vorhabens oder durch dritte Personen. Damit über den gesamten Zeitraum Ehrgeiz und Zielerreichungswille nicht nachlassen, muss dafür aber auch der tatsächliche Einfluss auf die Zielerreichung vorherrschend bleiben. Andernfalls würde bei der Verfehlung des Ziels immer die Ausrede gelten, der (fehlende oder minderwertige) Beitrag der anderen sei daran schuld. Weder »zur besten Forschungsstudie gekürt zu werden« noch »von der neuen Hochschulleitung als Best Practice anerkannt« zu werden eignet sich als Ziel. Der Ausgang von Jury-Entscheidungen rangiert ebenso außerhalb einer direkten Beeinflussbarkeit wie die Hochschulpolitik. Ein ambitioniertes Ziel wird nur dann erreicht, wenn es die Umsetzenden in die Hand nehmen – sonst hinge es von Zufälligkeiten ab.

Hinreichend **realistisch** ist ein Ziel sodann, wenn es – trotzdem es ambitioniert und herausfordernd ist – nach jetzigem Erkenntnisstand zumindest wahrscheinlich erreicht werden kann. Das schließt jene Zustände in der Zukunft aus, die technisch nicht machbar sind wie etwa das gänzlich stromfreie Büro oder rechtlich nicht funktionieren wie offene, jeweils individuell zu vereinbarende Studienprüfungen. Unrealistisch ist ein Ziel überdies, wenn die zur Verfügung stehenden Mittel (Geld, Kompetenzen, Arbeitszeit etc.) ohnehin nicht ausreichen können, um den gewünschten Zustand fristgerecht zu erreichen. Etwa ad hoc eine agile Arbeitskultur einzuführen, obwohl dies schon dreimal vergeblich versucht wurde und die Mitarbeiter:innen erneut starke Widerstände signalisiert haben, ist unrealistisch. Realistische Ziele berücksichtigen immer den Kontext. Damit ist alles gemeint, was die Zielerreichung von außen hindern könnte: eine Energiekrise oder Pandemien, die Wahl eines neuen Präsidiums oder einer neuen Landesregierung oder Stiftungsvorstandes, das fordernde (und als öffentliche Behörde nicht einfach einstellbare oder verlagerbare) Tagesgeschäft, die Knappheit an Ressourcen sowie deren voraussichtliche Verteilung auf alle anderen Projekte, Aufgaben und Vorhaben, die außerdem noch im Raum stehen.

Hinreichend **terminiert** ist ein Ziel dann, wenn es ein genaues Tagesdatum enthält. Einen unbestimmten oder erst noch zu konkretisierenden Zeitraum zu wählen wie z. B. »zum Sommer-Trimester« oder »ab Anfang der Leistungsperiode«, ist nicht sinnvoll. Einen Zieltermin später aus guten Gründen zu verschieben, ist denkbar – aber nur möglich, wenn er vorher bedacht und festgelegt war, damit die Mitarbeiter:innen und Kolleg:innen wissen, wie die eigenen Ressourcen einzuteilen sind und worauf besonderer Wert gelegt wird. Falls sich neue Fakten auftun oder Priorisierungen ändern, sollte ein Ziel für jedes Kriterium der S. M. A. R. T.-Formel auch während der Umsetzung angepasst werden. Alles andere wäre frustrierende »Planhörigkeit«.

Ein wohlgeformtes Ziel **vermeidet Negationen** wie »nicht«, »kein« oder »ohne« ebenso wie Beschreibungen, die eine reine Unterlassung beinhalten. Der Zustand am Ende sollte positiv, optimistisch und bestätigend formuliert sein. Statt z. B.

1 Laterale Führung und Zusammenarbeit

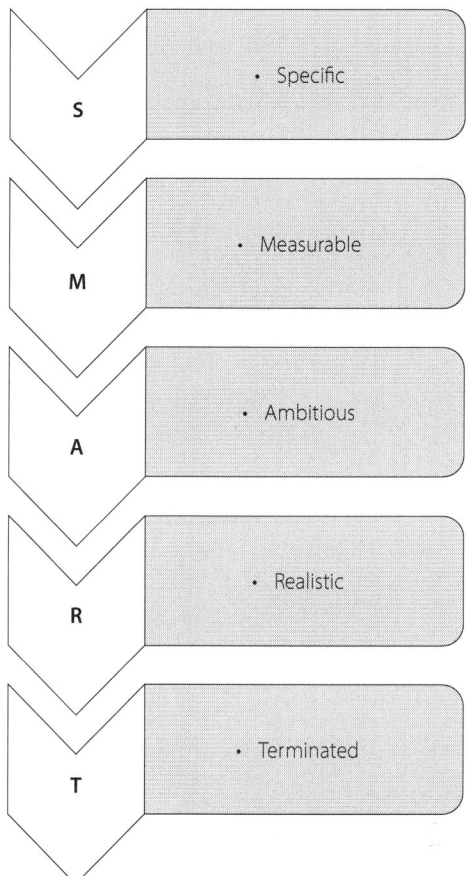

**Dar. 20:** S. M. A. R.T.-Formel

»keine zusätzlichen Abstimmungsrunden außerhalb der Gremien mehr« führt »alle Entscheidungen in den Gremien getroffen« dazu, sich das Ziel als Zustand in der Zukunft vorstellen zu können. Zumal man (nahezu) jede Negation sprachlich ins Positive zu wenden vermag, beantwortet ein wohlgeformtes Ziel nicht die Frage, was alles nicht mehr sein soll bzw. wovon man weg möchte. Vielmehr sucht es fluchtgetriebene, wenig motivierende Opferhaltungen zu vermeiden oder von zu behebenden Fehlern, Mängeln oder Defiziten auszugehen, sondern sich die mit der Zielerreichung angestrebte Verbesserung des neuen Zustandes bildlich und kraftvoll vor Augen zu führen – auch zugunsten der Teammotivation.

Ziele sind sprachlich so zu fassen, **als wären Sie bereits erreicht** – obwohl das bestenfalls erst in der Zukunft passiert. Formulierungen mit Modalverben wie »*man könnte ...*«, »*es sollte ...*« oder »*wir wollen ...*« haben in Zieldefinitionen ebenso wenig etwas verloren wie Konjunktive im Stil von »*wir wären ...*« oder »*es hätte ...*« bzw. Futur-Formen wie »*es sei ...*« oder »*das Team wird ...*«. Stattdessen beschreiben wohlgeformte Ziele den künftigen Zustand so, als würde er zum End-Datum festgestellt, etwa: »*Wir haben am 31.12.2024 unsere internen Online-Meetings um 15 % reduziert!*« oder »*Die Publikationsrate im Sonderforschungsbereich ist mit 01.01.2025 um 10 % gesteigert!*«

> **Reflexionsübung**
>
> - Formulieren Sie drei s. m. a. r. t.e Ziele mit Führungsbezug aus Ihrem konkreten Arbeitskontext schriftlich aus.
> - Bilden Sie dazu ganze Sätze gemäß der Struktur: »Am ... liegt ... in Form von ... vor!« und überprüfen Sie Ihre Formulierung anschließend anhand jedes einzelnen Kriteriums der S. M. A. R. T.-Formel.
> - Lesen Sie zuletzt die Ziele Personen vor, die möglichst nicht vom Fach und auch nicht inhaltlich an der Umsetzung beteiligt sind. Verstehen auch diese auf Anhieb, worauf es Ihnen ankommt?

Selbst falls ein Ziel von anderer Seite vorgegeben ist, gehört zur Ebene der Verständigung, dass die Betroffenen darüber reden, wie (oftmals unterschiedlich) sie alle das Ziel verstehen. Falls noch kein gemeinsames Ziel vorhanden ist, dient die Definition desselben auch dem Teambuilding, so wie es insgesamt auf die laterale Führung mit einer Verständigungsbasis auf Augenhöhe einzahlt. Es eignet sich aber ebenso zur besseren **Selbstführung** bzw. **Kommunikation** einer Idee, eines Vorhabens oder einer Führungsentscheidung, indem man für sich selbst klarmacht, was man eigentlich will. Das kann etwa die Vorformulierung eines Kommunikationsziels für ein Teammeeting sein oder ein individuelles Mindestziel bei kontroversen Verhandlungen zu Zielvereinbarungen. In allen Fällen ist es angebracht, das Ziel stets **schriftlich zu dokumentieren** – auch und gerade, wenn es sich um zunächst persönliche Zielvorstellungen handelt.

Oftmals üben Personen ohne formelle oder sichtbare Beteiligung manchmal indirekt und gelegentlich ohne es zu wissen wesentlichen Einfluss auf das Gelingen eines Vorhabens aus und besitzen **Verhinderungs- oder Optimierungspotenziale**. Aussagen wie »*Ich würde ja gerne, aber mein:e Chef:in hat mir kurzfristig andere Aufgaben zugeteilt!*« oder »*Oh, wenn ich davon gewusst hätte, hätte ich an der ein oder anderen Stelle etwas für Sie tun können!*« künden davon beispielhaft. Anstatt also nur Rollen, Positionen und formale Zuständigkeiten im Auge zu behalten, gilt dies für alle **Anspruchs- und Interessengruppen** innerhalb wie außerhalb eines konkreten Vorhabens oder Arbeitskontextes (»Stakeholder«). Diese können sich auch lediglich von etwas betroffen fühlen oder an wenigen Aspekten interessiert sein. Stakeholder können sowohl die **Ergebnisqualität** eines Vorhabens als auch die **Qualität der Zusammenarbeit** beeinflussen – z. B. die Teamstimmung oder die Kommunikation miteinander. Dabei ist es zentral, die Sichtweise der Stakeholder einzunehmen, so **möglicherweise irrational oder wenig nachvollziehbar** diese vielleicht auch sein mag. Für eine Zuschreibung der Einstellung eines Stakeholders sind die Antworten auf folgende Fragen weiterführend:

- **Positive Einstellung**: Welche **Erwartungen** hat der Stakeholder an ein Vorhaben bzw. in einem bestimmten Arbeitskontext, z. B. das hochschulische Facility Management daran, dass flexible Arbeitsplatznutzungen zu besseren Raumauslastungen führen?
- **Negative Einstellung**: Welche **Befürchtungen** hat der Stakeholder an ein Vorhaben bzw. in einem bestimmten Arbeitskontext, z. B. die hochschulische Personalleitung davor, dass eine standardmäßige Befristung von Führungspositionen sich abschreckend auf das Employer Branding der Wissenschaftsorganisation auswirkt?

**Reflexionsübung**

- Sammeln Sie – gerne zusammen mit zwei bis drei beteiligten Kolleg:innen – alle Stakeholder, die entweder einen merkbar positiven oder negativen Einfluss auf ein bestimmtes Vorhaben oder in einem spezifischen Arbeitskontext haben könnten.
- Gruppieren Sie solche Stakeholder räumlich zueinander, die im Hinblick auf das Vorhaben in Beziehung stehen: z. B. alle Teammitglieder, alle internen Organisationseinheiten, alle externen Stellen etc.

Womöglich nehmen Teile einer größeren Personengruppe unterschiedliche Haltungen gegenüber einem Vorhaben ein, wie z. B. manche eher aufgeschlossene und einige mehr traditionelle Professor:innen bezüglich einer geplanten Neuerung. In solchen Fällen ist es sinnvoller, diese als zwei getrennte Stakeholder zu erfassen und auch getrennt zu behandeln. Anschließend können die Stakeholder in vier Felder eingeordnet werden, welche sich nach dem **Grad des Interesses und der Macht** des jeweiligen Stakeholders unterscheiden (»Stakeholder-Matrix«). Unterschieden wird hierbei ebenso wenig danach, ob die Macht gegen das Vorhaben gerichtet ist oder nicht, wie danach, ob das Interesse am Gelingen oder Scheitern orientiert ist. So kann eine Forscher:innen-Gruppe z. B. ein hohes inhaltliches Interesse an einem Forschungsgebiet und aufgrund der Expertise auch eine gewisse Macht diesbezüglich haben, jedoch mag es diese so gar nicht freuen, dass andere Bewerber:innen die Förderung bekommen haben. Die leitende Frage bezüglich des Faktors Macht ist: »*Woher beziehen die Stakeholder diese und an welchen Stellen manifestiert sie sich?*« Die leitende Frage bezüglich der Interessen lautet: »*Welche speziellen Interessen haben die Stakeholder und warum genau diese?*«

Ein Stakeholder mit **viel Interesse und viel Macht** (rechts oben) bezogen auf ein Vorhaben oder einen Arbeitskontext sollte aktiv daran beteiligt werden mit Gestaltungs- und Entscheidungsfreiheiten, denn diese suchen regelmäßig die Kooperation. Beispielsweise sollte der Fachbereichsrat bei der Einrichtung bzw. Einstellung von Studiengängen oder der Verwendung von Geld- und Personalmitteln frühzeitig inhaltlich damit befasst und mit der Möglichkeit eingebunden werden, konstruktive (Gegen-)Vorschläge zu machen – anstatt am Ende lange Sitzungen mit

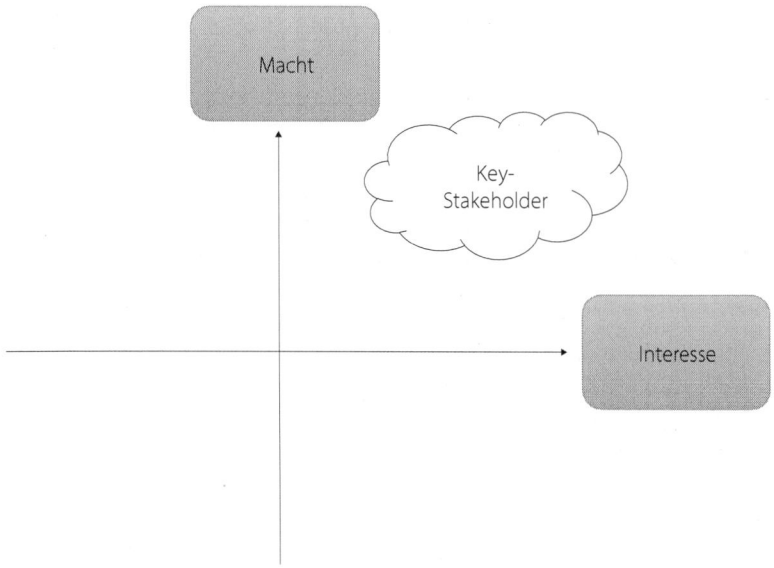

**Dar. 21:** Stakeholder-Matrix

Diskussionen oder gar Blockadebeschlüssen zu verursachen. Ein Stakeholder mit **viel Interesse und wenig Macht** (rechts unten) hingegen sollte zumindest berücksichtigt werden ohne Gestaltungs- und Entscheidungsfreiheiten – etwa durch Befragung. So könnte etwa die Studierendenvertretung bei der geplanten Umstellung aller Prüfungsanmeldungen auf digital durch deren Konsultation oder auch das Angebot eingebunden werden, dass sie eigene Informationsveranstaltungen für die Studierenden anbietet. Ein Stakeholder mit umgekehrt **viel Macht und wenig Interesse** (links oben) kann oftmals unbewusst ein Vorhaben blockieren oder sich lähmend auf einen Arbeitskontext auswirken. Meist hapert es hier weniger am guten Willen des Stakeholders, sondern schlicht an dessen mangelnder Informiertheit. So mag es z. B. dem Hochschulrechenzentrum nicht klar sein, dass der Programmierfehler auf der Institutsseite zu gravierenden Falsch-Anmeldungen oder Fristversäumnissen auf Studierendenseite führt und deswegen nach einer prioritären Bearbeitung während des gerade laufenden Anmeldezeitraums verlangt. Stakeholder mit **wenig Macht und wenig Interesse** (links unten) haben derzeit noch keine großen Auswirkungen, können diese aber eventuell erhalten. Sie sind daher entweder zu beobachten oder können – wenn dies ein Vorteil wäre – auch aktiv in eins der anderen Felder »qualifiziert« werden, indem man ihnen Macht zukommen lässt oder das Interesse ankurbelt. So mag bei öffentlichkeitswirksamen Vorhaben wie Hochschulevents oder Maßnahmen zum Forschungsmarketing die Presse wohlgesonnen berichten oder auch nur darauf warten, dass etwas Skandalträchtiges passiert. Dies kann so hingenommen werden oder man kann gezielt einigen Medien exklusive Informationen über das Vorhaben zukommen lassen.

Alle anderen Stakeholder, die zwar möglicherweise desinteressiert oder unzufrieden sind, aber keine erkennbare Macht oder ein irgendwie geartetes Interesse haben, bleiben unberücksichtigt. Weder muss allen gefallen, was als Vorhaben im Raum steht, noch ist zumeist genügend Energie vorhanden, um sie von der Richtigkeit zu überzeugen. Die Stakeholder-Matrix soll gerade davor bewahren, keine **Unzahl potentieller Stakeholder** managen zu müssen. Vielmehr konzentriert man sich auf die wichtigsten, also solche Stakeholder mit am meisten Macht und Interesse in Richtung rechtes, oberes Feld (»**Key-Stakeholder**«). Vor allem für diese sind Maßnahmen zu entwickeln, die **gezielt auf die zuvor beschriebene Beziehung** des Stakeholders zum Vorhaben bzw. Arbeitskontext einwirken, d. h. entweder die positiven Erwartungen zu erfüllen oder die negativen Befürchtungen zu entkräften trachtet. Beispielsweise könnte eine Maßnahme für o. g. Fachbereichsrat bei der Einrichtung bzw. Einstellung von Studiengängen die Einladung der Mitglieder in die Beratungen der Curricular-Kommissionen sein, falls eine von deren Befürchtungen die zu starke Bolognarisierung zulasten der praktischen Studierbarkeit ist. Oder man stellt eine kurze Vergleichsübersicht aller bisherigen und neuen Studiengänge mit den geplanten Auswirkungen zur Verfügung, im Falle der Erwartung nach einer verbesserten Systematisierung der gewachsenen Studienarchitektur. Wichtig dabei ist, dass **keine allgemeinen Kommunikationsmaßnahmen** nach dem Gießkannen-Prinzip gesetzt werden, wie z. B. sämtliche (Key-)Stakeholder frühzeitig einzubinden, ihnen möglichst viele Informationen zukommen zu lassen etc. – Dies existiert meist ohnedies und berücksichtigt nicht die zuvor beschriebene Beziehung zum Vorhaben bzw. Arbeitskontext. Vielmehr sollten die Maßnahmen etwas **Zusätzliches nur für die jeweiligen (Key-)Stakeholder** sein.

> **Reflexionsübung**
>
> - Ordnen Sie die zuvor gesammelten Stakeholder in die Stakeholder-Matrix ein.
> - Beantworten Sie dazu pro Stakeholder die beiden jeweils leitenden Fragen zu »Macht« und »Interesse«.
> - Definieren Sie nur für die Key-Stakeholder im Feld oben rechts jeweils zwei konkrete Maßnahmen bezogen auf die zuvor definierte Beziehung.

Gelegentlich hat man mit bis dato **unbekannten Stakeholdern** zu tun, etwa weil Personen zum ersten Mal in einer bestimmten Funktion wirksam werden, ein taufrisches Vorhaben erstmalig für einige Organisationseinheiten interessant wird oder ein Stakeholder in einem neuen Kontext auftritt. Womöglich gab es die Stabsstelle »Gleichstellung, Gender & Diversity« bislang beispielsweise schlicht nicht, oder aber die Hochschulleitung war bislang stets liberal bezüglich der gesetzlichen Arbeitszeiterfassung, droht jedoch aufgrund einer Überprüfung durch das Arbeitsinspektorat sensibilisiert, künftig »genauer hinzuschauen«. Auch kann es sein, dass ein Stakeholder dafür bekannt ist, seine Ansichten radikal und nicht immer nachvollziehbar zu wechseln, weswegen einstellungsbezogene Zuschreibungen manchmal schwerfallen. In diesen Fällen ist es zumeist eine gute Idee – neben der eigenen Recherche zum typischen Stakeholder-Verhalten, Vorerfahrungen mit den Stakeholdern oder ähnlichen Vorhaben bzw. Arbeitskontexten, oder der Kontaktierung von Expert:innen zu diesem Bereich – das **Gespräch mit dem jeweiligen Stakeholder** zu suchen. Zum einen dient es als willkommener Anlass zur wichtigen Vernetzung als Wissenschaftsmanager:in (▶ Kap. I. 4.2) wie dazu, das beabsichtigte Vorhaben oder Besonderheiten des Arbeitskontextes anderen erstmalig bekannt zu machen. Zum anderen erhält man einen direkten, persönlichen Eindruck von den Personen, welcher wiederum auf die Ebene der Verständigung einzahlt, indem man sich mit anderen Zugängen und Meinungen auseinandersetzt. Wenn dabei immer wieder auch **blinde Flecken, Hidden Agendas und Fehleinschätzungen** vorkommen, ist die Vorläufigkeit der getroffenen Einordnung akzeptabel, weil es ohnedies eines Monitorings bedarf. Stakeholder passen (wie die meisten Menschen) oftmals ihre Ansichten denen der anderen an, ändern diese ad hoc oder lassen sich von Mehrheiten beeinflussen. So wird sich auch die Einordnung in die Stakeholder-Matrix bzw. die definierte Beziehung des Stakeholders ändern im Verlauf – Sei es, dass neue Informationen oder Erfahrungen mit den Stakeholdern vorliegen, sei es, dass schlicht eine der Maßnahmen greift. So wäre es Ressourcenverschwendung, wenn ein kritischer aber zwischenzeitlich überzeugter Stakeholder weiterhin bearbeitet wird, oder ein anderer, bei dem die Maßnahme nicht zieht, weiterhin mit derselben wirkungslosen Handlungsweise beglückt wird. Das Stakeholdermanagement kann im Folgenden auch als Basis für einen weitergehenden Kommunikationsplan genutzt werden.

## 1.3   Macht: Potentiale und Spielräume

Egal ob im Institut, in Forschungsprojekten oder in der Hochschulleitung – Wissenschaftsmanager:innen machen früher oder später die (leid- bzw. schmerzvolle) Erfahrung, dass Fachkompetenz und sachliche Auseinandersetzung allein nicht zu den gewünschten Resultaten führen. Das mag für Wissenschaftsorganisationen, die sich der Objektivität, der Validität und Rationalität verschrieben haben, verwundern. Es folgt jedoch zum einen aus der Besonderheit von Expert:innen-Organisationen, welche anders als in einer straffen Hierarchie einen großen Einfluss auf einzelne Persönlichkeiten übertragen und damit deren individuelle Machtfülle stärken. Zum anderen trachten aufgrund der lockeren vertikalen Verbindung von oben nach unten verschiedene Akteur:innen zuförderst die eigenen Interessen bzw. die ihrer eigenen Organisationseinheiten, Fakultäten und Teilsysteme zu verfolgen, weswegen Macht im Stakeholdermanagement ebenso eine zentrale Rolle spielt (▶ Kap. III. 1.2).

Diese wird vielfach **negativ** als unterdrückend, unethisch, gewalttätig oder destruktiv konnotiert, was damit zusammenhängen mag, dass dieser Begriff als quasiphysikalische Metapher fehlinterpretiert wird. Jedoch ist Macht als eine der **grundlegenden Dimensionen sozialer Wirklichkeiten** kein Kraftattribut wie die große Festigkeit eines Stoffes oder eine hohe elektrische Stromstärke, sondern eine **Austausch- und Verhandlungsrelation** zwischen einzelnen Akteur:innen. Ob jemand »mächtig« in diesem Sinne ist, muss immer anhand der Beziehung der jeweiligen Akteur:innen zueinander in einem bestimmten Kontext beurteilt werden. Als Forschungsgruppenleiter:in mag jemand gegenüber Junior-Forschenden durch die Erfahrung mit dem Wissenschaftssystem Macht besitzen, die gegenüber den anderen Senior-Forschenden nicht besteht. Und als Hochschulpräsident:in mag gerade in einer kleinen Hochschule eine Macht darin liegen, dass nicht viele Akteur:innen existieren. Hingegen wird diese in der Hochschulrektorenkonferenz gegenüber den Funktionsträger:innen von Wissenschaftsinstitutionen mit großen Budgets, hohem Forschungsoutput und starker Spezialisierung nicht mehr zum Vorteil gereichen. Ebenso kann eine »mächtige« Abhängigkeitsbeziehung zwischen Promotionsbetreuer:in und Doktorand:in liegen, wenn sie sich rein auf die Beurteilung der Promotionsleistung bezieht. Anders sieht dies aus, besteht etwa zwischen beiden eine persönliche Nähe aufgrund langer und geschätzter Tätigkeit als wissenschaftliche Hilfskraft am eigenen Lehrstuhl oder wenn die Promovierenden in ein prestigeträchtiges Forschungsprojekt eingebunden und dort unersetzbar gebraucht werden.

Neutral bezeichnet Macht daher lediglich die Fähigkeit, **innerorganisatorische Handlungen anderer Akteur:innen zu beeinflussen** bzw. die **Kontrolle über eine relevante Unsicherheit** zu besitzen. Solche Unsicherheit ist selten rein kognitiv etwa durch bessere Informiertheit zu Leibe zu rücken, wenn etwa ungewiss ist, welche rechtlichen Auswirkungen die neuen Regelungen eines Wissenschaftszeitvertragsgesetzes haben. Vielmehr richtet sich derartige Unsicherheit vor allem auf normative Erwartungen bzw. Befürchtungen aus, die oft mir erhöhter Emotionalität einhergehen, ob z. B. die vom neu gewählten Dekanat angekündigten »radikalen Veränderungen bis an die Grenze« am Fachbereich wirklich eintreten und was diese für die eigene Person, Organisationseinheit oder die Forschungsgruppe bedeuten. Bei Macht geht es somit immer um relevante, **bedeutsame Unterschiede und Ungleichheiten** zwischen Akteuer:innen. Wenn jede:r in der Fakultät genau dasselbe will, alle Organisationseinheiten der Hochschule genügend Ressourcen haben oder es einigen schlicht egal – weil für deren Arbeit ohne Auswirkungen – ist, bleibt für Macht wenig Spielraum. Tritt diese hingegen in Erscheinung, kann sie **episodische oder systemische Gesichter** zeigen:

- **Direkt-episodische Macht**: Die Kontrolle über formale Regelsysteme, Kernprozesse und Schlüsseltechnologien mit der unmittelbaren Möglichkeit, positive oder negative Konsequenzen für andere zu verursachen z. B. durch die formale Dienstvorgesetztenstellung mittels der persönlichen Einwerbung von Forschungsmitteln oder über die charismatische Begeisterungsfähigkeit einer bzw. eines neuen Arbeitskolleg:in.
- **Indirekt-episodische Macht**: Die Kontrolle über Information und Kommunikation wie z. B. die Interpretation von personalrechtlichen Richtlinien zur Einreichbarkeit von Konferenzabrechnungen durch die jeweilige Sachbearbeitung,

das Agenda Setting durch die Vorgabe von Tagesordnungspunkten des Ausschussvorsitzes, die gelungene Selbstdarstellung der Leistungen einer neu geschaffenen, universitären Stabsstelle oder aber das größere Informations- und Meinungswissen von Funktionsträger:innen durch deren Mitgliedschaft in zahlreichen Wissenschaftsnetzwerken.

Episodisch bezieht sich hierbei auf den Teil des menschlichen Langzeitgedächtnisses, welcher statt Fakten persönlich prägende Einzelerlebnisse abspeichert im Gegensatz zur Macht in systemischem Gewande, welche ständig wirkt:

- **Direkt-systemische Macht**: Die Einflussnahme auf kollektive Verhaltensnormen (statt auf Verhalten), wie z. B. die Postulation einer bestimmten Organisationskultur in einer akademischen Festansprache oder die Machtableitung von höheren Institutionen etwa bei der Durchsetzung einer hochschulischen Digitalisierungsstrategie.
- **Indirekt-systemische Macht**: Die Einflussnahme auf individuelle Verhaltensnormen, wie beispielsweise die (selektive Be-)Förderung einer »passenden« Person auf bzw. für die neue Stelle einer wichtigen Projektkoordination, die Besetzung von zentralen Studienprogrammleitungen mit »genehmen« Professorenkolleg:innen, mittels Sozialisation etwa durch Belohnungs- und Sanktionssysteme wie die Vertraulichkeit von bilateralen Mitarbeiter:innen-Jahresgesprächen oder über psychologische Mechanismen wie z. B. das Gruppendenken, sich innerhalb einer Gruppe dem Urteil der Mehrheit anzuschließen.

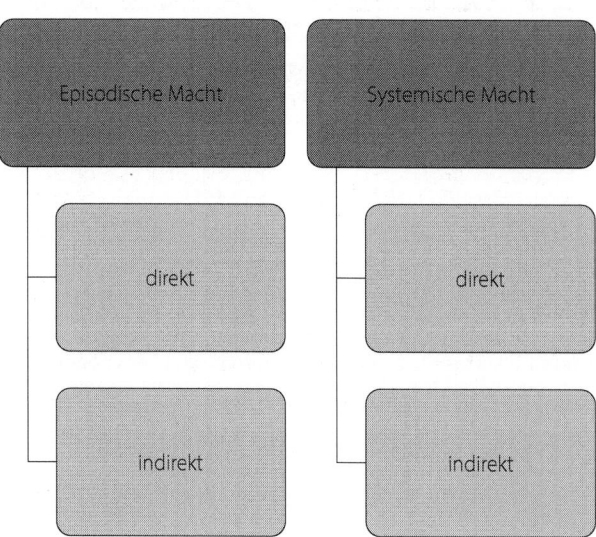

**Dar. 22:** Gesichter der Macht

## 1 Laterale Führung und Zusammenarbeit

> **Reflexionsübung**
>
> - Überlegen Sie sich für jede der vier Gesichter der Macht eine (vergangene oder aktuelle) Situation aus Ihrem konkreten Arbeitskontext und beschreiben Sie diese stichwortartig.
> - Haben Sie selbst bereits der ein oder anderen Spielart der Macht ein »Gesicht gegeben« und wenn ja, mit welchen Auswirkungen?
> - Wie haben Sie zu diesem Zeitpunkt darüber gedacht und wie tun Sie es jetzt?

Macht in Form von Kontrolle oder Einflussnahme speist sich zumeist aus typischen Ressourcen, die in sechs Machtquellen unterteilt werden können (»Machtbasentheorie«). Auch diese sind **nicht als absolute Kraftströme** misszuverstehen wie ein Jungbrunnen, von dem man sich für das ewige (Macht-)Leben nur ständig laben muss. Vielmehr sind die Machtquellen abhängig vom Bedarf der jeweiligen Machtbasis, sprich davon, was das Gegenüber und der Kontext benötigen:

- **Belohnung** (»Reward Power«) basiert auf der Möglichkeit, positive Verstärkungen eines erwünschten Verhaltens zu setzen, z. B. die Zuweisung eines hellen großen Eckbüros an eine:n Verwaltungsmitarbeiter:in, die Einteilung von großzügigen Laborzeiten für eine:n Forscher:in oder die Einladung von anerkannten Wissenschaftler:innen an eine:n junge:n Doktorand:in, zusammen einen Artikel in einer angesehenen Zeitschrift zu veröffentlichen.
- **Sanktion** (»Coercive Power«) beruht als Gegenstück zur Belohnung auf der Option, Strafanreize für ein unerwünschtes Verhalten zu setzen, die ausstehende Vertragsvertragsverlängerung einer wissenschaftlichen Hilfskraft nicht frühzeitig an das Personalwesen weiterzuleiten oder eine:n Wissenschaftler:in nicht auf die Fachkonferenz seines bzw. ihres Forschungsthemas mitzunehmen.
- **Legitimität** (»Legitimate Power«) resultiert aus der von einer Person besetzten Position in der Hierarchie, deren Autorität von anderen anerkannt wird, z. B. die gewählten Mitglieder des Prüfungsausschusses, die Dienstvorgesetztenstellung der Hochschulkanzler:innen oder die Seniorität eines verdienten Gründungsmitglieds eines Instituts.
- **Information** (»Information Power«) entsteht durch situationsbezogene oder seltene Informationen einer Person, z. B. aufgrund der Anmelde- und Terminkoordinationsfunktion von Chefsekretär:innen an Lehrstühlen, der Zugangsdaten der Webbetreuung für den Forschungscluster oder der Mitgliedschaft von Wissenschaftler:innen in akademischen Netzwerken oder in hochschulpolitischen Gruppierungen.
- **Expertise** (»Expert Power«) beinhaltet die von anderen anerkannte Sachkenntnis in einem besonderen Bereich, z. B. das Scientific Standing ausgewiesener Wissenschaftler:innen auf einem Forschungsfeld, das Spezialwissen über Studienbeihilfen in der universitären Rechtsabteilung oder das technische Know-how des Hochschulrechenzentrums.

## III Wissenschaftsmanagement als Führung

- **Identifikation** (»Referent Power«) fußt auf Wertschätzung und Bewunderung für eine Person oder Verbundenheit mit einer Sache, wie etwa die Teammitgliedschaft in einer renommierten Forschungsgruppe oder die Begeisterungsfähig der Leitung eines hochschulinternen Veränderungsprojektes.

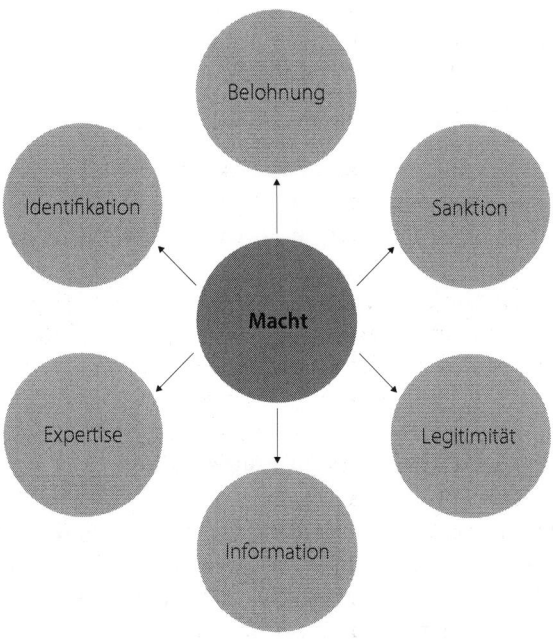

**Dar. 23:** Machtquellen

---

**Reflexionsübung**

- Welche der Machtquellen kommen Ihnen bekannt vor aus Ihrem eigenen, konkreten Arbeitskontext?
- In welchen Arbeitssituationen hatten Sie oder andere Akteur:innen welche Machtquellen mit welchem Erfolg angezapft?

---

Alle Machtquellen besitzen ihre **Daseinsberechtigung** und können je nach Kontext (auch kumulativ) eingesetzt werden – mit sämtlichen Vor- und Nachteilen.

So können **Belohnungen** und korrespondierend dazu **Sanktionen** recht einfach und ohne großen Aufwand genutzt werden, etwa wenn Lob verteilt oder die dringende Anfrage nach einem unerwünschten Verhalten ignoriert wird. Ihre Wirksamkeit hängt aber einerseits nicht nur davon ab, wie gut die betreffenden Personen den Wert bzw. die negativen Auswirkungen davon persönlich einschätzen, um dies subjektiv als Belohnung bzw. Sanktion zu empfinden. So können sich

Belohnungen bei **mehrmaligem Gebrauch erfahrungsgemäß abnutzen**. Andererseits muss das mit der Belohnung bzw. Sanktion herbeizuführende Verhalten klar werden: Selbst, wenn die Belohnung bzw. Sanktion subjektiv erkannt wurde, muss auch die Frage des »Warum?« bzw. »Wofür?« deutlich werden, sonst steuert es in die nicht beabsichtigte Richtung. Beide Machtquellen sind zudem **simpel zu identifizieren**, weshalb die anderen Akteur:innen ihre Verhaltensmuster leicht anpassen können, um Belohnungen zu erhalten bzw. Sanktionen zu umgehen. Da beide Machtquellen auf **Gehorsam oder Angst** beruhen, fördern diese die Verhaltensanpassung nicht intrinsisch, sondern lediglich aufgrund einer äußeren Machteinwirkung.

Ähnliche Nachteile hat die Machtquelle **Legitimation**, welche in sehr **formeller Gestalt** z. B. aufgrund einer arbeitsrechtlichen Weisungsbefugnis als Dienstvorgesetzte:r daherkommen kann. Das mag in solchen Fällen den Vorteil haben, dass ein Machtwort nicht analysiert oder ausdiskutiert, sondern schlicht ausgesprochen wird, um eine unanfechtbare und/oder schnelle Entscheidung herbeizuführen, an der sich alle verbindlich ausrichten können. Jedoch steigert auch dies **nicht die inhaltliche Akzeptanz** bei den anderen, gerade mit unliebsamen Folgen bedachten Akteur:innen. Auch kann solche Legitimation – etwa durch Funktionsperioden oder den Wechsel hochschulpolitischer Ausrichtungen nach Wahlen – **zeitlich begrenzt sein** und bereits währenddessen eine Antizipierung »für die Zeit danach« bedingen. So wird beispielsweise ein:e Dekan:in kaum in der letzten Amtswoche tiefgreifende Lehrstuhlreformen an der Fakultät durchdrücken, wohlwissend bald wieder selbst ein:e (einfache:r) Professor:innen-Kolleg:in zu sein. Selbst wenn die Legitimität nicht rein formell auf einer Position in der Hierarchie fußt, bedarf sie stets zur **Wirksamkeit der beständigen Anerkennung** durch die anderen Akteur:innen.

Die Machtquelle **Information** verliert deswegen zunehmend an Bedeutung, weil nicht zuletzt im Zuge der **digital einfachen und günstigen Datenaufbereitungen** »Geheim-Archive«, physisch schwer zugängliche Informationen an entlegenen Plätzen oder die Notwendigkeit teurer Technologien seltener werden. Auch führt ein vermehrtes Prozess- sowie Team-Empowerment-Denken dazu, dass tendenziell Informationen möglichst allen Beteiligten transparent gemacht werden wollen, damit man mit diesen gut zusammenarbeiten kann. Diese Machtquelle ist oft nur dann effektiv, wenn die Informationen entweder vorab nur ausgewählte Personen exklusiv besitzen (»**Inside Information**«) oder ein **Informationsvorsprung** vorliegt, etwa wenn die Studienzulassungsstelle eine Auswertung der Erstsemester:innen-Zahlen erhoben hat und diese zunächst nur dem Rektorat zugänglich ist. Selbst dann kann man nie sagen, ob die Informationen bzw. deren **Interpretation korrekt** sind oder ob nicht doch andere Akteur:innen womöglich über andere Kanäle ähnliche Information zeitgleich besitzen.

Die Machtquelle **Expertise** ist zwar – anders als alle anderen – nicht an den Ansichten anderer Akteur:innen ausgerichtet, sondern gründet **direkt in der betreffenden Person** selbst. Deren Wissen, Können, Erfahrungen etc. sorgen für Beständigkeit und können in einer Expert:innen-Organisation (▶ Kap. I. 5.2) nie gänzlich ignoriert werden – zumal Expertise auch darin begründet werden kann, dass man diese zwar selbst nicht hat, aber den Zugang dazu in Form von anderen ausgewiesenen Akteur:innen oder verschriftlichtem Wissen erlangen kann. Da jedoch niemand Expert:in für alles sein kann, beschränkt das die praktische Nutzbarkeit im Alltag auf **wenige hochspezifische Bereiche**, die Herrschaftswissen generieren. Obwohl diese Machtquelle systembezogen ein vergleichsweise **hohes Ansehen** genießt, birgt sie als Kehrseite der Medaille in Wissenschaftsorganisationen die Gefahr, dass – einem verwissenschaftlichen Zugang gemäß – vieles stets kritisch hinterfragt, analysiert oder kontextualisiert werden will und dies von der Organisationskultur vermehrt zu Lasten von Effizienz und Effektivität akzeptiert wird. Praktisch führt dies oft zu ausufernden Gremiensitzungen oder langwierigen E-Mail-Konversationen über Details, weswegen diese Machtquelle dann nicht zu einer schnellen Entscheidung eingesetzt werden kann, sondern im Gegenteil gerade eine **neue (unerwünschte) Diskussion** aufmacht auf der »Suche nach der absoluten Wahrheit«.

Die Machtquelle **Identifikation** zuletzt hat ebenso eine stark personenbezogene Ausrichtung, da die Art der Einwirkung auf die anderen Akteur:innen von Charaktereigenschaften oder den Qualitäten eines durch diese Person gesteuerten bzw. favorisierten Gegenstandes abhängt. Die Akteur:innen fühlen sich angezogen und wollen sich damit identifizieren, etwa als Teil von einem neu zusammengestellten Erfolgsteam oder als persönliche Assistenz einer bzw. eines sympathischen Präsident:in. Dadurch, dass die Akteur:innen **eigene Befriedigung aus ihrer Identifikation** ziehen, beeinflusst diese Machtquelle Einstellungen und Absichten auf oft emotionaler Ebene und kann daher besonders nachhaltig und effektiv wirken, z. B. um langfristige Visions- oder Zielvorgaben zu erreichen. Sie basiert auf Nachahmung und damit letztlich auf dem Wunsch der Akteuer:innen, deren **Macht freiwillig auf die andere Person zu übertragen**, welche glaubwürdig, respektiert und hochgeschätzt wird. So kann eine charismatische Art oder die erkennbare Zuwendung von Akteur:innen sogar darüber hinweghelfen, dass so manches Sachargument nicht schlüssig oder man hier und da nicht derselben Meinung ist. Fühlt man sich einer anderen Person gegenüber persönlich verbunden oder einer Sache verpflichtet, verteidigt man diese eher und möchte zum Erfolg verhelfen, da man selbst Teil davon ist bzw. daran hat. Statt reiner Compliance wird Commitment generiert. Der Einsatz dieser Machtquelle hat jedoch den Nachteil, in Expert:innen-Organisationen allenthalben als **systemfeindliche Klüngelwirtschaft** oder gar **manipulativ-verdeckte Beeinflussung** gebrandmarkt zu werden. Auch kann eine **überschießende Identifikation** oft außer Kontrolle geraten, wenn Akteur:innen Dinge tun, die man selbst gar nicht steuern wollte und die mehr schaden als nützen.

> **Reflexionsübung**
>
> - Welche ambivalenten (positiven wie negativen) Erfahrungen haben Sie in Ihrem konkreten Arbeitskontext mit den beiden letzten Machtquellen der Expertise und der Identifikation bisher gemacht?

## 1 Laterale Führung und Zusammenarbeit

- Überlegen Sie, wie Sie selbst die Machtquelle Identifikation in einer konkreten Arbeitssituation des Wissenschaftsmanagements einsetzen würden.
- Wie und mit welchen Mitteln könnten Sie andere inspirieren, überzeugen oder dazu bewegen und Ihnen bzw. Ihrer Sache zu vertrauen?

Macht ist auf Austausch gegründet (*»Wenn du mir hilfst, helfe ich dir!«*) und besteht weder aus nur unmittelbarem, einseitig ausgeübtem Zwang noch muss stets eine Handlung vollzogen werden, die anderen Akteur:innen schadet (wie z. B. eine Bestrafung) oder diese zu einer direkten Reaktion verlasst. Auch besitzen sie nicht nur denjenigen, die formell eine entsprechende Position ausüben. Vielmehr steht Macht **allen zur Verfügung** und kann auch in Form eines **reinen Potenzials** wirken.

Zwar mag es gelegentlich sinnvoll sein, die eigene Macht nach außen zu demonstrieren durch ostentative Handlungen, um sie zu testen, zu manifestieren oder allen Akteur:innen gleichermaßen in Erinnerung zu rufen. Letztlich aber ist **Macht ein Konsens** mehrerer Akteur:innen, die voneinander abhängig sind: die Wissenschaftler:innen von einem Forschungsprojekt, die Lehrenden von der Studien- und Prüfungsverwaltung oder die Querschnittsabteilungen von den anderen Organisationseinheiten einer Wissenschaftsorganisation. Um diesen Konsens herzustellen – z. B. wer wirklich mehr Macht in einem Kontext als jemand anders hat – finden **Machtprozesse** statt, die meist nicht vordefiniert sind wie im Prozessmanagement (▶ Kap. IV. 1.2). Vielmehr können sie durch eine Vorgeschichte beeinflusst werden, beispielsweise wenn man bei einer Beantragung von Forschungsmitteln erfolgreich bzw. -los gewesen war oder die Erfahrung eines Abstimmungsverhaltens im Hochschulsenat gemacht hat. Sie kann sich auch zeitabhängig entwickeln, indem etwa erst die Identifikation zu einem großen Veränderungsprojekt in einem Forschungsverbund langsam aufgebaut und dies jeweils neu justiert werden muss. Oder es können Akteur:innen schlicht unberechenbar ihre Meinung bzw. ihr Verhalten ändern oder der Kontext durch Unvorhersehbares wie Krisen abrupt die Machkonstellationen verändern.

Letztlich jedoch unterliegen diese Machkonstellationen **Spielregeln**, die man im Wissenschaftsmanagement lernen kann. Mit Spiel ist hier keine kindlich-naive Verspieltheit gemeint, sondern die teilweise Unbestimmtheit des Verlaufs, die alles Spielen überhaupt erst interessant macht, weil die jeweiligen Spielzüge der anderen zwar z. T. erahnt werden können, darauf letztlich aber adäquat zu reagieren ist. Anders als etwa bei Gesellschaftsspielen oder Sportwettkämpfen müssen dabei weder die Ausgangsbedingungen für alle Akteur:innen fair und gleich noch die Spielregeln allen klar, transparent bzw. von diesen verstanden sein. Zuletzt genannte zwingend einzuhalten, ist ebenso wenig eine Voraussetzung, um zu »gewinnen« – ganz im Gegenteil: Zum Beispiel wird stillschweigend geduldet, dass manche Wissenschaftler:innen den für alle geltenden Lehrverpflichtungen teilweise nur bedingt nachkommen, weil sie als »Drittmittelpäpste« erfolgreich zusätzliche Gelder einwerben zum Wohle großer Teile der Wissenschaftsorganisation.

Oder notorisch unpünktlich zur Arbeit erscheinende Verwaltungsmitarbeiter:innen mit zudem fehlerhaften Zeitaufzeichnungen wird dies nachgesehen, weil diese in Notfällen wie etwa Krankenständen von Kolleg:innen sofort einspringen, bei drückenden Deadlines unaufgefordert Mehrstunden leisten oder bei großen Problemen schnell und lösungsorientiert »die Extra-Meile« gehen. Diese Spielregeln stehen auch nicht am Spielbeginn fest, sondern entwickeln und verändern sich ständig. Die Gesamtheit dieser oftmals miteinander verknüpften Spiele, in denen die Akteur:innen ihre gegenseitigen Abhängigkeiten in Prozessen des Austauschs und der Verhandlung regeln (»**Mikropolitik**«), dienen als alltägliche Praktiken der Herstellung, Durchsetzung und Evaluation verbindlicher Entscheidungen bei ungleich verteilter Macht auf **der Ebene kleinster Akteur:innenkonstellationen**. Da rechtliche Vorgaben, gesetzliche Bestimmungen oder gewachsene Strukturen oftmals schwer oder nur langsam zu beeinflussen sind, werden Zuständigkeiten, Rollen wie das offizielle Organigramm dadurch nicht umgangen. Vielmehr leistet Mikropolitik wichtige Beiträge, um erstarrte Verfahren, Regeln und Richtlinien dem Wissenschaftsalltag anzupassen und Steuerungslücken auszufüllen. Im erst daraus entstehenden dynamisch-stabilen System einer Wissenschaftsorganisation sind **unterschiedliche Informationsstände** oft entscheidend für das Gewinnen dieses Spiels:

- **Unvollständige** Information (»Spielmechanismus«): Nicht alle Akteur:innen kennen alle Regeln, Strategien und Auszahlungen des Spiels, z. B. wenn ein:e Quereinsteiger:in aus der Privatwirtschaft die Leitung einer hochschulischen Organisationseinheit übernimmt.
- **Unvollkommene** Information (»Spieltransparenz«): Nicht alle Akteur:innen kennen alle Spielzüge, die gemacht wurden bzw. werden, z. B. wenn jemand zum neuen Mitglied eines Selbstverwaltungsgremiums gewählt wird, das sich unbekanntermaßen zuvor menschlich zerstritten hat oder geheime Absprachen bestehen.

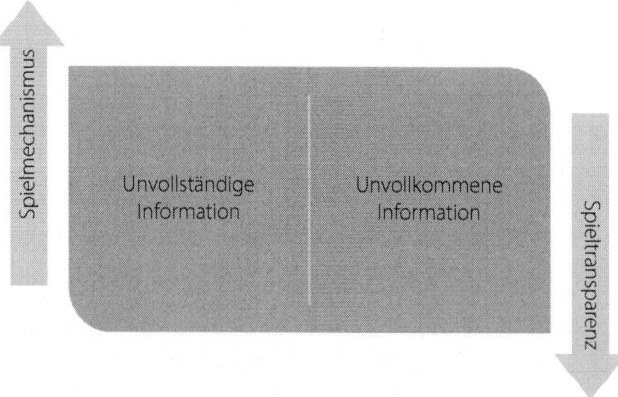

**Dar. 24:** Informationsstände

**Reflexionsübung**

- Welche unterschiedlichen Informationsstände (unvollständig, unvollkommen) haben Sie in Ihrem konkreten Arbeitskontext bisher erlebt und wie haben sich diese ausgewirkt?
- Im Falle unvollständiger Information beantworten Sie die Frage, welche Spielzüge aus Ihrer Sicht legitim oder zulässig gewesen wären.
- Im Falle unvollkommener Information beantworten Sie die Frage, welche Vorgeschichten es gab bzw. ob versteckte Absichten vorlagen, von denen Sie hätten wissen sollen.

Neben den unterschiedlichen Informationsständen führen auch **Zufälle** oder die **kombinatorische Vielfalt von Spielzügen** zu einer Unberechenbarkeit, ähnlich einer angestoßenen Billardkugel, etwa über gruppendynamische Prozesse. Beispielsweise können Lehrende pandemiebedingt eine stärkere Unterstützung bei der Vorbereitung von Online-Veranstaltungen durch das universitäre Teaching Center einfordern, dieses wiederum beantragt zusätzliche Ressourcen beim Rektorat und lässt den Ausbau der Online-Lehre nach einem Pilotversuch in die Zielvereinbarungen mit dem Wissenschaftsministerium einfließen. Nur auf einzelne Akteur:innen oder isolierte Spielzüge zu achten, hilft daher oft nicht weiter, sondern nur eine solide **Spieltaktik**, um sich selbst möglichst viele »Spiel«-Räume offenzuhalten. Typische mikropolitische Taktiken für Wissenschafts- als Epert:innen-Organisationen sind, anknüpfend an o. g. Machtquellen:

- Die **Stärkung der eigenen Position** – z. B. die Ausweitung der eigenen Verantwortung durch freiwillige Übernahme der Social-Media-Betreuung in einem Forschungsinstitut, die Anhäufung von Räumen und wissenschaftlichen Mitarbeiter:innen als sichtbarer Indikator der eigenen Wichtigkeit oder die Betonung der eigenen Unentbehrlichkeit dadurch, dass Antragsbearbeitungsfristen während der eigenen Urlaubszeit nicht eingehalten werden können (»Dominanz-Spiel«).
- Die **Kontrolle von Information** – z. B. durch Verbreitung von angeblichen Gerüchten (»*Haben Sie auch gehört, dass die präsidiale Zusatzförderung für Wissenschaftsmanager:innen abrupt aufhören soll, oder ist das nicht wahr?*«) oder die Darstellung bzw. Deutung von Sachverhalten (»*Aufgrund meiner Erfahrungen glaube ich nicht, dass die Umstrukturierung der Forschungsgruppe noch in diesem Jahr kommt!*«).
- Die **Bildung informeller Netzwerke** – z. B. das Hinwirken auf die Besetzung des Fachbereichsrats mit Gleichgesinnten, die persönliche Annäherung an einen aufstrebenden Forschungsstar in der Hoffnung, die Loyalität werde sich bezahlt machen (»Sponsor-Protegé-Spiel«), die Schaffung eines rein inoffiziellen Gremiums zum geschützten Austausch von Führungskräften bzw. Spezialist:innen zentraler Querschnittsabteilungen der Hochschulverwaltung (»Bündnis-Spiel«).

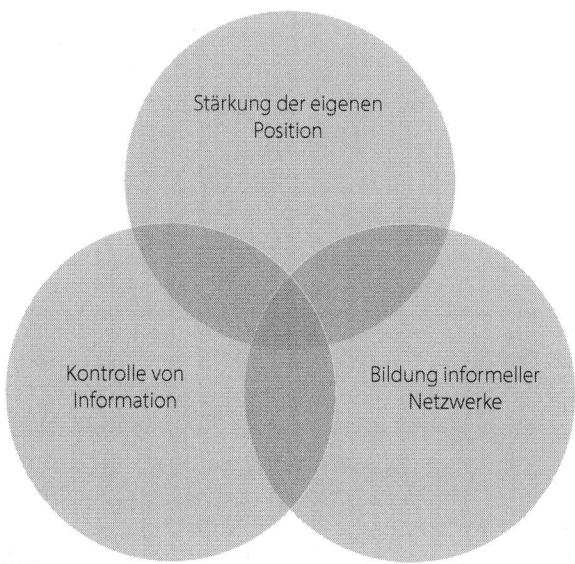

**Dar. 25:** Mikropolitische Taktiken

Ein Sonderfall der zuletzt genannten Spieltaktik ist eine direkte Folge der akademischen Selbstverwaltung als Mischung aus Bürokratie und Demokratie, wenn – gerade von professoraler Seite – zur Sicherung eines erwünschten Abstimmungsergebnisses in Gremien häufig informell eine Vorababfrage durchgeführt wird, um nicht durch die Meinungsbildung erst im Gremium überrascht zu werden, sich frühzeitig Mehrheiten zu sichern und für eventuellen Gegenwind gefasst zu sein (»**Demo-Bürokratisierung**«).

**Reflexionsübung**

- Welche mikropolitischen Taktiken könnten Sie anwenden bzw. wenden Sie bereits in Ihrem konkreten Arbeitskontext an mit welchem Erfolg?
- Welche kennen Sie von anderen Akteur:innen?

## 1.4 Vertrauen: Haus der Arbeitsfähigkeit, »How to work with me« und Teamkultur

»*Vertrauen ist gut, Kontrolle ist besser!*«, heißt es. Dabei mögen persönliche Enttäuschungen und die Unzuverlässigkeit einzelner ebenso eine Rolle spielen wie die zahlreichen Beispiele von Wirtschaftsstrafdelikten oder politischer Korruptionsskandale. Gerade im Hinblick auf die Ebene der Macht (▶ Kap. III. 1.3) mag ein gesundes Misstrauen bzw. eine Vorsichtigkeit bei unberechenbaren Situationen im

Einzelfall angebracht sein. Als grundsätzliche Haltung gelingender Zusammenarbeit in einer Wissenschaftsorganisation jedoch taugt dies nicht.

Zum einen ist wirksame Kontrolle als stets vorrangiger Zustand gegenüber Vertrauen unter frei denkenden, eigenverantwortlichen Menschen nicht nur tatsächlich selten zu erreichen, sondern wegen aufwendiger Kontrollmechanismen überdies anstrengend. Zum anderen führt sie geradewegs in **Kontrollwahn oder Selbstüberschätzung** (»*Wenn es gut sein soll, mache ich es lieber selbst!*«) und kann gar in eine paranoide Haltung münden, die überall und permanent Gefahren wittert oder Missstände bei anderen aufzudecken sucht. Ein davon getragenes Menschenbild nimmt an, die anderen sind tendenziell unkollegial, nur auf deren eigene Vorteile bedacht, wollen möglichst wenig arbeiten, keine Verantwortung übernehmen und reagieren vornehmlich auf Druck von außen (»**Theory X**«). Geht man hingegen davon aus, dass die anderen eher leistungsbereit sind, sich begeistern lassen und dazulernen wollen, verantwortungsbewusst und ehrgeizig sind sowie persönliche Zufriedenheit aus gemeinsamen Arbeitserfolgen ziehen (»**Theory Y**«), bedeutet das zunächst, Mitarbeiter:innen wie Kolleg:innen etwas zuzutrauen. Das verhindert immer passiver und unkollegialer werdendes Arbeitsverhalten bei den anderen, was stets ein Mehr an Kontrolle und ein weiteres Sich-zurückziehen der Kontrollierten verursacht, indem beides sich gegenseitig verstärkt – und eine fortwährende Misstrauensspirale entsteht (»The one you feed parable«).

> **Reflexionsübung**
>
> - Wo würden Sie Ihre fünf wichtigsten Mitarbeiter:innen bzw. Kolleg:innen einordnen – eher dem Menschenbild der Theorie X oder der Theorie Y?
> - Wie glauben Sie, würden diese sich selbst einschätzen?

Die Ebene des Vertrauens benötigt keine Absicherung wie die Kreditaufnahme bei einer Bank, sondern ist einen **Vorschuss**. Natürlich kann und wird dieses gelegentlich ausgenutzt oder erweist sich als unbegründet. Jedoch stellt sich die Frage einer sinnvollen Alternative selbst dann, wenn man persönlich (aufgrund von Erfahrungen, Erziehung, sozialen Prägungen etc.) ein eher negatives Menschenbild besitzt. Keineswegs wollen die beiden sich diametral gegenüberstehenden Theorien X und Y alle Mitarbeiter:innen wie Kolleg:innen pauschal in die eine oder andere Schublade stecken. Stattdessen finden die meisten sich in der Mitte wieder, je nach situativem Arbeitskontext (»Theory Z«). Ohne einseitig krankhaftes Miss- oder blindes Vertrauen bedeutet laterale Führung in diesem Zusammenhang ein vielmehr hohes Maß an beiderseitigem **Respekt vor unterschiedlichen Herangehensweisen** und eine **starke Beteiligung aller bei der Ausverhandlung der Zusammenarbeit**. Vertrauen wird durch **Beziehungsarbeit** aufgebaut bzw. gestärkt durch das Finden von Gemeinsamkeiten und das Sich-einigen auf einen **Modus, auf den man sich verlassen** kann. Statt formalisiert vorgegebener Verhaltensregeln erfolgen Entscheidungsfindungen – da wo möglich und sinnvoll –

kooperativ und einvernehmlich, damit die unterschiedlichen Sichtweisen aller einfließen, gehört und jedenfalls berücksichtigt werden.

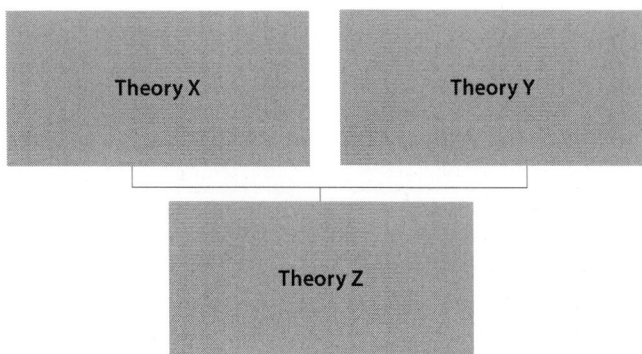

**Dar. 26:** Menschenbilder

Damit Menschen gut zusammenarbeiten können, bedarf es mehrerer Faktoren. Nur gute Forschungsbedingungen bei stets befristeten Verträgen helfen ebenso wenig wie lediglich nette und kompetente Kolleg:innen bei schwacher Führung. Im Arbeitsalltag ist es für Führungskräfte wie Mitarbeiter:innen oftmals schwierig, exakt zu bestimmen, was gerade zu guter Arbeit fehlt oder wo genau das Problem sitzt. Insbesondere, wenn man sich in einer negativen Emotion befindet, fällt es schwer, objektiv den Ursachen nachzugehen. Etwa kann sich ein:e Kolleg:in in einem Forschungsteam unwohl fühlen und bei jedem Meeting Störgefühle entwickeln, obwohl es letztlich nur eine Person ist, die diese unangenehm berührt. Oder ein:e Mitarbeiter:in wehrt sich gegen die Arbeitsauteilung, die eine rotierende Protokollführung vorsieht, mit dem Argument einer unübersichtlich heterogenen Dokumentation aufgrund unterschiedlicher Schreibstile. Jedoch ist das unerkannte Problem dahinter womöglich die unterbewusste Angst, mit der einheitlich zu verwendenden Software nicht klarzukommen. Um **Faktoren für gelingende Zusammenarbeit** auseinanderzuhalten, kann man sich diese wie ein vierstöckiges Gebäude vorstellen, welches im Keller individuelle Faktoren und auf den weiteren Stockwerken Faktoren aus dem Arbeitskontext der Organisation beschreibt (»**Gebäude der Arbeitsfähigkeit**«). Wie in jedem Haus sind die Stockwerke miteinander verbunden, hängen zusammen und können etwa bei Instabilität nur eines Teiles leicht zur Einsturzgefahr des ganzen Gebäudes führen:

- **Kellergeschoss: Gesundheit** – Der Keller dient als stabiles Fundament des Hauses, wird jedoch oft zum Ort für das Wäschewaschen oder zum Lagern unbenutzter Gegenstände degradiert. Als dunklerer Part hat man ihn selten direkt im Blickfeld und bemerkt etwa Schimmelbildung dort nicht gleich. Ähnlich ist es oft mit der physischen und psychischen Gesundheit, über die einige nicht gerne sprechen, die andere als etwas rein Privates ansehen und deren

Angegriffenheit manchmal erst (zu) spät sichtbar wird. Tatsächlich aber beeinflusst es ein Hochschulteam, wenn jemand sich wegen des Ärgers zuhause kaum auf die Online-Meetings konzentrieren kann oder wegen der zentral regulierten Klimaanlage in den Institutsräumen ständig erkältet ausfällt. »Gesundheit« meint hier nicht lediglich Abwesenheit von Krankheit, sondern umfasst ebenso die Arbeitszufriedenheit wie generelle Leistungsfähigkeit einer Person, z. B. wie mental belastbar ein:e Studienberater:in ist gegenüber starker Kritik am Studienaufbau, der fehlenden Studierbarkeit und Mängeln im Prüfungssystem von Seiten der Studierenden.

- **Erdgeschoss: Kompetenzen** – Im Erdgeschoss liegt die Eingangstür zum Haus, wo sich die meistgenutzten Räume wie Küche und Wohnzimmer befinden. Um diese funktional zu nutzen, muss man sinnbildlich gesprochen wissen, wie der Fernseher eingestellt, die Herdplatte bedient und der Durchlauferhitzer reguliert wird – hier sind die berufsspezifischen Kompetenzen zuhause. Damit sind nicht nur ausreichende fachliche und soziale Kompetenzen für die beruflichen Tätigkeiten mitumfasst, wie etwa die Moderationskompetenzen eines Ausschussvorsitzes oder die Leadership-Kompetenzen einer Forschungsgruppenleitung. Wie in Erdgeschossen üblich, kommen gelegentlich neue Küchengeräte hinzu oder die Heizung muss modernisiert werden, sprich die Kompetenzen sind nicht nur einmal zu erwerben, sondern stetig anzupassen und zu erneuern (»Lifelong-Learning«). Daher hat dieses Stockwerk nicht nur die Einzelperson, sondern ebenso die Unterstützung durch die Wissenschaftsorganisation im Blickfeld, etwa ob die Angebote der universitären Personalentwicklung allgemeine Projektmanagementkurse oder Praxisworkshops spezifisch für Forschungsprojekte anbietet oder ob die Leitung einer Organisationseinheit proaktiv zusammen mit den Mitarbeiter:innen passende Fortbildungen aussucht und genehmigt, die auch deren berufliches Fortkommen fördern statt allein die derzeitige Position.
- **Obergeschoss: Werte** – Im Obergeschoss befinden sich häufig Kinder- und Arbeitszimmer sowie Schlafräume, d. h. Räume der Privatsphäre bzw. zur individuellen Nutzung. Während manche ein helles Eckbüro bevorzugen, wollen andere ein ruhiges Schlafgemach und wieder andere mögen dort den sonnigen Balkon. Darüber entscheiden oftmals persönliche Einstellungen und Motivationen, die sich auf diesem Stockwerk finden. Beispielsweise gehört hierher die Frage, wie sehr man sich auch mit womöglich weniger spannenden Routineaufgaben wie Prüfungslisten führen, Dienstreiseabrechnungen machen oder Informationsrundmails an Studierende vorzubereiten identifiziert, sprich: letztlich die berufliche Tätigkeit zur Haltung einer Person passt. Damit zusammen hängt die Frage der Selbstwirksamkeit etwa dergestalt, wie die Gesamtorganisation eines Berufungsverfahrens auf eine gelungene Besetzung der Professur einzahlt oder wie sehr eine laufende IT-Infrastruktur es den Forschenden erleichtert, sich auf die Kernaufgabe der Wissenschaft zu konzentrieren. Somit sind nicht nur die Werte der Person selbst entscheidend, sondern auch ob diese mit denen der Wissenschaftsorganisation bzw. Organisationseinheit korrelieren, etwa ob eine gegenseitige Wertschätzung im Kolleg:innen-Kreise gegeben ist.

- **Dachgeschoss: Arbeit** – Erst unter dem Dach befindet sich sinnbildlich die konkrete Tätigkeit inklusive der Arbeitsumgebung, der Aufgabenteilung, der Teamkommunikation und Führung. Als oberstes Stockwerk drückt es mit seinem Gewicht auf alle unteren – sprich: Was hier passiert, hat spürbare Auswirkungen auf alle zuvor genannten. Dachgeschosse können im Hochsommer schon einmal heißer und der Platz aufgrund der vielen Schrägen beengter werden – Alles etwas, was im Großraumbüro für Studienzulassungen oder von vollgestopften Fachbibliotheken in Wissenschaftsorganisationen nicht unbekannt ist. Praktische Ressourcengesichtspunkte spielen hier eine Rolle, etwa ob am Lehrstuhl alle wissenschaftlichen Mitarbeiter:innen gleichermaßen fair ausgelastet sind oder wie die begrenzte technische Ausstattung mit speziellen Designprogrammen am Arbeitsplatz in der Servicestelle Wissenschaftskommunikation gut genutzt wird. Auch das Zusammenspiel von Führung und gelebter Selbstorganisation etwa in agilen Forschungsteams gehört genauso hierher wie die Entscheidungsstrukturen der Wissenschaftsorganisation bzw. Organisationseinheit, z. B. dergestalt, wie die Recruiting-Mitarbeiter:innen der Personalabteilung in die Umsetzung der hochschulischen PE-Strategie eingebunden werden oder welche administrativen Ermessensspielräume man den Sachbearbeiter:innen belässt, welche die Studienbewerbungen begutachten.

Tendenziell neigen Menschen dazu, die meisten Probleme und Herausforderungen der (Zusammen-)Arbeit gleich im obersten Stockwerk des Dachgeschosses zu verorten. Dabei werden die unteren Stockwerke jedoch zu gerne vergessen. Auf der Ebene des Vertrauens spielen gerade diese und die gegenseitige Kenntnis davon eine wesentliche Rolle.

**Reflexionsübung**

- Gehen Sie kurz die vier Stockwerke für Ihren konkreten Arbeitskontext von unten nach oben nacheinander durch:
- Wie steht es um Ihre Gesundheit?
- Haben Sie alle benötigten Kompetenzen mit Aussicht auf Kompetenzerweiterungen?
- Passen Ihre Werte zu denen Ihrer Arbeit, Ihrer Organisationseinheit bzw. Ihrer Wissenschaftsorganisation?
- Und wie schätzen Sie Ihre konkreten Arbeitsbedingungen aktuell ein?

**Arbeitsfähigkeit ist eine unerlässliche Voraussetzung** für gute Zusammenarbeit, jedoch nicht hinreichend. Gerade wenn diese frisch ist, z. B. weil eine Forschungsgruppe zusammengestellt, das Onboarding von Kolleg:innen begonnen oder zwei Service-Referate zusammengeschlossen wurden, treffen individuelle Kommunikations- und Arbeitsstile aufeinander, selbst wenn beispielsweise die Werte übereinstimmen. Die Herausforderung ist dann weniger das »Was?«, sondern das »Wie?«

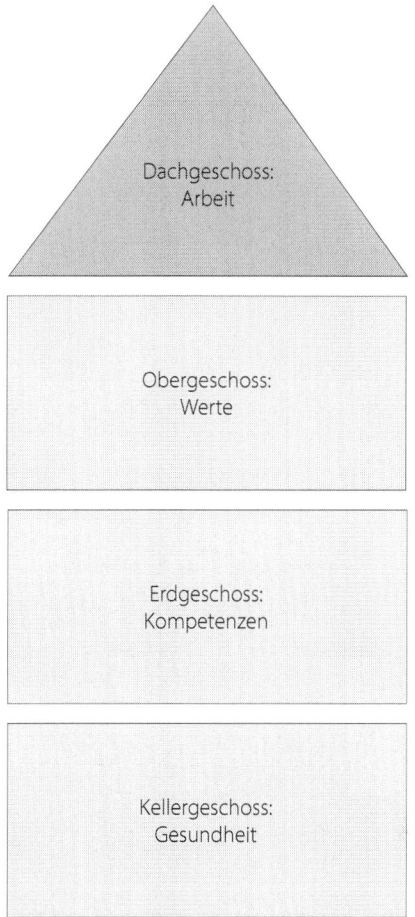

**Dar. 27:** Gebäude der Arbeitsfähigkeit

der Zusammenarbeit. Wenn beispielsweise eine Beschwerde-E-Mail von der Fakultätsgeschäftsführung an das Vizerektorat zwar den richtigen Weg beschritten hat, aber erst nach einer Woche beantwortet wird, oder wenn ein Mitglied der Online-Arbeitsgruppe zur Studienplanreform zwar die aufgetragenen Aufgaben genau und pünktlich erledigt, aber in den meisten Teammeetings durch Abwesenheit glänzt, kann dies Störgefühle hervorrufen. Letztlich geht es also nicht um die einzelnen Gebäude der Arbeitsfähigkeit an sich, sondern vielmehr darum, wie diese sinnbildlich in einer Wohnhaussiedlung angeordnet und über Straßen, Gehwege, Kabel- und Rohrsysteme miteinander verbunden sind.

Hierzu haben sich in einer frühen Kennenlernphase **individuelle Arbeitsbögen** bewährt, welche den anderen Mitarbeiter:innen, den Kolleg:innen wie Führungskräften als eine Art Spickzettel dienlich sind (»How to work with me sheets«). Auf maximal einer Seite wird dabei die Frage beantwortet, was man persönlich braucht, um gut (zusammen-)arbeiten zu können. Dies hilft dabei, das Spannungsfeld aufzulösen, das einerseits durch große Diversität und Heterogenität Teams vielseitiger einsatzfähig, resilienter und innovationsfähiger machen soll. Andererseits gehen wir aber – in dem Wissen, dass jede:r von uns anders gestrickt ist – dennoch im oft hektischen Alltag davon aus, dass die anderen die uns wichtigen Dingen ähnlich denken wie wir selbst, unsere Bedürfnisse erkennen und verstehen und sich an vor langer Zeit kommunizierte Details erinnern.

> **Reflexionsübung**
>
> - Bringen Sie einen individuellen Arbeitsbogen auf einer Seite so zu Papier, dass eine dritte, noch unbekannte Person (z. B. neue:r Arbeitskolleg:in) leicht nachvollziehen kann, was Ihnen an der Zusammenarbeit wichtig ist.
> - Bilden Sie falls möglich konkrete Beispiele aus praktischen Arbeitssituationen und präsentieren Sie Ihren Bogen anschließend einer bzw. einem Kolleg:in.
> - Lassen Sie Nachfragen zu und sprechen Sie zuletzt darüber, was diese:r ggf. überrascht oder eventuell vermisst hat.

Diese individuellen Arbeitsbögen können in ein Teambuilding-Event, ein Projekt-Kickoff oder eine Vorstellrunde integriert werden und sollten auf Freiwilligkeit und Vertraulichkeit beruhen. Sie werden anschließend transparent gespeichert nur für alle beteiligten Kolleg:innen, damit man dort nachschlagen kann – gerade, wenn wieder einmal etwas »passiert« ist. Das vermeidet nicht nur, Zeit mit Vermutungen zu verschwenden, warum sich jemand aus subjektiver Sicht unverständlich verhalten hat. Es bringt Arbeitskolleg:innen vielmehr selbst erst dazu, gründlich über ihre **Erwartungen und die Bedingungen** für die eigene Zusammenarbeit zu reflektieren. Letztlich machen die individuellen Arbeitsbögen indirekt die hinter den Kommunikations- und Arbeitsstilen steckenden Werte deutlich, wie sie sich auch im ersten Stock des Gebäudes der Arbeitsfähigkeit finden (▶ Kap. III. 1.4), und können ferner **versteckte Hoffnungen** oder bereits **schwelende Konflikte** kanalisieren. Sie führen gelegentlich zu Aha-Effekten unter selbst schon lange zusammenarbeitenden Teammitgliedern.

Betont werden sollte jedoch, dass dies zunächst persönliche Erwartungen sind, die keinen Anspruch darauf haben, stets und überall berücksichtigt zu werden. Wenn etwa alle Forscher:innen im Team absolute Pünktlichkeit bei Abgabefristen einzelner Buchbeiträge wertschätzen und nur ein:e Kolleg:in nicht, wird diese:r sich nicht über die bloße Verschriftlichung der Termintreue davon freistellen können. Ferner richten sich die individuellen Arbeitsbögen immer **nach den gegebenen Arbeitsbedingungen** und enthalten Anforderungen an die anderen, die diese **Kraft eigener Team-Power** erfüllen könnten.

Arbeitsfähigkeit und Arbeitsbedingungen sind das eine, die konkrete Zusammenarbeit in Form einer **gelebten Teamkultur** das andere. Soll diese vertrauens-

1 Laterale Führung und Zusammenarbeit

**Dar. 28:** Individueller Arbeitsbogen

voll im Sinne der lateralen Führung sein, ist **Transparenz über die tatsächliche Arbeit**, über Fortschritte wie Hindernisse, über Erfolge wie Fehler ein zentraler Faktor. Oftmals wird an Wissenschaftsorganisationen arbeitsteiliges Handeln so verstanden, dass Teammitglieder, Mitarbeiter:innen und Kolleg:innen nur dann zusammenkommen und über die Arbeit reden, wenn die Arbeit (neu) aufgeteilt wird. In Forschungsgruppen ist dies häufig am Anfang beim erstmaligen Aufsetzen der Projektplanung ausführlich der Fall, in Organisationseinheiten nur bei Einschulungen und gelegentlich bei Jour Fixes oder dann, wenn etwas nicht mehr funktioniert. Währenddessen aber arbeiten viele vor sich hin und wissen wenig darüber, was die anderen genau tun. Will man dazu nicht auf ein systematisches, übergreifendes Prozessmanagement zurückgreifen (▶ Kap. IV. 1.1), gibt es einfache und effiziente Wege wie etwa, dass zumindest innerhalb einer Organisationseinheit alle Mitarbeiter:innen inklusive Führungskräfte zu Wochenbeginn in wenigen Stichworten auf ein Board, in ein Sheet oder einen Messenger-Kanal öffentlich posten, was ihre drei Wochenziele sind und was am meisten Ressourcen brauchen wird (»**Agenda of the week**«). Die anderen können entweder ad hoc oder regelmäßig asynchron nach eigenem Ermessen schnell einen Einblick bekommen, was gerade im nächsten Arbeitsumfeld bei den anderen anliegt. Daneben kann das **gemeinsame Bearbeiten und Teilen von auch noch unfertigen Dokumenten** für alle zur vertrauensvollen Teamkultur beitragen. Auch im Entwurfsstadium sollten andere darauf in Echtzeit zugreifen können, womöglich passende Teile schon weiterverwerten oder daran mitarbeiten können. Statt dass alle ihre Dokumente auf ihren Desktops haben, stets aktualisierte Versionen herumgeschickt werden müssen oder die Vertretung sich mühsam durch die individuelle Ablagestruktur auf dem Computer der bzw. des Kolleg:in wühlen darf, sind **sämtliche wichtigen Dokumente auf einer geteilten Plattform** mit einer für alle einheitlichen Ablage und können auch in Meetings zeitnah geöffnet bzw. es kann auch von außerhalb direkt daran gearbeitet werden. Was für Dokumente zählt, sollte auch die **zeitliche Verfügbar-**

keit gelten, sodass **gemeinsame Kalender**, in denen man die geblockten Termine der anderen sieht, statt für jedes Meeting eine gesonderte Terminabfrage vorher machen zu müssen, anstelle der Kür die Pflicht eines kollaborativ-vertrauensvollen Zusammenarbeitens ist. Alle diese Dinge dienen mitnichten der gegenseitigen Überwachung noch der Arbeitskontrolle durch die Führungskraft, denn dafür sollten vor allem Arbeitsergebnisse zählen.

Arbeitet man **arbeitsteilig an größeren Projekten, längeren Vorhaben oder hat mit vielen Einzelaufträgen** zu tun, genügt nur die gegenseitige Transparenz nicht. Hier geht es nicht um Einsicht und die Unterstellung, dass die Kolleg:innen »alles im Griff« haben; vielmehr wollen alle auch verstehen können, ob und inwiefern dies so ist. Dazu eignet sich die einfache **Visualisierung des Workflows in für alle ähnlicher Form**, damit man gegenseitig einschätzen kann, wie die Projektdeadlines einzuhalten sind, ob wegen einer aktuellen Berichterstattung gerade gehäufte Anfragen an die Pressestelle eingehen und die Kolleg:innen dort schnell von anderen Unterstützung benötigen oder inwiefern die arbeitsteiligen Ergebnisse überhaupt zusammenpassen – wie z. B. bei einem akademischen Festakt das Catering mit der Pausenplanung, die Raumbuchung mit der Veranstaltungsgenehmigung und das Event-Marketing mit der Gästeliste. Dies kann – online oder mit Karteikarten auf einer Pinnwand – in Form von To-do-Listen in Spaltenform geschehen (»**Kanban-Board**«). Von der ersten Spalte (»To-dos«) wandern diese bei Bearbeitung in die zweite (»Doing«) und enden in der dritten (»Done«). Im zumeist öffentlich-rechtlichen Wissenschaftssektor, wo oft Genehmigungen von Vorgesetzten etwa bei teuren Kostenentscheidungen oder die förmliche Beteiligung einer Stelle wie z. B. Personalrat und Gleichstellungsbeauftragte vor personellen Einstellungszusagen notwendig sind, erweist sich eine vierte Spalte als hilfreich: Zwischen »Doing« und »Done« gelegen beinhaltet sie solche To-dos, für die aus Sicht der für die Bearbeitung zuständigen Kolleg:innen fast alles getan wurde – formal »erledigt« sind sie aber erst dann, wenn eine fehlende Unterschrift, eine digitale Freigabe oder der förmliche Gremienbeschluss vorliegt (»**Almost done**«). Da dies kaum durch die für die Bearbeitung zuständigen Kolleg:innen beeinflusst werden kann, Gremien in den Semesterferien selten tagen und es gelegentlich an einer ganz anderen Stelle hakt, wäre es weder fair, derartige To-dos ewig lang im Status »Doing« zu halten; es würde auch den aktuellen Workflow verfälschen, da während der Wartezeit Kapazitäten frei sind im Team für anderes. Anders als bei einer abzuhakenden To-do-Liste mit dem oftmals befriedigenden Gefühl, sich das erledigte Tag- oder Wochenwerk gerade in Stoßzeiten zu vergegenwärtigen (wo man gelegentlich dem persönlichen Eindruck erliegt, dass außer Sitzungsmarathons, Unterbrechungen durch Telefonate und dem Eindämmen der E-Mail-Flut kaum Zeit für die »eigentliche Arbeit« geblieben ist), sehen das Kanban-Board mit der eigenen Arbeitsleistung zusätzlich auch alle anderen. Seinem Motivationseffekt für die Teamkultur steht der Nachteil entgegen, dass es einzig auf Fortschritt ausgelegt ist, jedoch nicht darstellen kann, warum ein To-do beispielsweise überlang in der Rubrik »Doing« verharrt.

Möglicherweise hat jemand ein einfaches technisches Problem, fragt aber aus Gründen der Scham nicht nach oder sucht nach einem Dokument und kann es an entlegener Stelle nicht finden. Lebt man als **Teil der Team- auch die Fehlerkultur** und sieht Hindernisse und Probleme als notwendige zweite Seite der Fortschrittsmedaille an, ist auch hierfür ein transparentes Pendant zu schaffen (»**Impediment Log**«). Eine Sammelstation für alle aktuellen arbeitsbezogenen Herausforderungen und Schwierigkeiten verringert die mentale Hürde für manche Kolleg:innen, sich vor allen anderen im Teammeeting outen zu müssen, dass sie etwas nicht verstehen oder allein lösen können. Anders als gängige Ablade-Systeme für Kritik, Verbesserungen oder seelisch belastende Gedanken (»Kummerkasten«) dient dies dazu, Probleme sofort transparent zu machen und schnell gemeinsam Lösungen zu finden. Sehr oft hat ein:e Mitarbeiter:in oder Kolleg:in eine ähnliche Herausforderung gehabt, was aber nicht in einem Fact Sheet nachlesbar ist oder in einer Prozessbeschreibung Niederschlag gefunden hat (▶ Kap. IV. 3.2). Dadurch werden nicht nur Führungskraft und Fachexpert:innen entlastet, welche ansonsten zu diesem Thema womöglich direkt konsultiert würden. Es stärkt auch die Selbstorganisationskompetenz und Hilfsbereitschaft innerhalb der Kollegenschaft und fokussiert auf ein Sachproblem anstatt indirekt eine Person zu bewerten. Um möglichst zum Gebrauch zu motivieren, sollte das Impediment Log transparent, einfach zu bedienen und leicht zugänglich sein sowie allenfalls eine Unterscheidung nach Hindernissen enthalten, die intern gelöst werden können (»**Team Impediments**«) und solchen, die ggf. externer Unterstützung bedürfen (»**Organizational Impediments**«). Hat ein:e Mitarbeiter:in oder Kolleg:in hingegen bereits beim komplizierten Befüllen das Gefühl, etwas falsch ausgefüllt zu haben, regt dies nicht zur Fehler- sondern zu einer Vermeidungskultur an.

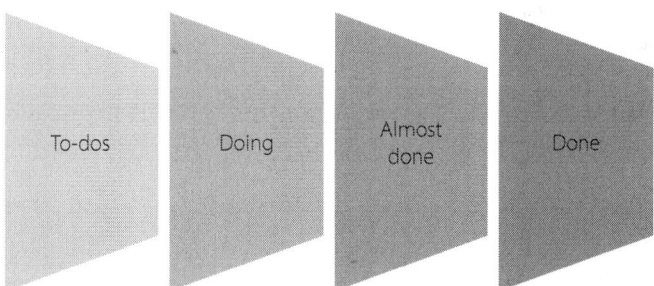

**Dar. 29:** Kanban Board

Neben Einzelfallproblemen, die über bilaterale Gespräche mit Kolleg:innen, durch ein Mitarbeiter:innen-Gespräch mit der Führungskraft oder anonymisiert mithilfe des Impediment Logs gelöst werden können, kann es auch grundsätzlichere Herausforderungen bei der Zusammenarbeit geben, die zumeist kommunikativer Natur sind. Diese manchmal unterschwelligen Störungen, die oft nicht einzelnen Personen zuzuordnen und auch nicht immer auf ein bestimmtes Arbeitsergebnis zurückzuführen sind, benötigen im übertragenen Sinne einen gesonderten Raum, dessen Bereitstellung eine Führungsaufgabe ist. Dieser Platz ist strikt zu trennen von Meetings, die rückblickend gemeinsam die Teamleistung, die Erreichung von Projektzielen oder die Qualität von Arbeitsergebnissen beleuchten (»**Review**«). Es geht hierbei nicht um das »Was?« der Zusammenarbeit, sondern um das »Wie?« im methodischen Rahmen eines Feedbacksettings (»**Retrospektive**«) – etwa Missverständnisse im Umgang miteinander, das Einhalten von gemeinsam aufgestellten Spielregeln auf der Ebene der Verständigung (▶ Kap. III. 1.2) oder von Prozessen (▶ Kap. IV. 6.1), abweichende persönliche Erwartungen, die Wahrnehmung von Rollen oder auch die Gesamtstimmung untereinander. Um beide Ebenen voneinander zu trennen, bietet sich zum Einstieg etwa ein zweidimensionales Diagramm zur Selbsteinschätzung der eigenen Produktivität auf der X- und der Zufriedenheit auf der Y-Achse an (»**Happiness & Productivity Scale**«), was auch asynchron vorab und ebenso anonym passieren kann. Auch wenn beide Achsen sich gegenseitig bedingen können, mag jemand sehr glücklich im Team sein, aber die eigene Produktivität als gering einschätzen oder jemandes anderes umgekehrt gute Qualität liefern, aber von Störgefühlen geplagt sein.

Die Retrospektive selbst sollte regelmäßig alle zwei bis drei Monate als **eigenständiges Meeting** stattfinden und nicht als Tagesordnungspunkt fünf in einen Jour Fixe gequetscht werden – sowohl um die Wertigkeit zu unterstreichen, damit Mitarbeiter:innen und Kolleg:innen den gedanklichen Switch vollziehen können, als auch zur Erzeugung des Bewusstseins, dass derlei Punkte hier erwünscht sind und keine straffe Gremiensitzung oder ein Fach-Meeting torpedieren (▶ Kap. III. 3.2). Wichtig dabei ist, dass auch völlig Unausgegorenes, Annahmen oder Emotionalität hierhergehören, jedoch die Retrospektive immer noch ein Arbeitsmeeting ist und nicht zu einer »Therapiesitzung« werden darf. So ist zum einen bei zunehmend (oft einseitig) negativen Äußerungen auch immer wieder auf Funktionierendes, Positives und Entwicklungspotenzial hinzuweisen, damit die Mitarbeiter:inenn und Kolleg:innen die Retrospektive mit dem guten Gefühl einer verbesserten Teamkultur verlassen. Zum anderen sind **konkrete Maßnahmen** zu beschließen, etwa dass etwas verändert oder gestoppt, dass etwas Neues ausprobiert, beobachtet oder weitergeleitet wird. Alle, die etwas beitragen, sollen die Wirksamkeit dessen erfahren wie ebenso wertschätzenden Dank am Ende einer (z. T. emotional aufwühlenden) Retrospektive.

> **Reflexionsübung**
>
> - Welche Methoden, Techniken oder Tools zur Verbesserung der Teamkultur kennen Sie aus Ihrem konkreten Arbeitskontext?
> - Welche der o. g. werden bei Ihnen im Wissenschaftsmanagement regelmäßig angewendet mit welchen Erfahrungen?

# 2 Gelingende Delegation

## 2.1 Eisenhower-Matrix und IMPUT-Regel

In einer Wissenschafts- als Expert:innen-Organisation steht zumeist die **Fachkompetenz**, die **Sachaufgabe** und die **inhaltsbezogene Arbeit** im Vordergrund, während Führung, Kommunikation und Koordination oft als lästig gelten. Ein:e Forschungsgruppenleiter:in sieht sich zuförderst nicht als Führungskraft, sondern als Wissenschaftler:in. Ein:e Studiendekan:in betrachtet sich typischerweise als Professor:in, die eine befristete Selbstverwaltungsfunktion wahrnimmt, welche jede:r einmal übernehmen muss. Und die Leitung einer Fachabteilung hat zumeist selbst genügend Sacharbeit und nimmt sich für Führung nur wenig Zeit – so überhaupt etwas dafür überbleibt. Gerade dies sollte in der Praxis dafür sprechen, proaktiv (statt nur ad hoc in Stoßzeiten reaktiv) Aufgaben und **Verantwortungen** von Führungskräften an Mitarbeiter:innen und Kolleg:innen **zu übertragen**, um die Erstgenannten einerseits zu entlasten, damit sie sich auf die eigentliche Führungsagenda konzentrieren können und zuletzt genannte andererseits durch Einräumung von Gestaltungsfreiheiten zu motivieren und zu Eigenverantwortlichkeit zu ermutigen (»**Management by Delegation**«). Tatsächlich findet es im Alltag von Wissenschaft und Wissenschaftsmanagement selten systematisch statt.

Dabei besitzt gerade in komplexen Systemen wie Wissenschaftsorganisationen, in denen kaum jemand alle Verhaltensweisen, Arbeitsprozesse und Herausforderungen kennen kann (»**systemtheoretisches Dunkelheitsprinzip**«), eine gelungene Dezentralisierung die bekannten Vorteile: Das Internet etwa ist u. a. deswegen so resilient, weil es gerade nicht (autoritär) zentral gesteuert wird und auch der menschliche Organismus wird nicht vom Gehirn als alles entscheidender Machtzentrale gesteuert. Bei konstitutiver Unvollständigkeit notwendiger Informationen stärkt die **Verantwortungsverteilung** das System nicht nur, sondern minimiert durch **Machtpluralismus** die Einseitigkeiten und den Opportunismus. Zudem schafft delegierte Verantwortung auch bei Mitarbeiter:innen und Kolleg:innen ein **Commitment** selbst für Angelegenheiten, die diese persönlich kritischer sehen, aber sich zu eigen machen (»**Intrapreneurship**«). Zuletzt kann man Delegation auch als Mittel der **Talentförderung** einsetzen, indem man etwa jemandem eine befristete Projektleitung andient, um mögliche (unentdeckte) Potenziale für spätere Aufgaben auszuloten bzw. den betreffenden Mitarbeiter:innen und Kolleg:innen die Möglichkeit einzuräumen, sich auszuprobieren, daran zu wachsen und Selbstvertrauen für neue Aufgabenfelder zu entwickeln.

Wissenschaftsorganisationen bedürfen allerdings – oft als Teil der öffentlich-rechtlichen Struktur wie auch wegen ihrer gesamtgesellschaftlichen Bedeutung – einer **(normativen) Legitimation zur Rückverfolgbarkeit von Autorisierung**, eine schlicht arbeitsteilige Verantwortung allein genügt nicht. Lediglich die **Ausführungsverantwortung** wird bei den jeweiligen Mitarbeiter:innen und Kolleg:innen verortet, weshalb es stets nur um die Übertragung von Entscheidungsbefugnissen für bestimmte Aufgaben(-bereiche) geht. Hingegen verleibt die **Gesamtverantwortung** etwa der HR-Leitung für das Personalwesen oder des Studienservicecenters für die Fachstudienberatung stets dort, wo sie angesiedelt sind, ohne dass die Führung sich unliebsamer Agenden auf diese Art entledigen könnte. Aus diesem Grund sind ebenso wenig originäre Führungsaufgaben wie Personalentscheidungen, Strategiesetzung, Dienstrecht, vertrauliche Angelegenheiten etc. delegierbar. Gleiches gilt für die Grundsatzentscheidung, ob und falls ja, in welchem Umfang an wen und wie lange delegiert wird, welche ebenso bei der Führungskraft verbleibt. Auch die **Überprüfung der Erledigung** aller delegierten Aufgaben z. B. in Form einer Ergebnis- oder Zielkontrolle verbleibt in deren Verantwortungsbereich.

Die meistgenannten Gründe, weshalb sich Führungskräfte in Wissenschaftsorganisationen mit Delegation stark zurückhalten, sind:

- Die Einstellung, dass Delegation **Zeit kostet** und es schneller geht, wenn man es direkt selbst macht.
- Die Befürchtung, dass die **eigene Fachkompetenz** für die fortan delegierten Aufgaben nicht mehr gebraucht wird.
- Die Unsicherheit, ob die Delegation **richtig durchgeführt** wurde.
- Der Verlust der Kontrolle darüber, ob die Mitarbeiter:innen und Kolleg:innen den Aufgaben **gewachsen sind** und diese korrekt erledigen.

> **Reflexionsübung**
>
> - Welche Vor- und Nachteile von erfolgter Delegation kennen Sie aus Ihrem eigenen konkreten Arbeitskontext?
> - Welche der o. g. Gründe gegen eine Delegation kommen Ihnen inwiefern bekannt vor?
> - Haben Sie selbst einmal einen der Gründe bemüht, um von einer Delegation Ihrerseits abzusehen?

Der erste o. g. Grund resultiert häufig daraus, dass die **grundlegende Unterscheidung zwischen wichtigen und dringlichen Aufgaben** entweder nicht beachtet wird oder im hektischen Führungsalltag untergeht. Während wichtige Aufgaben solche sind, welche die Führungskraft selbst erledigen sollte, bedeuten als dringlich qualifizierte Aufgaben solche, die so bald als möglich von jemandem erledigt werden wollen. Wichtiges und Dringliches scheinen auf den ersten Blick nah beieinander zu liegen, obwohl zuerst Genanntes sich auf den Inhalt und zuletzt

Genanntes auf die Zeit bezieht. Da beides kategorial unterschiedlich anmutet, kann jedoch eine Aufgabe wichtig und dringlich zugleich sein, jedoch ebenso etwas nur wichtig (aber nicht dringlich) oder nur dringlich (aber nicht wichtig) sein (»**Eisenhower-Matrix**«).

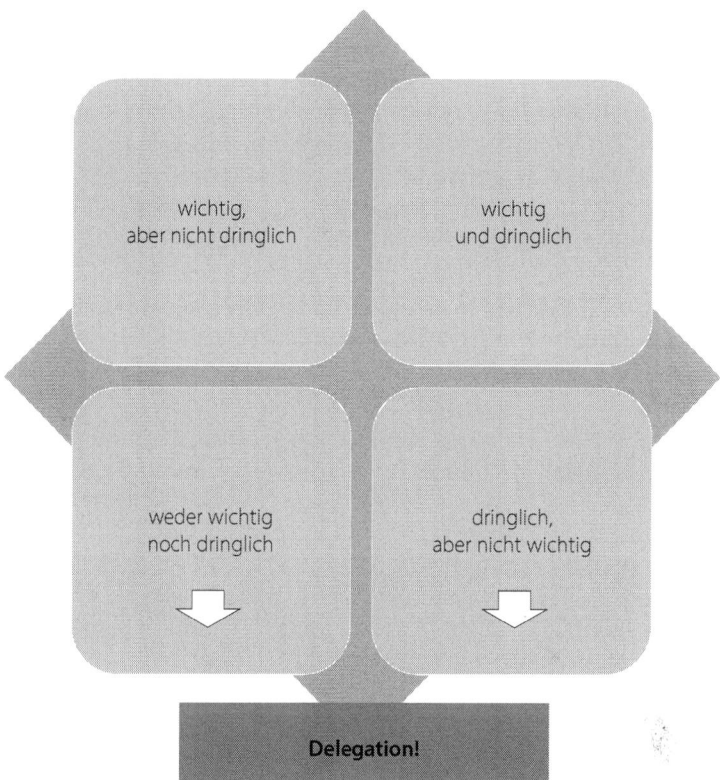

**Dar. 30:** Eisenhower-Matrix

Lediglich die in die erste Kategorie fallenden Aufgaben (wichtig und zugleich dringlich) sollten **von der Führungskraft selbst und möglichst umgehend erledigt** werden, beispielsweise wenn ein:e neue:r Key-Note-Speaker:in für das morgen startende, internationale Forschungskolloquium ausfällt, welches maßgeblich aufgrund des Netzwerks und der fachlichen Expertise der Führungskraft basiert; oder falls die situative Einschätzung der Führungskraft auf Anfrage der Hochschulleitung für eine sofortige Pressemitteilung nötig ist. Hingegen können Aufgaben, die lediglich wichtig und nicht dringlich sind, **später von ihr erledigt** werden – etwa wenn der Hochschulsenat eine Rückmeldung aller Fakultätsgeschäftsführer:innen über die aktuelle Budgetsituation für die nächste Sitzung in einigen Monaten benötigt. Damit dies kein Einfallstor für systematisches Aufschieben öffnet, erfolgt zeitgleich eine fixe Terminierung der Erledigung. Aufgaben, die hingegen nicht wichtig, aber dringlich sind, stehen hingegen ebenso wie solche, die weder wichtig noch dringlich sind, der **Delegation** offen. Gerade bei zuerst Genannten, die an Führungskräfte herangetragen werden, neigt man gerne dazu, daraus tendenziell auch eine Wichtigkeit abzuleiten. Neben der direkten Affektiertheit mit der Aufgabe (z. B. eine mit einem roten Ausrufezeichen gekennzeichnete E-Mail) mag ein Grund dafür sein, dass Wichtigkeit eine meist schwierige sachliche Einschätzung verlangt, während Dringlichkeit oft einfacher in Erscheinung tritt in Form von Deadlines oder dem drängenden Bitten von einer Person um baldige Erledigung – dies jedoch manchmal lediglich aus subjektiver statt einer objektiven Sicht heraus.

Neben der oftmals nicht getätigten **Kategorisierung bzw. Priorisierung als Investition** in die Aufgabenorganisation für eine gelungene Zusammenarbeit mögen gelegentlich Führungskräfte ihren Mitarbeiter:innen und Kolleg:innen nicht noch mehr Arbeit aufhalsen wollen unter dem Deckmantel der Delegation. Dabei geht es mitnichten quantitativ um ein »Mehr« an Aufgaben, sondern schlicht darum, welche Art Aufgaben jemand qualitativ erledigen soll, zumal stets auch zwischen delegierten Aufgaben, Kompetenzen und Verantwortung das Kongruenzprinzip beachtet bleiben muss (▶ Kap. I. 3.3) – insbesondere was die Zeitressourcen dafür anbelangt. Damit die Delegation selbst sich lohnt und kein reines Weiterverschieben von Aufgaben ist, hat sich folgende einfache Checkliste in Fragenform bewährt (»IMPUT-Regel«):

- Inhalt: **Was** soll getan werden?
- Motivation: **Warum** soll es getan werden?
- Person: **Wer** soll es (eventuell mit anderen zusammen) tun?
- Umfang: **Wieviel** soll getan werden?
- Termin: **Bis wann** soll es getan werden?

Unter Inhalt können auch absehbare **Herausforderungen** fallen. Auch mögen – insbesondere in Fällen, in denen die Aufgabe zuvor von der Führungskraft erledigt wurde – bestimmte **Tipps und Erfahrungswerte** mitgegeben werden. Gerade hier wird der zweite o. g. Grund für eine starke Zurückhaltung bezüglich Delegation widerlegt: Die **eigene Fachkompetenz** der Führungskraft für die fortan delegierten Aufgaben wandelt sich in eine Mentoring- und Beratungskompetenz, die den Mitarbeiter:innen und Kolleg:innen gerade Führung vermittelt. Keinesfalls aber darf im Detail die exakte Vorgehensweise in Form eines **Mikromanagements** vorgegeben und damit jede Gestaltungsfreiheit bei der Aufgabenerledigung negiert werden. Unter Motivation fällt sowohl die Frage, weshalb die Aufgabe **überhaupt erledigt** werden soll, als auch, weshalb in diesem Falle eine **Delegation sinnvoll** ist. Zu Person gehört auch die **Kommunikation** an die anderen Mitarbeiter:innen und Kolleg:innen, dass und an wen eine Delegation stattfindet. Bei Umfang ist – neben eventuellen Mengenangaben – auch festzulegen und den Mitarbeiter:innen und Kolleg:innen vorab mitzuteilen, in welcher Form eine **Ziel- oder Ergebnisüberprüfung** anhand welcher erwarteten Qualitätskriterien stattfindet. Unter Termin zuletzt ist nicht nur das Datum der vollständigen Aufgabenerledigung zu fassen, sondern bei längeren und/oder komplexeren Delegationen ggf. auch die Zeitpunkte, wann definierte **Meilensteine oder Zwischenergebnisse** überprüft werden bzw. wann regelmäßige Meetings zur Besprechung dessen liegen (z. B. **Reviews**, Zwischenberichte, Entwurfspräsentationen, Jour Fixes etc.).

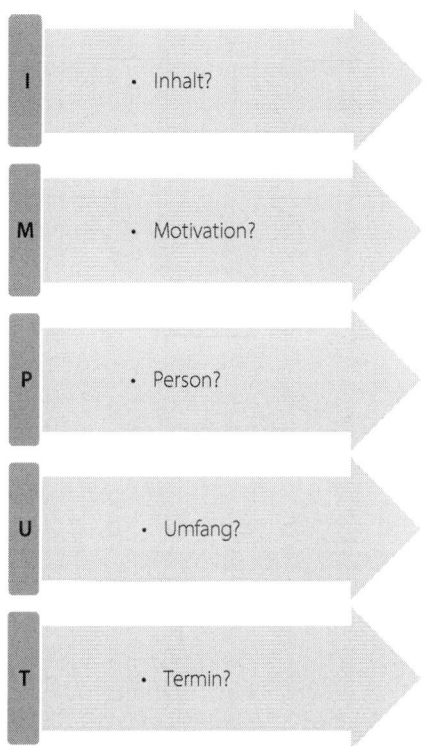

**Dar. 31:** IMPUT-Regel

> **Reflexionsübung**
>
> - Gehen Sie anhand von einem Beispiel eigener Delegation oder an Sie erfolgter Delegation in Ihrem konkreten Arbeitskontext einmal die IMPUT-Regel durch.
> - Welche Punkte waren inwiefern einfach, welche eher schwieriger?

Neben einer **stichwortartigen Dokumentation** gerade bei erstmaliger Delegation hat sich als nützlich erwiesen, dass die Mitarbeiter:innen und Kolleg:innen die wichtigsten Punkte anhand der IMPUT-Regel kurz in eigenen Worten wiederholen. Die Ziel- oder Ergebnisüberprüfung hat neben der sachlichen Funktion, ob die Aufgabe tatsächlich erledigt ist, eventuell nachgebessert oder gar alles erneut durchgeführt werden muss, auch eine **motivatorische**: Die Mitarbeiter:innen und Kolleg:innen wollen wissen, ob sie zufriedenstellend gearbeitet haben und verdienen daher ein wertschätzendes Feedback – sowohl wenn alles glatt gegangen als auch gerade dann, wenn es nicht einwandfrei gelaufen ist. Werden diese Punkte beachtet, dann negiert dies auch den dritten und vierten o. g. Grund für eine starke Zurückhaltung bezüglich einer Delegation.

Auch bei der gelungensten Delegation jedoch sollte man sich Zeit nehmen, über den **Prozess und die Kommunikation** dieser – unabhängig von der Aufgabenerledigung – mit den Mitarbeiter:innen und Kolleg:innen zu sprechen, etwa ob anfangs nicht erkennbare Über- bzw. Unterforderungen aufgetreten sind, warum ggf. **von Vorgaben abgewichen** wurde oder ob alle im Team die Delegation in dieser Form als hilfreich für die Zusammenarbeit ansehen. Da Delegation eine Form von Vertrauen bedeutet, sollte die Führung bei erkennbar misslingender Erledigung der delegierten Aufgaben keinesfalls dergestalt »eingreifen«, dass schon währenddessen eine Rückdelegation erfolgt. Vielmehr ist den Mitarbeiter:innen und Kolleg:innen Unterstützung für die delegierten Aufgaben anzubieten bzw. es sind diese zu fragen, was ihnen helfen könnte. Lediglich bei **außergewöhnlichen Spezialfällen mit großer Tragweite** kann die Delegation ad hoc zurückgenommen werden, wenn alles andere nicht funktioniert hat – wie beim lawinenartigen Auftreten negativer Kritik in Social Media (»Shitstorm«).

Gerade der Kontrollverlust des vierten o. g. Grundes eventuell in Kombination mit dem Wissen, dass man die Aufgabe zuvor als Führungskraft möglicherweise mit Bravour erledigt hat, kann anfangs bei ihr das Gefühl auslösen, dass nun die **Qualität der Aufgabenerledigung** erst einmal wieder zurückgeht. Das mag womöglich zu Beginn bestätigt werden und einige an einen alten Weinkeller erinnern. Dort lagert der abgefüllte Rebensaft weithin ohne oder mit kaum noch lesbarer Etikettierung, ein:e für die Vinifikation Zuständige:r vermag Kraft exklusiver Erfahrung die Jahrgänge und Sorten einzig auseinanderzuhalten und sieht sich zu dem Ausspruch verleitet: »*Nur ich kann und weiß es und rundherum sind bloß Flaschen!*« (»**Kellermeister-Syndrom**«). Gerade in einer arbeitsteiligen Wissenschaftsorganisation jedoch sollte man sich dann nicht nur den Lernaspekt als tragenden Part dieser Organisationskultur vergegenwärtigen. Auch sollte Qualität nie nur an Einzelergebnissen zu Beginn festgemacht werden, sondern dem Lernfortschritt, der tendenziellen Entlastung der Führungskraft, der Dynamik eines empowerten Teams etc. ebenso eine qualitative Auswirkung zugestanden werden, auch wenn diese nicht so leicht messbar sein dürfte.

## 2.2   Delegation Poker und Empowerment Board

Die Einschätzung, ob und in welchem Umfang an wen und wie lange delegiert wird, obliegt zwar der Führungskraft. Jedoch ist sie im Alltag des Wissenschaftsmanagements oft nicht einfach zu treffen, etwa wenn es noch keine Erfahrungen gibt oder z. B. die Strukturen und Abläufe in einem neuen Wissenschaftsprojekt noch nicht feststehen. In solchen Fällen bietet sich an, Delegation nicht als einmalige Top-down-Entscheidung, sondern als **dynamischen, zyklischen Lernprozess** zu denken, der sich zudem nicht allein zwischen Führungskraft und den die delegierten Aufgaben erledigenden Mitarbeiter:innen und Kolleg:innen abspielt. Vielmehr sollten sich bei hoher Unsicherheit oder -klarheit alle davon betroffenen Teammitglieder gemeinsam mit der Führungskraft **auf ausgewählte Bereiche und Abstufungen von Delegation wie einer arbeitsteilig fairen Verteilung** dessen verständigen. Dadurch nutzt man nicht bloß möglichst viel Erfahrungswissen derjenigen, die an der Basis Dinge umsetzen. Es fördert auch, dass alle Teammitglieder nicht nur »ihre« (delegierten) Aufgaben im Blick haben, sondern sich auch in die Aufgabenbereiche der anderen wie die Führungsherausforderungen hineinversetzen, um eine gelungene Delegation gemeinsam zu schaffen. Aus dem agilen Führungskontext ist dazu eine Technik geeignet, welche **Delegation spielerisch thematisiert und dadurch zu mehr Selbstorganisation** unter Mitarbeiter:innen und Kolleg:innen führt (»Delegation Poker«). Statt in offener Diskussion oft inhaltlich sehr abstrakt bzw. stark personenzentriert darüber zu sprechen, sind hierbei sieben Abstufungen von Delegation vorgegeben, welche sich im **Grad der Entscheidungsbefugnis** voneinander unterscheiden (»Delegation Level«):

1. **Verkünden** (»Tell«): Die Führungskraft trifft die Entscheidung allein und verkündet sie den Betroffenen (mit oder ohne Begründung), z. B. innerhalb welchen Zeitfensters die jährlich verpflichtenden Mitarbeiter:innen-Jahresgespräche stattfinden und wie sich alle dafür einheitlich online einen Termin zu buchen haben.
2. **Verkaufen** (»Sell«): Die Führungskraft trifft die Entscheidung allein und versucht im Nachhinein, die Betroffenen davon zu überzeugen, z. B. weshalb die Personalauswahl auf eine:n externe:n Kolleg:in gefallen ist statt jemand aus dem eigenen Team.
3. **Befragen** (»Consult«): Die Führungskraft bittet die Betroffenen vor der Entscheidung um Rat, welcher berücksichtigt werden muss, z. B. vor einer Stellungnahme der Studienzulassungsstelle an das Hochschulpräsidium über die Auswirkungen der gestiegenen Bewerber:innen-Zahlen auf das Arbeitspensum im Team.
4. **Einigen** (»Agree«) – Die Führungskraft und die Betroffenen diskutieren und entscheiden anschließend gemeinsam, z. B. über eine Institutsweihnachtsfeier oder die Möbelfarben eines neuen Großraumbüros am Forschungsstandort.
5. **Beraten** (»Advise«): Die Betroffenen entscheiden selbst, nachdem sie sich Rat bei der Führungskraft dazu eingeholt haben, z. B. ein Wissenschaftsteam beim Planen eines Einzelbudgets, nachdem sie typische Ausgaben, Kostenfallen und Schätzungen bei der forschungserfahrenen Führungskraft eruiert haben.
6. **Erkundigen** (»Inquire«): Nachdem die Betroffenen selbst entschieden haben, erkundigt sich die Führungskraft nach Inhalt und Beweggründen der Entscheidung, z. B. wie die Sitz- und Aktenordnung von mehreren Kolleg:innen in einen Bürotrakt von diesen eigenverantwortlich restrukturiert wird.

7. **Delegieren** (»Delegate«): Die Führungskraft überlässt den Betroffenen die autonome Entscheidung, auch ohne über diese oder die Beweggründe informiert zu werden, z. B. wann die freie Pauseneinteilung am Institut stattfindet oder wie die verfügbaren Besprechungs- und Gemeinschaftsräume untereinander genutzt werden.

Bei fortgeschrittenem Spiel und/oder einem hohen Selbstorganisationsgrad des Teams sind weitere **(Extreme) Delegation Level** denkbar wie z. B. »0. Nicht kommunizieren« und »8. Komplett Ignorieren«.

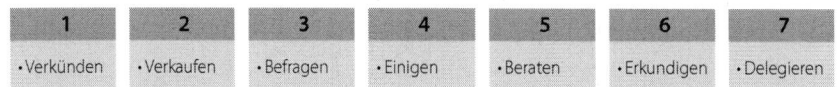

**Dar. 32:** Delegation Level

Die Herausforderung zu Beginn ist, die Themenbereiche festzulegen, auf die sich das jeweilige Delegation Level bezieht und auf eine für alle nachvollziehbare Graduierung herunterzubrechen. Dabei fokussiert man sich auf **zentrale Entscheidungsbereiche** (»Key Decision Areas«), welche weder zu kleinteilig noch zu allgemein sein sollten. Statt sich zu sehr an Einzelaufgaben oder Zwischenergebnissen festzubeißen, ist es hilfreicher, zu jeder Key Decision Area folgende drei Fragen gemeinsam zu beantworten:

- **Innerer Fokus**: Was passiert typischerweise dort? – z. B. bei den Zielvereinbarungsgesprächen der Organisationseinheit mit der Hochschulleitung: Daten recherchieren, Vorlage befüllen, interne Meetings und solche mit dem Rektorat, Budgetzuweisungen berechnen, umzusetzende Ziele für die Serviceeinheit definieren, Implementierung der Umsetzung in der Serviceeinheit etc.
- **Äußerer Fokus**: Was gehört nicht dazu? – z. B. bei der Umgestaltung der Kaffeeküche am Forschungsinstitut: Anschaffung neuer Geräte, technische Umbauten, Verlegung in einen anderen Raum etc.
- **Entscheidungskriterien**: Worauf ist hierbei besonders zu achten? – z. B. bei der Priorisierung und Aufteilung der Arbeitspakte eines mehrmonatigen Veränderungsprojektes: zeitliche Engpässe vermeiden, eine faire Arbeitsauslastung aller Projektbeteiligten sicherstellen, Synergien berücksichtigen bei Parallelbearbeitungen etc.

Welche Themenbereiche ausgewählt und wie die Key Decision Areas zugeschnitten werden, verbleibt jedoch immer in der **Entscheidungsgewalt der Führungskraft**. So kann es Bereiche geben, die von höherer Ebene nicht zur Disposition des Teams freigegeben worden sind, was die Führungskraft nicht übergehen kann. Auch ist es legitim, wenn etwa aufgrund der Erfahrungen mit dem Team Themenbereiche ausgelassen werden, etwa wenn gerade ein größerer arbeitsrechtlicher Konflikt über die Raumtemperaturen in den Lehrstuhlräumlichkeiten schwebt oder aber eine richtungsweisende Entscheidung an anderer Stelle wie z. B. eine neue Homeoffice-Richtlinie des Betriebsrats für den akademischen Mittelbau noch aussteht. Letztlich sollte die Führungskraft sich vorab überlegen, wieviel an möglicher Delegation sie zur Disposition stellt.

> **Reflexionsübung**
>
> - Definieren Sie mit ein bis zwei Ihrer Kolleg:innen gemeinsam fünf für sie alle relevante Key Decision Areas aus Ihrem konkreten Arbeitskontext.
> - Beantworten Sie anschließend stichwortartig für jede die drei Fragen, den inneren und äußeren Fokus sowie ggf. wichtige Entscheidungskriterien.
> - Was ist Ihnen beim Festlegen der Themenbereiche aufgefallen, wo waren Sie sich schnell einig und an welcher Stelle gab es längere Diskussionen?

Nachdem die Themenbereiche feststehen, beginnt das »**Pokerspiel**«. Dabei wählt jede:r Mitspieler:in ohne vorherige Aussprache eine Karte aus und legt diese gleichzeitig mit allen anderen verdeckt auf einen Stapel. Dieser wird durchgemischt, sodass nicht erkennbar ist, von wem welche Karte stammt. Nachdem alle Karten gleichzeitig aufgedeckt wurden, »outen« sich nur diejenigen mit der höchsten und mit der niedrigsten Karte (d. h. wo das Delegation Level am weitesten voneinander entfernt ist) und erklären ihre Gründe nacheinander in einem kurzen, für alle gleich langen Zeitraum. Dabei werden die Begründungen der anderen nicht kommentiert; alle sonstigen Mitspieler:innen bleiben stumm und hören nur zu. Darauf folgen weitere Spielrunden nach demselben Modus so lange, bis alle Karten nicht mehr als eine Karte auseinanderliegen oder die Führungskraft das Spiel unterbricht. Es kommt dabei nicht so sehr darauf an, das »richtige« Delegation Level zu finden, sondern vielmehr die **sachbezogene Aussprache** der Betroffenen zu ihrer subjektiven Sicht und die **Annährung an eine gemeinsame Teammeinung** auf spielerische Art zu fördern.

Der **Verzicht auf eine unstrukturiert offene Diskussion** soll verringern, dass bestimmte hoch angesehene Meinungen etwa von Expert:innen zum Themenbereich die anderen bereits Kraft ihrer Rolle beeinflussen, rhetorisch begabte oder eloquente Personen eine Aussprache dominieren oder sich Mitspieler:innen opportunistisch bestehenden Machtgefügen anpassen. Auch die Führungskraft äußert sich selbst nicht vorab, sondern ist einfache:r Mitspieler:in wie alle anderen auch. Es besteht so auch weniger die Gefahr, dass jemand sich frühzeitig positioniert und dann sein bzw. ihr Gesicht zu verlieren droht. Denn sofern ein:e Mitspieler:in eine Karte begründen darf, gilt selbst dies nur für die jeweilige Spielrunde, mag auch in der folgenden die Tendenz zu einer anderen Karte gehen. Oft hat auch der bzw. die betreffende Mitspieler:in die eigene Meinung bei der nächsten Spielrunde geändert aufgrund eines überzeugenden Arguments, das anzunehmen auf diesem Wege leichter ist.

> **Reflexionsübung**
>
> - Überlegen Sie, in welchem Rahmen Delegation Poker in Ihrem konkreten Arbeitskontext einsetzbar wäre – z. B. mit Ihren Mitarbeiter:innen oder Kolleg:innen aus der persönlichen Führungsrolle heraus oder als Vorschlag gegenüber Ihrer Führungskraft.
> - Welche Vorbehalte oder Abwehrreaktionen erwarten Sie von wem und wie würden Sie diese zu entkräften versuchen?
> - Welchen »unverbrauchten« Meetingraum würden Sie dafür als geeignet ansehen und welche Zeit veranschlagen?
> - Anhand welches möglichst einfachen Beispiels, zu dem möglichst viele Mitarbeiter:innen einen aktuellen und eigenen Arbeitsbezug haben, würden Sie das Spiel und seine Spielregeln zu Beginn erklären?

Hat man mehrere Themenbereiche zu Ende gespielt, ist es sinnvoll, dass die Führungskraft abschließend die Delegation **mündlich vor allen ausspricht und dies zusätzlich schriftlich** auf einer Wand festgehalten wird, so dass alle es auch später noch einsehen können (»Empowerment Board«). Nicht zuletzt aufgrund der Transparenz darüber, dass gelungene Delegation **weder rein binär** zwischen Führungskraft und den Personen mit delegierten Aufgaben stattfindet noch, dass es statt einer **Entweder-oder-Entscheidung** viele Abstufungen gibt, wird das Vertrauen insgesamt in eine offene Führungskultur durch Delegation Poker gestärkt. Hierbei ist es nicht das Ziel, einen möglichst hohen Grad an Delegation zu erreichen, sondern eine solche, die von der Mehrheit der Betroffenen, von Führungskräften, Mitarbeiter:innen und Kolleg:innen **gleichermaßen verstanden und gemeinsam getragen** wird. Anders als bei einem regulären Pokerspiel gibt es keine echten Verlierer:innen oder Gewinner:innen, keine »Pot Odds« und kein »Bluffen«. Zumal gleichzeitig immer die Gründe für ein bestimmtes Delegation Level offengelegt werden, besteht zudem selten die Gefahr, dass die Führungskraft und das Team jeweils ihrerseits danach trachten, möglichst viel an Entscheidungsbefugnissen für sich zu behalten. Vielmehr werden gerade bei höheren Delegation Levels oft angrenzende Fragen entstehen: Falls ich künftig mehr Verantwortung tragen soll und die Führungskraft wie die Teammehrheit das für richtig erachten, ...

- besitze ich dann alle **Kompetenzen**, um die damit zusammenhängenden Entscheidungsbefugnisse auszuüben?
- erhalte ich dann auch die **Ressourcen**, um den Aufgaben gerecht zu werden?
- hat das dann Auswirkungen auf meine **Eingruppierung** und/oder mein Gehalt?

Damit hängt bereits eine methodische Herausforderung beim Delegation Poker zusammen, welche die Delegation Level **am Grad der Entscheidungsbefugnis** festmacht. Oftmals spielen aber noch andere Dinge eine Rolle, wie beispielsweise ob jemand überhaupt von seiner Persönlichkeit geeignet oder von seiner Einstellung zur Arbeit willens ist, mehr Verantwortung übernehmen. Ob Mitarbeiter: innen und Kolleg:innen eine positive Einstellung zu den delegierten Aufgaben entwickeln, hängt nicht zuletzt davon ab, ob der Inhalt für sie interessant ist oder mit welchen anderen (ihnen sympathischen oder unsympathischen) Personen oder Stellen sie zusammenarbeiten, um die delegierten Aufgaben zu erledigen. Auch ist die Delegation mindestens zweifacher Hinsicht ein iterativer Prozess:

- Zum einen entsteht **gelebte Selbstorganisation nicht per Weisung** ebensowenig wie ein Spiel Spaß macht, nur weil jemand wie etwa die Führungskraft es spielen will. Insbesondere in tendenziell konservativeren, öffentlich-rechtlichen Wissenschaftsorganisationen mag die dafür notwenige agile Bereitschaft nicht bei allen von Anfang an gleichermaßen ausgeprägt sein. Manche Mitarbeiter: innen und Kolleg:innen mögen zu Beginn von den Spielregeln überfordert sein, andere den Sinn des Spiels missverstehen (wollen) und einige sich weniger engagiert und misstrauisch dazu positionieren. Die spielerische Komponente ist also hilfreich, aber kein:e »Selbstläufer:in«, und bedarf der Moderation durch die Führungskraft.
- Zum anderen ist jede Delegation **personen-, situations- und kontextabhängig** und bedarf daher der regelmäßigen Überprüfung und Feinjustierung. Es mag beim Delegation Poker im Eifer der Spielfreude übersehen worden sein, dass beispielsweise für die Delegation der Vorbereitung von Widerspruchsangelegenheiten gegen Prüfungsentscheidungen spezielle Rechtskenntnisse notwendig, aber doch nicht im erhofften Umfang vorhanden sind. Es kann auch sein, dass etwa das vergleichsweise kleine Aufgabengebiet der Wissenschaftskommunikation im Laufe der Zeit an Umfang zunimmt, welcher ursprünglich nicht mitgedacht wurde. Und obwohl man gemeinsam beschlossen hat, dass jemand die heikle Rolle der bzw. des Prozessmanager:in übernimmt (▶ Kap. IV. 5.1), erfährt diese dennoch im Arbeitsalltag nicht die notwendige Unterstützung im Team und erhält prozessrelevante Informationen nicht rechtzeitig oder vollumfänglich.

# 3 Entscheidungsprozesse und Selbstverwaltung

## 3.1 Entscheidungsrationalität und Mülleimerentscheidungen

Beim Delegation Poker steht das Delegation Level 4 oft als »pars pro toto« für den diskursiven Umgang im Team allgemein (▶ Kap. III. 2.2). Landet dort sehr vieles an Aufgaben, kann dies auf der einen Seite darauf hindeuten, dass sich gerne und ausgiebig Zeit genommen wird, möglichst viel auszudiskutieren, wie auf der anderen Seite, dass unangenehme und anstrengende Entscheidungen lieber dort »gelagert« werden, in der Hoffnung, dass keine echte Einigung zustande kommt und es sich irgendwann selbst erledigt.

In Wissenschaftsorganisationen wird das Diskutieren und gemeinsame Entscheiden dieses Delegation Levels erfahrungsgemäß leider oft gleichgesetzt mit **langwierigen, unstrukturierten Sitzungen ohne Ergebnisse**, Vertagung oder Vermeidung von klaren Entscheidungen sowie den selten erreichbaren Anspruch, es möglichst allen recht machen zu wollen. Rationale Entscheidungsprozesse folgen idealtypisch einem bewährten logischen Muster:

- Ein **Problem** wird als solches **identifiziert und priorisiert** – z. B. die Präsenzlehre, welche die Corona-Pandemie nicht mehr erlaubt, oder die fehlende Sichtbarkeit eines Nischenforschungsbereichs in der Öffentlichkeit.
- In einem dafür geschaffenen oder bestehenden **Verfahren mit qualifizierten Personen** wird das Problem bearbeitet – z. B. wird eine Arbeitsgemeinschaft bestehend aus Expert:innen für Lehrdidaktik, Studienrecht, Facility Management, Gesundheitsprävention u. a. eingerichtet, welche recherchiert, was die anderen Hochschulen machen, was rechtlich zulässig ist, wie Präsenzlehre ohne Gesundheitsgefährdungen adaptiert werden und wie dies räumlich umgesetzt werden könnte.
- Es werden **unterschiedliche Lösungsmöglichkeiten** definiert und gegeneinander abgewogen – z. B. die komplette Umstellung auf Online-Lehrveranstaltungen oder die Entwicklung eines eigenständigen Forschungsmarketings im Nischenforschungsbereich schult einzelne Wissenschaftler:innen im Personal und Science Branding oder strebt öffentlichkeitswirksame Kooperationen mit medienpräsenten Partner:innen an.
- Letztlich wird eine **Entscheidung getroffen**, die als die derzeit sinnvollste erscheint zur Problemlösung – z. B. die Einführung von integriertem Distance Learning mit asynchroner Wissensvermittlung und synchroner Online-Praxis

und -Diskussion (»Flipped Classroom«), oder die Schaffung eines neuen übergreifenden Science Marketing Centers der Forschungsinstitution, forciert und geprägt durch den Nischenforschungsbereich.

In Wissenschaftsorganisationen allerdings sind in der Praxis weder die einzelnen Schritte sauber voneinander getrennt noch greifen sie zwingend logisch ineinander bzw. bauen aufeinander auf. Vielmehr verlaufen sie **teils parallel** und sind oft **zufällig strukturiert**, sodass manchmal sogar Entscheidungen getroffen werden, die sich gar nicht auf das Problem beziehen bzw. überhaupt kein Problem lösen wie z. B. ein interdisziplinärer Ausschuss zur Überarbeitung der Homeoffice-Richtlinie für Universitätsbedienstete, der am Ende Empfehlungen zu New Work herausgibt.

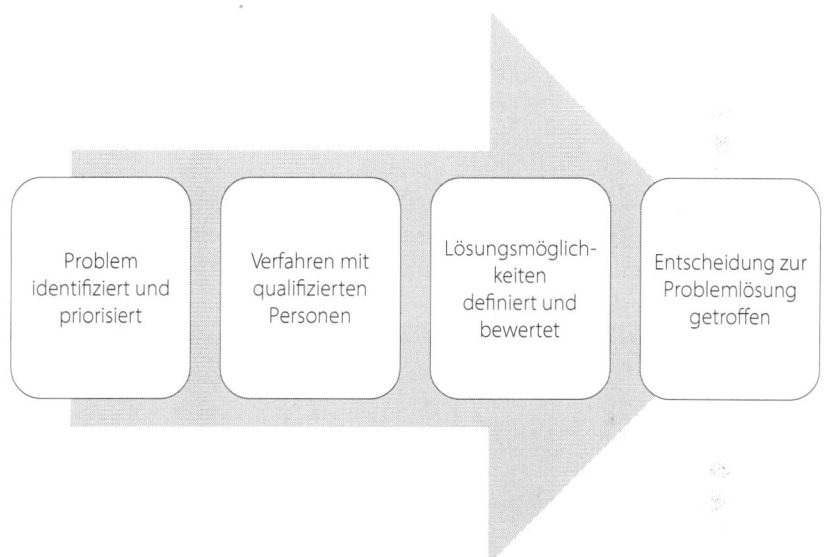

**Dar. 33:** Rationale Entscheidungsprozesse

Dies beginnt bereits damit, dass **Problempräferenzen** nicht nach der Eisenhower-Matrix (▶ Kap. III. 2.1) gebildet werden (Welches Problem ist gerade vordringlich, welches kann warten?), sondern viele **Probleme auf unterschiedlichen Ebenen gleichrangig** verfolgt werden wollen. Auf langen Tagesordnungspunkten von Sitzungen findet sich dann die Frage, wie der ausscheidende Institutsvorstand gebührend verabschiedet wird, zusammen mit der Umwidmung von Stiftungsgeldern, einem Mobbing-Vorfall im Sekretariat und der Re-Akkreditierung eines Masterstudiengangs, was eine **Fokussierung ebenso erschwert** wie die Beantwortung der Frage, wieviel Ressourcen warum für welche Probleme investiert werden. Auch sind viele Personen aufgrund der **wechselnden Multikollektivität** (▶ Kap. I. 5.5) nur befristet oder vertretungsweise in einer für die Problemlösung wichtigen

Funktion, weswegen konsistente Meinungen und Verlässlichkeit im Hinblick auf Besprochenes Mangelware darstellen. Auch das **Commitment** vieler in der akademischen Selbstverwaltung tätigen Wissenschaftler:innen und der in Arbeitsgruppen oder interne Projekte entsandte Wissenschaftsmanager:innen ist oft begrenzt, da diese ihre »wahren« Aufgaben woanders verorten – z. B. in der Forschung oder ihrer Linienposition. Selten wird, wenn ein Verfahren mit bestimmten Personen gestartet wurde, dieses bis zum Ende mit diesen durchgehalten oder zu Beginn definiert, wie der Abschluss aussieht. Oft etwa werden Tagesordnungspunkte in bestehenden Gremien besprochen oder Gremien eingesetzt, ohne dass allen klar ist, wer wann eine Entscheidung darüber trifft. Gerne etwa erarbeiten Fachgruppen **Konzepte, Entwürfe und Vorschläge** – Was mit diesen passiert und inwiefern diese letztlich die Entscheidung beeinflussen, wird einem »ergebnisoffenen Diskurs« überantwortet, der die Herausforderungen einer Expert:innen-Organisation teilt: Der Fortgang hängt stark vom **Engagement einzelner Personen** ab, deren Expertise und Stellung innerhalb der Wissenschaftsorganisation wie deren Eigeninteresse. Oft haben diese ihre eigenen Themen als Agenda in der Hinterhand, die dann in das Gewand des aktuellen Problems gekleidet aufgewärmt werden. Verstärkt wird dies durch die spezifische **Governance-Struktur von Wissenschaftsorganisationen** (▶ Kap. I. 5.4), wenn beispielsweise die Professor:innenschaft im Hochschulsenat eine strittige Frage debattiert, die selbst in einigen Fakultäten unterschiedlich gesehen wird und so das zu lösende Problem zwar auf einer Ebene besprochen wird, es sich aber auf mehreren Ebenen auswirkt.

Methodisch werden **Lösungsfindungswege aus der Wissenschafts-** auf die **Managementebene** übertragen, wo Lösungen stets vorläufig als eine von vielen denkbaren Möglichkeiten, als Anregung hin zu tieferen Analysen oder als Ansatzpunkt, damit zusammenhängende weitergehenden Fragestellungen aufzuwerfen und noch mehr Wahlmöglichkeiten zu finden, angesehen werden. Manche Gremien- oder Arbeitsgruppensitzungen thematisieren daher **viel Kontext**, z. T. auch weil Pluralität, Diversität und Heterogenität per se als Bereicherung gesehen werden, obwohl sie ab einem bestimmten Diskussionszeitpunkt eher hinderlich sind. Überlange Sitzungsdauer, verklausulierte Protokolle und viele unterschiedliche (Rand-)Themen offenbaren dies in der Sitzungspraxis und wecken allenfalls den Eindruck, dort finde ein gesteuerter Problemlösungsfortschritt statt. Stattdessen aber zeigt diese Geschäftigkeit selbst engagierten Wissenschaftsmanager:innen und Funktionsträger:innen der akademischen Selbstverwaltung, dass die eigene Wirksamkeit oft in keiner Relation zum persönlichen Einsatz steht.

Auch inhaltlich ist die **Qualität der gefundenen Lösungen** oft fraglich, z. B. weil im Fachbereichsrat keine Verzahnung mit den Lösungen anderer Fakultäten mitgedacht wird oder es nicht zur übergeordneten Strategie der Wissenschaftsorganisation passt, wenn etwa diese die umstrittene Employability aller Studiengänge großschreibt und ein Institut selbige als Praxisorientierung interpretiert, ein anderes im Sinne einer Berufsbefähigung deutet und ein weiteres auf anwendungsbezogenes Lernen fokussiert. Auch machen es **diametrale Prämissen auf der Metaebene**, deren Verhältnis zueinander offen ist, auf der Problemlösungsebene nicht gerade einfacher handhabbar, so etwa die Frage wie Forschungs- und Lehraufwand zueinander stehen, wie sich in der Forschung Generalisierung zu Spezialisierung verhält oder Exzellenz gegenüber einem breiten Bildungsauftrag.

Aus derart **unklaren Entscheidungswegen** resultieren sehr viele »**weiche Entscheidungen**«, wenn beispielsweise die Forschungsdepartments »auf die Grundsätze der zentral ausgearbeiteten QM-Standards zurückgreifen sollen«. Manchmal ist dies eine Folge von entgegengesetzten Vorschlägen von hoch angesehenen Personen, damit die vermeintlich Unterlegenen nicht im Verborgenen objektiv gegen die Entscheidung arbeiten und subjektiv ihr Gesicht wahren können (»Face Saving«). Somit existieren in die eine oder andere Richtung **auslegungsfähige Beschlüsse, Abstimmungen und Statements** oder solche, denen **keine Umsetzungsmaßnahmen, Ressourcen oder Verantwortlichkeiten** zugeordnet sind. Vergleichbar mit einem Papierkorb, in dem ausgedruckte Erstversionen wissenschaftlicher Beiträge oder handschriftlich lektorierte Studienarbeiten zusammengeknüllt landen, muss daraus oftmals etwas als Ersatz für eine verbindliche Entscheidung herhalten (»Garbage Can Decision Process«). Harte Entscheidungen ergeben sich hingegen zumeist nur als **Notreaktion auf eine Krisensituation** und greifen auf Bekanntes zurück, etwa durch das Herunterfahren der Heizung in Forschungslaboren aufgrund einer ad hoc einsetzenden Energiekrise. Der geflügelte, aber letztlich falsche Satz »*Entscheiden heißt Möglichkeiten zerstören*« schwebt wie ein Damoklesschwert über allem. Schließlich mag niemand als Zerstörer:in im Kolleg:innen-Kreis gelten.

> **Reflexionsübung**
>
> - Welche Entscheidungsprozesse kennen Sie aus Ihrem konkreten Arbeitskontext?
> - Welche davon folgen einer eher rationalen, logisch-strukturierten und planbaren Logik, welcher eher dem Garbage Can Decision Process?
> - Welche Ursachen dafür sehen oder vermuten Sie in den einen und welche in den anderen Fällen in Ihrer Wissenschaftsorganisation bzw. Ihrer Organisationseinheit?

## 3.2 Gremien- und Meetingvorbereitung

Da die Qualität der akademischen Selbstverwaltung stark von den Expert:innen selbst abhängt (▶ Kap. I. 5.3), kann man unterschiedliche »**Selbstverwaltungstypen**« unterscheiden:

- Kaum existent sind die »**Verweigerer:innen**«: Diese besitzen kein eigenes Selbstverwaltungsengagement und tun nur das Nötigste, was ihnen als zur Position gehörig angetragen wird (z. B. die Wahrnehmung rotierender (Pro-)Dekan:innen-Funktionen).

- Selten sind die »**Wissenschaftsmanagenden**«: Diese haben sich gänzlich einer professionellen akademischen Selbstverwaltung verschrieben, streben dauerhaft eine Wiederwahl von Leitungsfunktionen an und forschen kaum noch (z. B. als (Vize-)Präsident:innen, (Vize-)Rektor:innen, Dekanatsgeschäftsführer:innen oder Leiter:innen von Zentren).
- Gelegentlich finden sich die »**Zurückhaltenden**«: Sie beschränken sich in der Regel auf die akademische Selbstverwaltung des eigenen Wissenschaftsbereichs und nur punktuell auf übergreifender Ebene oder auf Ebene der Wissenschaftsorganisation, z. B. Studienprogrammleitungen, Mitglied von Fachbereichsräten oder Prüfungsausschüssen.
- Dominierend sind die »**Pflichtbewussten**«: Diese klagen über die Belastungen und äußern den Wunsch, sich aus der akademischen Selbstverwaltung am liebsten zurückzuziehen, erkennen dennoch die Notwendigkeit an, dass die Steuerung der Hochschule weitgehend in den Händen derjenigen liegen sollte, die Forschung und Lehre ausrichten und besitzen eine Verantwortung gegenüber dem System.

Gemeinhin wenden Wissenschaftler:innen etwa ein Drittel ihrer Zeit für Aufgaben außerhalb von Forschung und Lehre auf. Fast alle waren schon einmal in **hochschulischen Gremien aktiv**, davon die Hälfte auf der zentralen Leitungsebene der jeweiligen Wissenschaftsorganisation. Ebenso fast alle sprechen sich zwar einen **Einfluss auf fachlicher und administrativer Ebene** zu, eng mit der Wahrnehmung verknüpft, die Ausrichtung des eigenen Wissenschaftsbereichs dadurch mitgestalten zu können. Bemängelt werden aber oft eine **fehlende Wertschätzung von Kollegialität** bei Entscheidungsprozessen, eine **mangelnde Beteiligung an der Gestaltung** der Wissenschaftsorganisation und eine **ineffektive Steuerung** auf der Ebene von Fachbereichen, Departments oder Forschungsprojektleitungen.

Somit leidet die akademische Selbstverwaltung mitnichten an einem grundsätzlichen Desinteresse der Akteur:innen, sondern eher an einem ineffizienten Arbeitsmodus, der viel persönliche Energie verlangt, aber nur wenig Wirksamkeit verspricht.

### Reflexionsübung

- Welche Gremien und Funktionen aus der akademischen Selbstverwaltung sind Ihnen aus Ihrer eigenen Wissenschaftsorganisation oder Ihrer Organisationseinheit bekannt?
- Welche der o. g. Selbstverwaltungstypen kommen Ihnen bekannt vor?
- Welche der Selbsteinschätzungen der Akteuer:innen können Sie anhand welcher konkreten Beispiele nachempfinden?

**Dar. 34:** Selbstverwaltungstypen

Akademische Selbstverwaltung und Wissenschaftsmanagement hängen eng zusammen, denn beide dienen vornehmlich dazu, die **Wissenschaftsorganisation bei ihrer Selbstorganisation** zu unterstützen. Wichtige Entscheidungen zu Forschung, Lehre, Studium und Management werden grundsätzlich jedoch nicht von Wissenschaftsmanager:innen getroffen, sondern entweder von den gewählten Ämtern wie etwa Dekan:innen oder Präsident:innen und vor allem in den zentralen und dezentralen Gremien. Die wichtigsten **Gremien an einer Hochschule** sind beispielsweise Hochschulrat, Senat, Rektorat und Fakultätsräte, die vorrangig für die strategischen und hochschulpolitischen Beratungen und Entscheidungen verantwortlich zeichnen. Eher operativer Art sind etwa Studien- und Prüfungskommissionen oder Institutsräte. Daneben gibt es zahlreiche Ausschüsse, Beiräte und Kommissionen mit meist lediglich beratender Funktion. Gerade in Wissenschaftsorganisationen bietet sich die **Organisations- und Arbeitsweise** in Form von Gremien an, die Expert:innen zu Online- oder Präsenzsitzungen in regelmäßigen Abständen zusammenführt. Der gleichen Idee liegen Jour Fixes in Organisationseinheiten, Projektmeetings oder Arbeitsgruppentreffen im Wissenschaftsmanagement zugrunde, wenn diese auch mit reinen Managementfunktionen und nicht als struktureller Teil der öffentlich-rechtlichen Selbstverwaltung ge- bzw. bedacht sind. Oftmals sind Wissenschaftsmanager:innen für die **Organisation und Begleitung von Meetings** aller Art in Wissenschaftsorganisationen verantwortlich, sind als Management-Expert:innen beratender oder gewählter Teil davon oder üben zumindest großen Einfluss auf sowohl das **Meetingergebnis wie auch den Meetingverlauf** aus.

Bereits bei der **Planung und Vorbereitung** von Gremiensitzungen und Meetings wird an Wissenschaftsorganisationen vergleichsweise viel Wert auf die zu besprechenden Inhalte gelegt, jedoch kaum auf das Setting, die Struktur und den zeitlichen Ablauf sowie die Ziel- und Ergebniserreichung. Zumal viele Gremiensitzungen gesetzlich vorgeschrieben sind, kann gemeinhin niemand über fehlende oder zu wenige Sitzungen klagen, weswegen folgende zwei Leitfragen vor der Anberaumung stets gestellt werden sollten:

- Brauchen wir unbedingt ein Setting, wo alle zur selben Zeit anwesend sein müssen und mit Terminkollisionen bzw. -abstimmungen zu kämpfen haben? **(Zeitkomponente)**
- Brauchen wir unbedingt ein Setting in Präsenz vor Ort, wo alle zusätzlich mit kostenaufwendigen Anreisen und langen Transportwegen zu kämpfen haben? **(Raumkomponente)**

Die erste Frage zielt im Kern darauf ab, ob eine synchrone oder asynchrone Kommunikation der Gruppe vorteilhafter ist. Bei **synchroner Kommunikation** kommunizieren Sender:in und Empfänger:in einer Botschaft unter gleichzeitiger Anwesenheit wie z. B. in einer klassischen Sitzung. Bei **asynchroner Kommunikation** hingegen beschäftigen sich der bzw. die Empfänger:innen mit der Botschaft zu einem individuell gewählten Zeitpunkt wie z. B. bei einer Terminabfrage bei allen Teilnehmer:innen. Auch ist dies der Fall, wenn Beschlüsse gefasst werden müssen und dies auf schriftlichem bzw. elektronischem Wege geschieht (»Umlaufverfahren«). Beide Kategorien nähern sich dann einander an, wenn zwar keine Gleichzeitigkeit vorliegt, das Kommunikationssetting jedoch einen bestimmten Zeitrahmen vorgibt.

Asynchrone und synchrone Kommunikation haben jeweils ihre **Vor- und Nachteile**. Gerade in Zeiten hohen Abstimmungsbedarfs oder bei vielen unterschiedlicher Aufgaben erweist sich asynchrone Kommunikation oft als zeitlich flexibler und meist besser mit der persönlichen Arbeitsweise und der individuellen Selbstorganisation vereinbar. Schließlich ist es den Sender:innen egal, ob jemand zuhause die E-Mail am ruhigen Wochenende beantwortet oder ein Teammitglied eher als Frühaufsteher:in die Recherchearbeit macht (»Chronotyp Lerche«) oder spät abends bei der Problemlösung (»Chronotyp Eule«) produktiv wird. Anders als bei synchroner Kommunikation bedeutet dies aber ebenso, dass man sich **asynchron selbst auf dem Laufenden** hält, hochgeladene Dokumente studiert, E-Mail-Stände miteinander vergleicht oder Messenger-Kanäle so einstellt, dass man einerseits weder überflutet wird noch für sich selbst Wichtiges nicht übersieht. Ferner kann im Falle des gesprochenen und im Nachhinein verschriftlichten Wortes wie etwa über ein Ergebnisprotokoll die **Information verkürzt, weggelassen, lückenhaft kommentiert oder subjektiv »geframt«** werden. Hinzu kommt zuletzt, dass asynchrone Kommunikation stärker **technikgetrieben** und damit auch technikabhängig ist. Auch Interpretationshilfsmittel wie **Gestik und Mimik oder die unmittelbare Reaktion** der anderen fallen weg.

Je **einfacher, klarer, einvernehmlicher und/oder emotionsloser** ein Thema ist, desto eher eignet es sich für asynchrone Kommunikation. Die reine Präsentation des aktuellen Standes der Vollzeitäquivalente am Institut oder die Informationen über den neuesten Stand der Curricular-Entwicklung für den neuen Universitätslehrgang am Fachbereich etwa fallen darunter. Dies kann etwa als Vorbereitung distributiert, aufbereitet und vorab allen zur Verfügung gestellt werden, die dies für das kommende Meeting wissen sollten. Hingegen je **komplexer, interpretationsfähiger, konfliktträchtiger oder emotionaler** ein Thema ist, desto eher ist es der synchronen Kommunikation vorbehalten. Auch gehören solche Fälle dazu, wo schlicht erst eine bestehende Kontroverse entschieden oder gemeinsam kreativ Ideen gesammelt werden sollten.

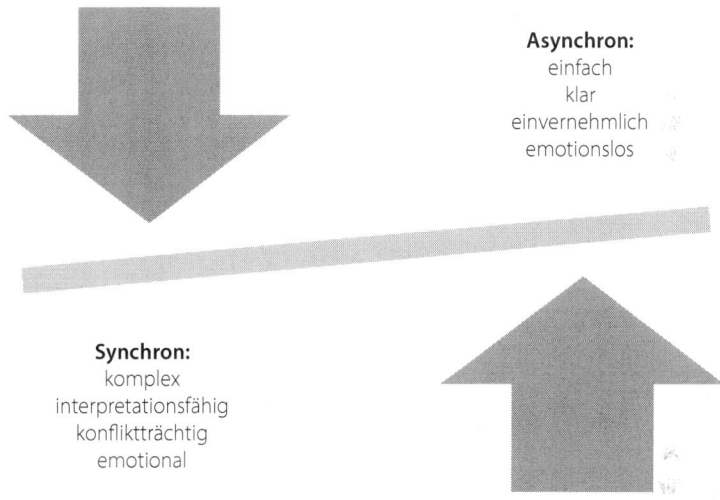

**Dar. 35:** Synchrone und asynchrone Kommunikation

Der Vorteil synchroner Kommunikation, dass man buchstäblich die Fragezeichen in den Köpfen sehen kann, hat nicht allein eine sachliche Ebene. Vielmehr kann etwa die **natürliche Gesprächsentwicklung**, der **Verlauf der argumentativen Verhandlung** und auch eine **gewünschte Nähe** durch Gleichzeitigkeit hergestellt werden. Zuletzt geht es bei der synchronen Kommunikation auch um **Symbolik, Repräsentation und (Selbst-)Darstellung**. Es gilt daher der Grundsatz »**Asynchron first!**« – eingeschränkt durch die oben geschilderten Rahmenbedingungen.

> **Reflexionsübung**
>
> - Welche Fälle kennen Sie aus Ihrem konkreten Arbeitskontext, wo asynchrone Kommunikation gewählt aber synchrone sinnvoller gewesen wäre und bei welchen war es genau umgekehrt?
> - Welche weiteren Argumente für oder gegen Synchronität bzw. Asynchronität in puncto Planung und Vorbereitung von Gremiensitzungen und Meetings fallen Ihnen ein?

Hat man sich für Synchronizität entschieden, kommt die zweite Frage ins Spiel: Online oder persönlich vor Ort? Während für Online-Meetings oft die größere Praktikabilität ins Feld geführt wird, kann daneben jedoch der **Spaß am kritischen Disput** und der direkte Austausch leiden, da die **unmittelbare Rückkopplung eine kommunikative Nähe und Geschwindigkeit** voraussetzt. Zudem sollten versteckte Ressourceneinsätze für das Funktionieren der Online-Kommunikation wie das Einstellen der Technik, die Suche nach einem ruhigen Raum mit schnellem Internet, die Vorbereitung von einsetzbaren Apps im Online-Meeting und auch die **Kompetenz zu einer effizienten Online-Moderation** nicht unterschätzt werden, nur weil diese selten für alle im Meeting selbst sichtbar sind. Will man ein im Remote-Modus arbeitendes Team **menschlich wieder näher zusammenbringen** oder aber **Konfliktparteien** »an einen Tisch bringen«, eignen sich Präsenzsitzungen vor Ort besser. Gerade **inoffizielle Anlässe** zum Beziehungsaufbau und zur Festigung von Vertrauen für die kollaborative Zusammenarbeit im Nachgang zur Kommunikation fallen bei reinen Online-Meetings weg (▶ Kap. III. 1.4). Zuletzt kann auch die **individuelle Zusammensetzung der Meeting-Teilnehmer:innen** die Frage mitbestimmen, ob online oder vor Ort für das Team besser ist. So tendieren regelmäßig Personen zwischen 30 und 50 Jahren eher zu Online-Meetings während die Übrigen ein Treffen vor Ort besser bewerten, zudem gibt es eine leichte Tendenz von weiblichen gegenüber männlichen Teilnehmer:innen hin zu Online-Formaten und selbst der Bildungsgrad der Teilnehmer:innen macht etwas aus: je höher desto eher online. Hier gilt, allerdings eingeschränkt durch die beschriebenen Rahmenbedingungen der Grundsatz »**Online first!**«.

> **Reflexionsübung**
>
> - Welche Vor- und Nachteile haben Sie bereits in Ihrem konkreten Arbeitskontext erfahren bezüglich Online-Meetings oder solchen vor Ort?
> - Werden die o. g. Argumente bei der Vorbereitung einfließen gelassen und falls nicht (immer), an welcher Stelle würden Sie dies mit welchen Worten tun?

Je mehr Ambiguität ein Thema birgt, desto reichhaltiger und gleichzeitiger sollten die gewählten Kommunikationsmedien sein (»**Media Richness – Synchronicity**

Theory«). So kennen viele etwa die häufig in Wissenschaftsorganisationen auftretende, überproportional genutzte E-Mail-Kommunikation, bei der gerne einmal mehrere Personen in Kopie genommen werden, damit man möglichst alle auf einmal kommunikativ »erschlägt«. Oftmals ist das Resultat, dass eine Person eine Nachfrage hat, andere darauf reagieren, dadurch neue Fragen aufkommen und das Ganze noch mit aktualisierten Anhängen etc. versehen wird. In diesem Fall scheint das gewählte Medium »nicht reichhaltig genug« zu sein, woraus sich Unsicherheiten und Interpretationsschwierigkeiten ergeben können (»**Oversimplification**«). Hingegen kann umgekehrt eine Ablenkung durch die Kommunikationstechnologie drohen, wenn das Medium »zu reichhaltig ist« wie etwa bei vielen Features einer Video-Conferencing-Plattform (»**Overcomplication**«).

Zur Vorbereitung eines konkreten Meetings gehört zunächst die **Definition von Kommunikationszielen**. Oftmals werden lediglich Inhalte in Form von Tagesordnungspunkten (TOP) bestimmt. »Diskussion neuer ERC Starting Grant«, »Beschlussfassung Ressourcenverteilung Bachelor« oder »Institutsweihnachtsfeier organisieren« sind beispielhafte TOP, beinhalten aber keinen Hinweis darauf, was am Ende nach der Diskussion und Entscheidung herauskommen soll. Dadurch wird nicht nur ein effizientes Sitzungsmanagement erschwert, sondern auch die Teilnehmer:innen nicht dahingehend motiviert, den Sinn der Sitzung und ihrer Bestandteile nachzuvollziehen. Kommunikationsziele helfen dabei, das Meeting zu strukturieren und zu zeigen, wozu und in welcher Form die Ergebnisse der Kommunikation gebraucht werden. Selten werden solche Kommunikationsergebnisse bzw. -ziele mit den Einladungen übermittelt, dabei könnte dies den Teilnehmer:innen enorm helfen, sich »gezielt« vorzubereiten.

Erst dann sollte eine **inhaltliche Sitzungsplanung** beginnen, die gerade in Wissenschaftsorganisationen oftmals durch **Redundanzen** gekennzeichnet ist, das frustiert so manche:n Sitzungsteilnehmer:in. Auch sind Hochschulsenate keine Superinstanzen, die etwa fakultäre Beschlüsse nochmals aufgreifen oder gar korrigieren und der Fachbereichsrat keine Legislativebene zu dem, was im Dekanat entschieden wurde. Vielmehr ist die akademische Selbstverwaltung nach einem System des institutionellen Gleichgewichts aufgebaut, was **Eingriffe in Zuständigkeiten oder Befugnisse** eines anderen Verwaltungsorgans untersagt. Im Hinblick auf die Gremienplanung bedeutet das, dass man sich (auch) über Aufträge, Diskussionsstände und ggf. Sitzungstermine anderer, sachverwandter Gremien informieren muss, um deren Arbeit nicht zu konterkarieren und die Sitzungsergebnisse sinnvoll in diesen Kontext einzupflegen – sei es auch nur rein terminlich.

Statt anschließend die inhaltlichen Punkte einfach hintereinander zu reihen, empfiehlt sich eine gewisse **Dramaturgie** des Sitzungsverlaufs:

Sitzungsbeginn

Man beginnt stets mit einer formellen **Begrüßung** und im Online-Fall mit zusätzlich einem kurzen Check-in, in dem jede:r einmal kurz das Wort haben sollte, um die räumliche Distanz zu überbrücken. Auch haben Glückwünsche oder kurze

Hinweise auf das Fehlen von Teilnehmer:innen ihren Platz in dieser Sitzungsphase. Handelt es sich um ein formales Gremium, gehört das Feststellen der **Beschlussfähigkeit** und ggf. der ordnungsgemäßen und fristgerechten **Ladung**, die **Genehmigung des Protokolls** der vorangegangenen Sitzung und die **Feststellung der Tagesordnung** mit hinzu. Es können Handreichungen oder ausgedruckte Beschlussvorlagen ausgeteilt werden, im Online-Falle mag eine kurze technische Einführung sinnvoll sein, was während der Sitzung von allen verwendet werden soll. Bei neu zusammentretenden Teilnehmer:innen ist auch das Aufstellen bzw. Anpassen von **kommunikativen Spielregeln** sinnvoll, um dies nicht immer erst anlässlich eines auftretenden Konfliktfalles tun zu müssen. Das kann – immer schriftlich – in Form einer **Geschäftsordnung** oder aber schlicht durch kurze Diskussion der wichtigsten **Kommunikationsprinzipien** auf einem externen, digitalen Whiteboard erfolgen.

Sitzungsmitte

Da rein informatorische Punkte bestenfalls asynchron aus- bzw. vorverlagert wurden, kann man im Meeting darauf verweisen. Keinesfalls sollten diese wiederholt oder zusammengefasst werden, weil einige Teilnehmer:innen sich nicht vorbereitet haben. Dies bestraft und demotiviert diejenigen, die sich dafür vorher Zeit genommen haben und konterkariert die Sitzungsplanung.

**Beratungen, Diskussionen und Entscheidungen** nehmen den größten Raum dieses Teils ein. Das können etwa Anhörungen im Berufungsverfahren, der Austausch von Meinungsbildern zu Entscheidungen anderer Stellen oder die Diskussion von Missständen, Problemen und Herausforderungen sein. Hier empfiehlt sich ggf. eine Aufbereitung von Daten, eine Zusammenstellung von Unterlagen oder auch konkrete Lösungsvorschläge mit Alternativenbewertung. Ferner sind eventuell bekannte oder zu erwartende **Spieltaktiken** etwa in Form von »Demo-Bürokratisierung« (▶ Kap. III. 1.3) bei der Vorbereitung zu berücksichtigen.

Falls klar ist, dass bestimmte Themen der Mehrheit wichtiger sind als andere, sollten sie **zeitlich vorgezogen** und nicht erst später beraten werden. Allenthalben angewandte **Sitzungstaktiken** wie konfliktreiche Punkte mit wenig Einigungs- und viel Diskussionspotenzial bewusst nach hinten zu stellen, in der vagen Hoffnung, dass die meisten Teilnehmer:innen schon Kraft des langen Sitzungsverlaufs argumentationsmüde sind, schlicht (irgend-)ein Ergebnis haben wollen und daher kompromissbereiter sind, gehen erfahrungsgemäß zumeist daneben.

Die Unsitte, einen letzten Tagesordnungspunkt »**Verschiedenes**« einzuplanen, öffnet nicht nur das Einfallstor für jedes noch so abwegige Thema. Es ist vielmehr respektlos gegenüber der Zeit der anderen Teilnehmer:innen, die für ein fokussiertes und effizientes Meeting noch bestraft werden anstatt die Sitzung früher zu schließen, sollte alles abgearbeitet sein. Dies zeigt zudem, dass die Sitzungsleitung sich selbst nicht im Klaren ist, welche Themen anstehen und wie die knappen Zeitressourcen aufgeteilt werden sollen.

## Sitzungsende

»Wie man zusammengekommen ist, so geht man aus auseinander!«, heißt es. Dies gilt gerade in Fällen anstrengender Sitzungen. Daher endet ein Meeting stets mit einer formellen Feststellung des **Abschlusses** und im Online-Fall mit zusätzlich einem kurzen Check-out, in dem jede:r einmal kurz das letzte Wort erteilt bekommen sollte. Keinesfalls sollte dieser Punkt aus Zeitgründen weggelassen werden. Man kann vor Beendigung ein kurzes Resümee über die Kommunikationsergebnisse ziehen, ggf. einen kurzen Ausblick auf das nächste Meeting geben. Zuletzt sollte Zeit für den **Dank an die Teilnehmer:innen** für deren Beiträge und ggf. die Übernahme von prozeduralen Sitzungsrollen eingeplant sein.

Zeitgleich zur inhaltlichen Sitzungsplanung sind die Längen der einzelnen Tagesordnungspunkte zu schätzen und zu berechnen, ob diese überhaupt in die veranschlagte Gesamtsitzungszeit hineinpassen (»**Timeboxing**«). Dabei kann es vorkommen, dass bestimmte inhaltliche Punkte verkürzt oder ganz herausgenommen werden müssen. Auch hier zeigt die anschließende Kommunikation der geschätzten Längen über die Einladung zum Meeting oder spätestens zu Sitzungsbeginn nicht nur, dass die Dramaturgie praktisch durchdacht ist, sondern kann den anderen Teilnehmer:innen z. B. bei einem länger veranschlagten Zeitkontingent indirekt Aufschluss über Wichtigkeit und/oder Kontroversität geben. Zuletzt fokussieren die Teilnehmer:innen sich selbst besser auf ein Thema und begrenzen ihre Redebeiträge eher zugunsten der anderen durch Timeboxing. Sowohl bezogen auf die individuelle Terminplanung wie auch bezogen auf die Aufmerksamkeit der Teilnehmer:innen zeigt die Erfahrung, dass bei »Mammutsitzungen«, die online weit über 90 Minuten und vor Ort weit über 120 Minuten hinausgehen, die Qualität rapide abnimmt. Sehr viele und lange Tagesordnungspunkte sollten daher nicht zu längeren Gesamtsitzungszeiten führen, sondern allenfalls zu mehr asynchroner Kommunikation oder notfalls einem Follow-up-Meeting.

Zuletzt ist festzulegen, **in welcher Funktion** bestimmte Personen teilnehmen. Es mag für viele Teilnehmer:innen mental einen Unterschied machen, ob etwa die Leitung der Rechtsabteilung anlässlich einer abstrakten Rechtsfrage als »beratende:r Sachverständige:r« hinzugezogen wird oder bereits ein intern laufendes rechtliches Verfahren begleitet und darüber informiert. Auch kann ein als Gast aufgeführtes Präsidiumsmitglied in der Funktion als ressourcenverantwortliche:r Geldgeber:r auftreten und damit das Verhalten der anderen beeinflussen. Gerade bei der wechselnden Multikollektivität in Expert:innen-Organisationen (▶ Kap. I. 5.5) führen solche zusätzlich hinzugezogenen Gäste oder sonstige Stakeholder gerne dazu, unnötige Spekulationen oder fehlgeleitete Erwartungen bei den sonstigen Teilnehmer:innen anzuregen, klärt man dies nicht mithilfe der Funktion auf.

---

**Reflexionsübung**

- Welche positiven oder negativen Erfahrungen die Sitzungsvorbereitung betreffend haben Sie in Ihrem konkreten Arbeitskontext bislang gemacht?

- An welchen Gremiensitzungen oder sonstigen Meetings haben Sie in Ihrer Wissenschaftsorganisation in jeweils welcher Funktion teilgenommen?
- Brainstormen Sie – gerne mit Kolleg:innen aus dem Wissenschaftsmanagement zusammen – die fünf wichtigsten Faktoren für eine gelungene Sitzung und die fünf absoluten No-Gos aus Ihrer Sicht!

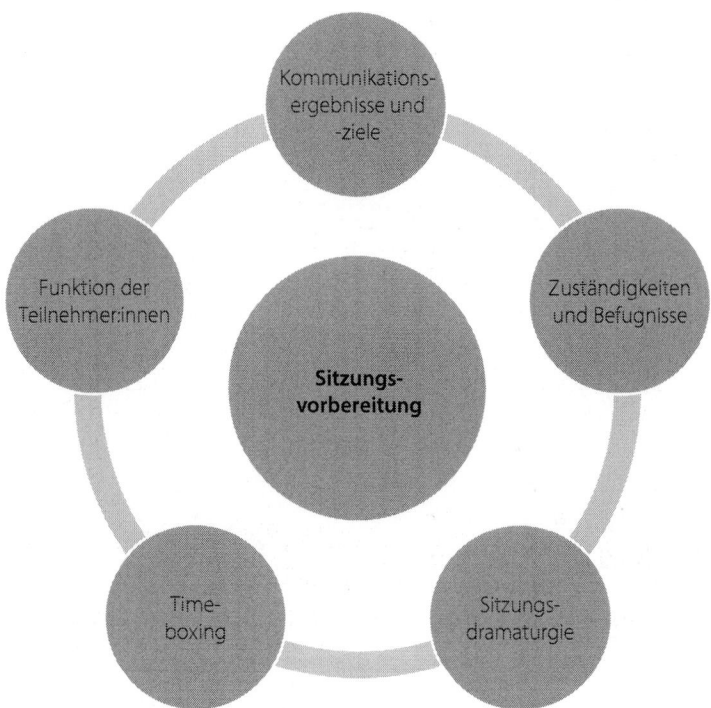

**Dar. 36:** Sitzungsvorbereitung

## 3.3 Sitzungen steuern

Beginnt die Sitzung dann tatsächlich, sollte die **Begrüßung nicht als Höflichkeitsfloskel** missverstanden werden. »*Es gibt für fast alles eine zweite Chance, nur für den ersten Eindruck nicht!*«, das gilt auch bei Sitzungen. Je nachdem, aus welchem herausfordernden Kontext ein:e Teilnehmer:in zuvor geradewegs in die Sitzung gestolpert ist oder wie emotional jemand ein Sitzungsthema begleitet, hat dies Auswirkungen auf einen gelingenden Sitzungsverlauf. Den Teilnehmer:innen ist daher nicht nur respektvoll für die Zeit und ihr Engagement zu danken (▶ Kap. III. 3.1). Auch ist das **Gefühl der Wichtigkeit** gegenüber den Teilnehmer:innen zu artikulieren, um die Motivation zu erhöhen.

Sodann wollen die **prozeduralen Sitzungsrollen** geklärt werden, die nicht mit den inhaltlichen Funktionen der Teilnehmer:innen zu verwechseln sind (▶ Kap. III. 3.2). Diese dienen allein dazu, arbeitsteilig das kommunikative Setting so effizient wie möglich zu gestalten. Sehr häufig übernehmen bei formalen Gremien die jeweiligen Sitzungsleiter:innen oder bei Teammeetings die Vorgesetzen automatisch die Moderation. Sitzungsleitungen sind manchmal gesetzlich oder über Geschäftsordnungen definiert und Führungskräfte haben ebenso eine dienstrechtliche Funktion. Diese inhaltlichen Kategorien haben jedoch nichts mit den prozeduralen Sitzungsrollen zu tun. Eine gesonderte **Moderationsrolle** hat den Sinn, durch die Sitzung zu navigieren, den Sitzungsverlauf zu steuern und die Inhalte zusammenzufassen. Sie sorgt zugleich dafür, dass die Dramaturgie eingehalten wird bzw. wann vom Timeboxing abgewichen wird. Auch behält die Moderation im Blick, dass nicht einzelne Teilnehmer:innen, singuläre Sichtweisen oder situative Stimmungen die Gesamtsitzung negativ dominieren, sondern sich möglichst motivierte, aktive und vor allem noch unerfahrene Teilnehmer:innen aufgerufen sehen, sich in der Sitzung für die akademische Selbstverwaltung zu engagieren. In dieser Rolle nimmt sie sich selbst inhaltlich zurück und verhält sich in Diskussionen möglichst neutral. Neben dem Aufgreifen von Ideen, sucht die Moderation Kompromisse unter den Teilnehmer:innen zu schließen und Konflikte zu entschärfen. Die Moderationsrolle beinhaltet zuletzt, dass nicht nur »über« etwas gesprochen wird, sondern auf **Kommunikationsziele** hingearbeitet wird (▶ Kap. III. 3.2). Da die Sitzungsleitung sich demgegenüber zumeist auf Inhaltliches, Führungsagenden oder auch rechtliche Gesichtspunkte wie etwa formelle Anträge zur Geschäftsordnung zu konzentrieren hat, sollte sie die Moderationsrolle möglichst nie selbst übernehmen. Es sollte ein:e Teilnerhmer:in direkt vor dem Gremiumsitzungstermin angefragt werden, die Moderatiorenrolle kann vorab festgelegt werden oder **mittels Rotationsprinzip** vergeben werden. Letzteres hat den Vorteil, dass keine Außenwirkung bei den Teilnehmer:innen entsteht, die Sitzungsleitung oder die Führungskraft habe sich selbst eine »genehme« Moderation installiert.

Als weitere rotierbare Sitzungsrolle hat sich diejenige des **Timekeepings** etabliert, die schlicht die Uhr im Blick hat. Die Moderation kann dies – gerade dann, wenn es konfrontativer wird – schon einmal übersehen und freut sich über die disziplinierende Wirkung von »Zeitansagen«. Wichtig dabei ist, dass sowohl Sitzungsbeginn und -ende als auch das sonstige Timeboxing eingehalten werden. Andernfalls lernen die Teilnehmer:innen, dass man sich auf diese Regel nicht verlassen kann. Das Timekeeping setzt also keine Zeiteinheiten fest oder hinterfragt deren Taktung, sondern sorgt für die Einhaltung der Zeitvorgaben. Damit ist jedoch kein rein technisch-chronometrisches Ablesen gemeint; ein proaktives Timekeeping versteht diese Rolle als **ergänzende Zeitmoderation**.

Eine ebenfalls rotierbare Sitzungsrolle ist die der **Aufgabenanlegung**. Immer dann, wenn im Meeting Maßnahmen beschlossen werden oder jemand eine Tätigkeit übernimmt, geht es hier um die Frage: »*Wer macht was bis wann?*«, (▶ Kap. III. 2.1). Sie legt dies als Aufgabe an, so wie es vorab besprochen wurde (z. B. auf einem externen, digitalen Whiteboard, auf einer Pinnwand oder in einem Taskmanagement-System) und versendet diese spätestens nach Sitzungsende (z. B. per E-Mail oder über einen Messenger-Kanal). Dies dient nicht nur der **Erinnerungshilfe** für die betreffende Person, sondern auch der **Transparenz** über die Erledigung des gemeinsam Beschlossenen bzw. öffentlich Kundgegebenen.

Ein letzte wechselnde Sitzungsrolle ist die **Dokumentation**. In manchen formalen Gremien ist nach Sitzungsende ein Protokoll gefordert, was eine schwache Variante davon darstellt und oftmals auf Institutssekretär:innen, Fachbereichsassistent:innen oder studentische Hilfskräfte abgewälzt wird. Eine sinnvolle Dokumentation jedoch soll nicht nur vor langweiligen oder gar falschen Protokollen bewahren, sondern vor allem **während des laufenden Meetings** einen Mehrwert bieten. Dazu ist vorab zu klären, was wo dokumentiert wird. Auch ein Themen- und Ideenspeicher oder eine Sammlung offener Fragen sind möglich, damit bis zum nächsten Sitzungstermin nichts verloren geht. Auch dies kann im Online-Meeting auf einem externen, digitalen Whiteboard geschehen, in einem ins Intranet integrierten Dokument oder auf einem Flipchart im Sitzungsraum. Gerade bei Online-Meetings dient der **Visualisierungseffekt** dazu, die Aufmerksamkeit unter der Teilnehmer:innen besser aufrechtzuerhalten und schafft so bereits während der Sitzung eine Struktur zur Vereinfachung von komplexen Sachverhalten. Eine gute Dokumentation könnte sich vor diesem Hintergrund durch Verständlichkeit, Hervorhebungen, Überschriften, prägnante Stichworte und die Verwendung von Farben auszeichnen. Der Mehrwert dessen ist, dass nicht jemand im Nachgang allein zusätzliche Protokollierungsaufgaben erledigen muss, sondern die **mündliche Rede unmittelbar im Moment des Sprechens verschriftlicht** wird. Es wird zudem erreicht, dass **das Besprochene unmittelbar überprüft** wird, da alle Teilnehmer:innen die Dokumentation mitlesen können.

### Reflexionsübung

- Welche Erfahrungen haben Sie mit »vermeintlich geborenen Moderator:innen« in Gestalt von Sitzungsleitungen und Führungskräften bislang gemacht?
- Welcher der angeführten prozeduralen Sitzungsrollen kennen Sie aus Ihrem konkreten Arbeitskontext und wie werden diese in der Sitzungspraxis »gelebt«?
- Welche weiteren denkbaren prozeduralen Sitzungsrollen fallen Ihnen ein und inwiefern würden diese Ihre Meetings verbessern?

Generell führen Sitzungsrollen dazu, dass durch die Rollenübernahme die jeweiligen Teilnehmer:innen stärker engagiert sind. Auch macht die Rotation Sitzungen **dynamischer und lebendiger**, wenn ich als Teilnehmer:in weiß, dass nächstes Mal ziemlich sicher jemand anderem die Rolle zufällt.

Bei der erstmaligen Anwendung von Sitzungsrollen in traditionelleren Hochschulsettings oder mit konservativerem, eher auf Statusdenken ausgerichteten Teilnehmer:innen sollte deren Sinn erklärt und für eine **Sensibilisierung** gesorgt

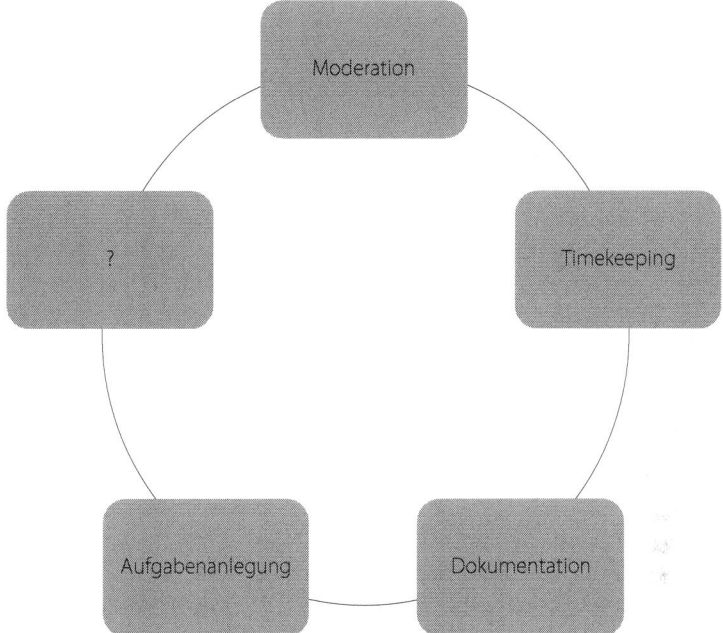

**Dar. 37:** Prozedurale Sitzungsrollen

werden. Auch tun sich manche Teinehmer:innen mit einigen Rollen schwerer als andere, gelegentlich hängt es von der Tagesform oder der Gruppendynamik ab, wie die Ausgestaltung einer Sitzungsrolle wahrgenommen wird. Rollen begründen **keine Ansprüche oder feste Positionen**, sondern dienen nur temporär begrenzt einem Zweck. Auch hier ist an den Lernaspekt gerade in Wissenschaftsorganisationen zu appellieren und unerfahrenen Rolleninhaber:innen die Chance zur Weiterentwicklung zu geben (▶ Kap. III. 1.2).

Während der Sitzung geht es vornehmlich darum, die Tagesordnungspunkte inhaltlich zu bearbeiten und Kommunikationsergebnisse bzw. -ziele zu erreichen – mithin ist der Anlass von Gremien und Meetings in einer Wissenschafts- als Arbeitsorganisation (▶ Kap. I. 5.4) fast immer ein sachbezogener und das Setting **keine rein soziale Interaktion**. Dennoch betrifft gelungene Zusammenarbeit in Gruppen neben der Sach- immer auch die Wir- und die Ich-Ebene (»**themenzentrierte Interaktion**«). Während auf der Sachebene Informationen und Wissen dominieren, beinhalten die beiden zuletzt genannten Ebenen z. B. persönliche Verhaltensweisen und Interessen einzelner Personen sowie gegenseitige Spannungen wie Sympathien, Status und Macht (▶ Kap. III. 1.3). Das bedeutet nicht, dass man sich ständig vorrangig mit den individuellen Einflüssen oder der Gruppendynamik beschäftigen muss. Es sollte jedoch eine **Integration aller Ebenen in Balance zueinander** angestrebt werden.

Bei allen einsetzbaren **Moderationsmethoden** – etwa zur Ideengenerierung (z. B. Brainwriting und -walking statt -storming, Mindmapping oder Ideentürme), zur Maßnahmenplanung (z. B. eine Entscheidungsmatrix oder Problem-Analyse-Schemata) oder zur Reflexion (z. B. Blitzlichter, NUF-Tests oder Auswertungszielscheiben) – sollten diese vor der erstmaligen Anwendung **erklärt und dann direkt angewandt** werden. In Wissenschaftsorganisationen ist die Wahrscheinlichkeit groß, dass Teilnehmer:innen in ihrer Lehrendenfunktion dazu eine Meinung haben oder als Forscher:innen gerne vorab methodische Vor- und Nachteile analysieren würden. In einem Meeting jedoch führt dies selten weiter, d. h. zu einer ergebnisorientierten Entscheidung. Alle Methoden haben Stärken und Schwächen und es mag sein, dass deren Einsatz kontextual unpassend war oder die Methode schlicht falsch benutzt wurde. Nach deren Anwendung spricht man daher über eine konkrete Gruppenerfahrung, statt vorab zu theoretisieren. Eine gute Methodenauswahl in Gremien und Meetings beinhaltet meist dreierlei:

- etwas **Bekanntes**, um die Teilnehmer:innen nicht zu verschrecken.
- etwas **Neues**, um als Teilnehmer:innen dazulernen zu können.
- etwas **Überraschendes**, um die Neugier bei den Teilnehmer:innen zu wecken.

Da in Sitzungen von Wissenschaftsorganisationen **viel und gerne diskutiert** wird, kommt der Steuerung dessen eine besondere Wichtigkeit zu. Während man die eher unmotivierten oder leicht abgelenkten Teilnehmer:innen entweder durch direktes Ansprechen oder die Übernahme von Sitzungsrollen aktivieren kann, braucht es bei den gesprächigeren Teilnehmer:innen einen anderen Zugang. Keinesfalls sollte die Moderation der Versuchung erliegen, dies längere Zeit passiv zu verfolgen, um irgendwann zu fragen, wie man denn weiterverfahren solle. Ein **Antrag auf Vertagung** ist dann oft Ausdruck der Hilflosigkeit, was die Problematik lediglich auf die nächste Sitzung verschiebt statt löst. Eine Vertagung sollte die Ultima ratio sein. Dies gilt es von Moderationsseite frühzeitig zu erkennen und aktiv gegenzusteuern. Man kann auch zusätzlich auf die zuvor etablierten **Kommunikationsprinzipien** verweisen (▶ Kap. III. 3.2) und anbieten, die noch offenen Punkte oder Nebenthemen asynchron den anderen Teilnehmer:innen zur Verfügung zu stellen. Da dies oft weniger Relevanz besitzt, können alle selbst entscheiden, ob sie es lesen, zumal es den redseligeren Teilnehmer:innen aber ohnehin meist auf die **synchrone Aufmerksamkeit** ankommt.

Damit eine Diskussion nicht nur inhaltlich ausgewogen und befruchtend ist, sondern zu von allen nachhaltig akzeptierten Entscheidungen führt, ist es sinnvoll, die Teilnehmer:innen mit ihren teilweise stark voneinander abweichenden **Ansichten** (»Beziehungsebene«) in einer Diskussion von ihren jeweiligen **Interessenslagen** (»Sachebene«) zu trennen. Will man nun gemeinschaftlich an der Lösung des Problems knapper Ressourcen arbeiten, führt das Gegenüberstellen der **unterschiedlichen Positionen**, die bezogen werden, meist nicht weiter. Da meist alle recht gute Argumente auf unterschiedlichen Ebenen zur Stützung der eigenen Position auf ihrer Seite haben (»Was?«), versucht man sich stattdessen besser auf **Interessen zu konzentrieren** (»Warum?«): Was sind die hinter einer Position stehenden Bedürfnisse, die die Teilnehmer:innen befriedigt sehen wollen?

Hinter der Position »*Wir brauchen zwei zusätzliche Forschungsreferent:innen für den neuen Science-Cluster!*« etwa könnte das Interesse einer gelingen Projektkoordination stehen – dieses ist ggf. auch durch eine schlankeres, abgestimmtes Projektmanagement unter den Verbundpartner:innen zu erreichen. Ist hingegen das Interesse besserer Sichtbarkeit der Forschung durch die zusätzlichen Forschungsreferent:innen angestrebt, könnte dies auch durch zusätzliche Wissenschafts-PR gelingen. Hinter der Position »*Wir lehnen die neue Studienverwaltungssoftware ab!*« könnte beispielsweise das Interesse stecken, dass ein IT-Overflow für die Administration eines kleinen Instituts vermieden wird. Anders als bei Positionen, die selten alle gleichermaßen berücksichtigt werden können, besteht bei unterschiedlichen Interessen die Möglichkeit des Kompromisses, ohne dass jemand gewinnt und gleichzeitig jemand zwingend verlieren muss (»**Win-Win-Situation**«). Positionen der anderen kann man kritisch sehen oder ihnen gar ablehnend gegenüberstehen, während auf Bedürfnisse gestützte Interessen zunächst einmal von allen akzeptiert werden können. Die Konzentration darauf begünstigt demnach nicht nur die Verhandlung im Sinne einer **wertschätzenden Diskussionskultur**, sondern erleichtert die Suche nach Kompromissen, durch die nicht die jeweiligen Positionen, sondern Interessen berücksichtigt werden. »Faule Tricks«, das Ausspielen von formalen Machtbefugnissen, das Hinnehmen aus Gründen der Bequemlichkeit oder Scheinkompromisse, die das Problem nur oberflächlich zu lösen trachten, entgegnet man dadurch, indem man ausdrücklich abfragt, ob die angestrebte Einigung akzeptabel ist für alle im Hinblick auf die zuvor besprochenen Interessen.

> **Reflexionsübung**
>
> - In welchen Diskussions- bzw. Verhandlungssituationen in (Gremien-)Sitzungen haben Sie die Erfahrung gemacht, dass über Positionen statt über dahinterstehende Interessen gesprochen wurde?
> - Untersuchen Sie drei solcher Situationen und arbeiten Sie zu jeder Position mindestens zwei bis drei mögliche Interessen mit dazugehörigen Bedürfnissen stichwortartig heraus.
> - Mit welchen konkreten Formulierungen hätten Sie diese Situationen in der Moderationsrolle oder als Sitzungsleiter:in in Richtung einer interessensgeleiteten Diskussion bzw. Verhandlung gesteuert?

Kommt eine Einigung dennoch nicht auf dem Kompromissweg zustande, steht oftmals die **förmliche Abstimmung** als letzte Möglichkeit im Raum. Selbst dort, wo eine solche (z. B. von Gesetzes wegen) in einem formalen Gremium vorgesehen ist, sollte man vorher auf eine inhaltliche Übereinkunft hinarbeiten. Anders als etwa bei Wahlen, wo auch jeder Anschein vorheriger Absprachen vermieden werden sollte und ein Wahlgang Ausdruck anerkannter Wahlrechtsgrundsätze ist, produzieren förmliche Abstimmungen bei Sachentscheidungen fast immer Verlierer:innen. »Wahlverlier:innen« wissen, dass die Gewinner:innen nur temporäre

Vorzüge genießen, sie können erneut kandidieren oder sich für andere Ämter bewerben. Verlierer:innen bei tragenden, weitreichenden Sachentscheidungen hingegen müssen damit manchmal für sehr lange Zeit leben, entwickeln möglicherweise Widerstände dagegen; sie tolerieren Entscheidungen lediglich anstatt diese zu akzeptieren (»**Disagree & commit**«). Zusätzlich finden sich Stimmenmehrheiten oft denkbar knapp zusammen, weswegen die produzierten Verlierer:innen quantitativ nahezu die Hälfte der Teilnehmer:innen ausmachen können. Auch zählen abstimmungstechnisch Enthaltungen wie Nein-Stimmen, falls etwas positiv Umzusetzendes zur Abstimmung steht. Das unterstützt diejenigen, die lieber abwarten, statt etwas auszuprobieren, die leicht von anderen beeinflussbaren Verunsicherten und solche, die taktisch (aber nicht offensiv) blockieren wollen. Das Finden von Mehrheiten ist bei der Heterogenität und Autonomie an Expert:innen-Organisationen (▶ Kap. I. 5) noch herausfordernder als anderswo. Besser man geht vom impliziten Anspruch, möglichst alle von einer Sache zu überzeugen zu wollen (»Konsensprinzip«) weg und sucht hingegen den **geringsten Widerstand** (»Konsentprinzip«). Hierbei sollen nicht alle Gegenargumente entkräftet und sämtliche Teilnehmer:innen vollends »Feuer und Flamme« für etwas sein. Dies ist ohnehin selten die Praxis in Wissenschaftsorganisationen. Dahinter steht vielmehr die praktische Annahme, dass man immer noch etwas anders oder besser machen könnte und nie alle ganz zufrieden, aber die (Zeit-)Ressourcen begrenzt sind. Für eine positive Zustimmung im Sinne eines **Konsents** genügt bereits, dass keine schwerwiegenden und begründeten Einwände geäußert werden, was den Argumentationsaufwand auf diejenigen zurückverlagert, die zunächst lieber argwöhnen, misstrauen oder passiv agieren. Was in diesem Sinne »schwerwiegend« oder »begründet« meint, bleibt in der Praxis zumeist bedeutungslos. Falls sich Teilnehmer:innen daraufhin nämlich nicht äußern, sind diese nicht übergangen worden, sondern hatten ihre Gelegenheit. Falls sich Teilnehmer:innen hingegen äußern, stehen sie transparent in der argumentativen Auslage und können sich nicht hinter ihrer Passivität verstecken. Es haftet dem Konsentprinzip zwar tendenziell die Gefahr an, dass es diejenigen Teilnehmer:innen begünstigt, die sich in der behandelten Fachmaterie besser auskennen, die rhetorisch gewandter oder extrovertierter sind, um ad hoc schwerwiegende und begründete Einwände zu äußern. Dies ist durch asynchrone Informationsverteilung vorab oder die vorherige Einbeziehung und Aktivierung eher introvertierterer Teilnehmer:innen abzufedern, führt es doch insgesamt zu verbesserten, lösungsorientierteren und effizienteren Entscheidungsprozessen (▶ Kap. III. 3.2).

Ist bereits aus einer offenen Diskussion oder aufgrund von Vorerfahrungen mit Teilnehmer:innen heraus absehbar, dass viele derartige Einwände wahrscheinlich sind, kann man - ebenso widerstandsorientiert - zusätzlich oder alternativ die **Grade der Ablehnung quantitativ** erfassen. Dazu werden mehrere Lösungsvorschläge entworfen plus einer, der alles beibehält (»Passivlösung«) und nur kurz dargestellt, ohne ausführliche Diskussion darüber. Im Anschluss erhalten alle Teilnehmer:innen - entweder anonymisiert z. B. bei hohem Konfliktpotenzial oder öffentlich - die gleiche Anzahl von **Widerstandpunkten**, die sie frei auf einer

Skala von 0 (kein Einwand) bis 10 (völlig unakzeptabel) verteilen dürfen. Sind unter den Lösungsvorschlägen mit den wenigsten Widerstandspunkten immer noch viele, können diese herausgenommen und erneut nur dafür wiederum Widerstandpunkte vergeben werden, bis nur noch eine Option mit der geringsten Ablehnung übrigbleibt (»**systemisches Konsensieren**«). So können die Widerstände auch der Teilnehmer:innen, die bei der ersten Runde auf wenig Resonanz trafen, in den kommenden Runden weiterhin berücksichtigt und anschließend diskutiert werden.

**Reflexionsübung**

- In welchen Diskussions- bzw. Verhandlungssituationen in (Gremien-)Sitzungen könnten Sie das Konsentprinzip oder das systemische Konsensieren gewinnbringend einsetzen?
- Welche methodischen, rechtlichen oder zwischenmenschlichen Grenzen sehen Sie bei deren Einsatz?
- Welche anderen Entscheidungsprozesse fallen Ihnen ein, um (Gremien-)Sitzungen Ihrer Organisationseinheit bzw. Ihrer Wissenschaftsorganisation effizienter zu gestalten?

# IV   Wissenschafts- als Prozessmanagement

# 1 Arbeitsabläufe optimieren – vom Denken in Prozessen

## 1.1 Aufbau- und Ablauforganisation

Wissenschaftsorganisationen sind lose gekoppelte Arbeits- als Expert:innen-Organisationen mit lediglich einer lockeren vertikalen Verbindung von oben nach unten sowie den Besonderheiten nicht nur der drei Säulen Wissenschaft, Wissenschaftsverwaltung und Verwaltung, sondern zusätzlich der akademischen Selbstverwaltung als Strukturprinzip (▶ Kap. I. 5). Diese formal-statische Gliederung der Wissenschaftsorganisation in Stellen und Organisationseinheiten, in Säulen und Selbstorganisationselemente sowie Verantwortlich- und Zuständigkeiten (»**Aufbauorganisation**«) bildet jedoch lediglich den Rahmen, innerhalb dessen sich die Arbeit von Wissenschaftsmanager:innen abspielt. Wie Aufgaben bewältigt, Arbeitsschritte ausgeführt und Tätigkeiten koordiniert werden (»**Ablauforganisation**«), gibt dies weder vor noch ist es geeignet, dynamisch etwa auf die Bedürfnisse des jeweiligen Teams einzugehen, den aktuellen Kontext zu berücksichtigen oder Optimierungspotenzial schnell zu nutzen. So sollte etwa aufbauorganisatorisch eine gerade ausgegliederte Stabsstelle nicht sogleich wieder in eine Fachabteilung integriert oder eine neu geschaffene Position wieder gestrichen werden. Hingegen kann ablauforganisatorisch eine agile Arbeitsmethode ausprobiert und verfeinert werden, gleichgültig in welcher Organisationseinheit man sich befindet, oder Informationskanäle und -flüsse dürfen abgeändert werden, sollten diese sich als nicht effizient erweisen.

Neben der vorangehenden Überlegung, welche Aufgaben überhaupt erledigt werden sollen bzw. welche zur **Erreichung der strategischen und operativen Ziele** führen, spielen im Bereich der Ablaufplanung folgende Fragen eine zentrale Rolle:

- Welche Arbeitsschritte und Tätigkeiten sind von wem **notwendig**, um welche **Aufgaben** zu bewältigen?
- Welche **Ergebnisse** in welcher **Qualität** sollen dabei herauskommen?
- In welcher **Ab- oder Reihenfolge** sollten diese Arbeitsschritte und Tätigkeiten erledigt werden?
- Wie lange sollen bestimmte Arbeitsschritte und Tätigkeiten **dauern bzw. bis wann** bestimmte Ergebnisse vorliegen?
- Wer ist in welcher **Funktion bzw. Rolle** an welchen Arbeitsschritten und Tätigkeiten beteiligt?

- Welche **Schnittstellen** zwischen Menschen, Organisationseinheiten oder Organisationen gibt es?
- Was sollte von **Menschen**, was kann **automatisiert** bzw. maschinell übernommen werden?
- Welche Hilfs- und **Unterstützungstätigkeiten** sind dafür notwendig?
- Wie und wann werden welche **Informationen** weitergegeben?
- Welche Abfolgen von Tätigkeiten kommen **regelmäßig in der gleichen Art und Weise** vor und welche nicht?

**Reflexionsübung**

- Gehen Sie die o. g. Fragen für eine typische Arbeitswoche Ihres konkreten Arbeitskontextes durch und verschriftlichen Sie die Antworten stichwortartig.
- Clustern Sie anschließend diejenigen Antworten, die eine inhaltliche Nähe zueinander aufweisen, z. B., weil Arbeitsschritte und Tätigkeiten aufeinander aufbauen oder kumulativ auf ein bestimmtes Ergebnis hinauslaufen.
- Markieren Sie zuletzt solche Abfolgen von Arbeitsschritten und Tätigkeiten, die Sie der letzten o. g. Frage zuordnen.

Oftmals sind diese Fragen in Wissenschaftsorganisationen nicht hinreichend geklärt bzw. werden Arbeitsschritte und Tätigkeiten dann ausgeführt, wenn jemand – Wissenschaftler:innen oder Studierende, eine andere Organisationseinheit, ein:e Vorgesetzte:r – etwas konkret verlangt oder die Logik einer Aufgabenbewältigung dies schlicht diktiert (»**Pull-Prinzip**«). So werden Anfragen im Studienbüro dann bearbeitet, falls und nur insofern sie mündlich in der Sprechstunde oder schriftlich gestellt werden und die Hochschulleitung erhält ein kurzes schriftliches Fach-Briefing dann, wenn und soweit sie es als Vorbereitung auf die nächste Präsidiumssitzung benötigt. Dem Vorteil eines solchen Vorgehens, dass gezielt konkrete Aufträge abgearbeitet und keine unnötigen Tätigkeiten ausgeführt werden, stehen Nachteile gegenüber: Beispielhalber besitzen in kleineren Organisationseinheiten wie etwa Institutssekretariaten nur die wenigen ausführenden Personen eine Art **Geheimwissen**, welches nirgends oder nur sporadisch dokumentiert ist und auch nicht von außen hinterfragt werden kann – gerade bei starker **personaler Fluktuation** wie durch befristete Qualifikationsstellen, aushilfsweise tätigen studentischen Mitarbeiter:innen oder bei einer hohen Ausfallrate wegen Krankheiten oder Karenzierungen. Auch erschwert Arbeiten auf Zuruf eine **langfristige Zeit- und Ressourcenplanung** ebenso wie den **effizienten Mitarbeiter:innen-Einsatz** nebst der **organisationalen Resilienz** insbesondere in Krisensituationen. Zuletzt ist bei einem solchen Vorgehen die Führung ebenso erschwert wie das **Erkennen von Fehlern** und die Optimierung von Abläufen.

Gerade dann, wenn die Frage der Regelmäßigkeit und Gleichartigkeit bejaht wurde, es also um Abläufe, Arbeitsschritte und Tätigkeiten geht, die zu den **Kern-

**aufgaben** gehören und die sich sinnvoll **standardisieren und routinieren** lassen, kann Prozessmanagement helfen. Während die Ablauforganisation meist in Form von Organigrammen übersichtlich darstellbar ist, »halten sich« Prozesse daran nicht und verlaufen quer über Organisationseinheiten und Positionen hinweg, um am effektivsten und effizientesten die gewünschten Ergebnisse zu erbringen. So bedarf es beispielsweise für die Ausfertigung von akademischen Abschlussurkunden der Eintragung von Noten im Prüfungsamt, einer zu betreuenden Software zur Zusammenrechnung und Sicherung einer elektronischen Studienakte sowie eines amtlichen Siegels einer Fakultäts- oder Universitätskanzlei nebst der Unterschrift eines vertretungsberechtigten Organs wie etwa einer Studienprogrammleitung. An einigen Wissenschaftsorganisationen wird allenthalben zwar versucht, Prozessmanagement systematisch einzusetzen. Meist aber werden Prozesse mit Abläufen gleichgesetzt und die Prozesse werden nicht so dokumentiert, dass sie leicht verständlich sind und Lust darauf machen, sich an diesen zu orientieren. Vielmehr werden häufig **detailüberfrachtete Prozesshandbücher** unter großer Genauigkeit erstellt, dann selten wieder angeschaut, veralten und bestehen mangels Erkennbarkeit des konkreten Arbeitsnutzens als bürokratisches Nachschlagewerk neben dem tatsächlichen Arbeitsalltag statt diesen zu unterstützen.

## 1.2 Definition und Mehrwerte von Prozessen

Ein Prozess ist ganz allgemein die möglichst **einfache, kurze und transparente Beschreibung der Arbeitsschritte, die für die Durchführung von Aufgaben** nötig sind. Es ist keine Wissenschaft, die auf Exaktheit oder Vollständigkeit rekurriert, sondern muss sich vor allem für diejenigen »lohnen«, die an, in und mit diesen Prozessen arbeiten, und deren (Zusammen-)Arbeit erleichtern. Tut es das nicht, empfinden die Prozessbeteiligten dies als Frustration und ungerechtfertigtes Kontrollinstrument – oft zur täglichen Arbeitsbelastung hinzutretend.

Ein Prozess hat weder im rechtlichen Sinne etwas mit einem Gerichtsprozess oder mit einem geordneten Verwaltungsverfahren zu tun. Noch ist es die reine Auflistung von Tätigkeiten oder die Darstellung von Abläufen – Prozessmanagement ist ein Teil bzw. eine Möglichkeit von Ablaufplanung. Ein Prozess ist ein **geschlossener Arbeitsablauf, um einen bestimmten Zweck bzw. Nutzen** zu erreichen. Prozesse beinhalten zwar eine Zeitkategorie in dem Sinne, dass sie eine Abfolge von Aktivitäten und damit Abläufe enthalten. Sie besitzen aber darüber hinaus vorab definiert einen **Startpunkt** (»Prozessauslöser«), mindestens einen **Endpunkt** (»Prozessergebnis«) und einen **Zeitraum** (»Prozessdauer«). Ein Prozessauslöser kann z. B. die Antragstellung eines Studierenden auf ein Urlaubssemester sein oder der jährliche Beginn der Abgleichung der Einträge einer Forschungsdatenbank. Prozessergebnisse können etwa die Bewilligung und auch die Ablehnung des beantragten Urlaubssemesters sein oder die aktualisierten Forschungsdaten. Eine Prozessdauer kann im erstgenannten Fall z. B. zwei Stunden sein oder in letztgenannten eine Woche.

Prozesse legen fest, wie **Eingaben durch das systematische Abarbeiten einzelner Arbeitsschritte in Ergebnisse** umgewandelt werden (»Input-Output-Relation«). Zu einem Prozess gehört daher nicht nur eine Zeitkategorie, sondern ebenso die Antwort auf die Frage, was hineingesteckt wird und was am Ende herauskommt. Zur **Input-Seite** gehören typischerweise die Arbeitszeiten der Prozessbeteiligten und deren Bezahlung sowie gekauftes und benutztes Arbeitsmaterial für den jeweiligen Prozess. Zur **Output-Seite** gehört eine Ergebnisdefinition, die überprüft werden kann und Mindestqualitäten enthält (die rechtssichere Begründung eines Ablehnungsbescheides etwa oder eine Fehlerquote von unter 5 % bei der aktualisierten Forschungsdatenbank).

**Dar. 38:** Prozesszeit

Prozesse bilden damit die **Arbeitswirklichkeit modellhaft** ab, sind aber selten mit dieser identisch, sprich: ein Prozess möchte bestenfalls immer so durchgeführt werden, wie er standardisiert beschrieben wurde. Tatsächlich aber kann er länger oder kürzer dauern, erfordert mehr oder weniger Input oder kommt zu einer anderen Ergebnisqualität. Der Statistiker Georg Box soll dazu gesagt haben: »*Alle Modelle sind falsch, aber einige wenigstens nützlich!*« Prozesse sind somit ein **angestrebter Optimalzustand**, jedoch kein Idealzustand – soll heißen: Prozesse einzuhalten, ist eine oft herausfordernde, aber im gegebenen Kontext mögliche Anstrengung. Ressourcenknappheiten und die Rahmenbedingungen einer Expert:innen-Organisation (▶ Kap. I. 5) sind einzukalkulieren; »*es müsste doch*« oder »*es darf nicht*« sind keine sinnvollen Bezugspunkte für gelingendes Prozessmanagement. Statt idealiter von überhöhten Vorstellungen auszugehen, versucht Prozessmanagement somit, **realistisch das Bestmögliche herauszuholen** – nicht weniger, aber auch nicht mehr.

> **Reflexionsübung**
>
> - Welche Herausforderungen in der Ablauforganisation Ihres konkreten Arbeitskontextes erkennen Sie wieder?
> - Welches »Prozessmanagement« kennen Sie bereits aus Ihrer Wissenschaftsorganisation?
> - Enthalten die dortigen Prozesse alle o. g. Mindestbestandteile?

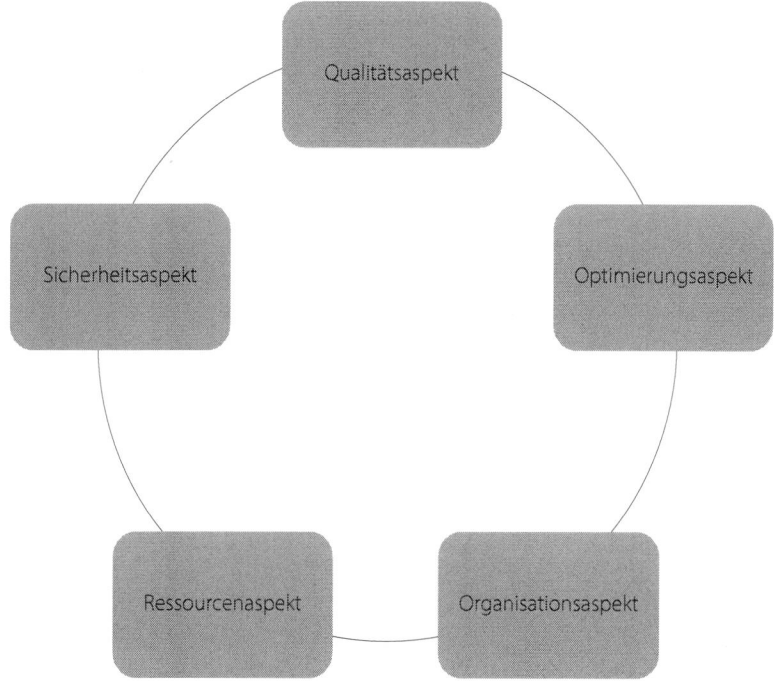

**Dar. 39:** Prozessaspekte

Prozessmanagement verlangt – gerade dann, wenn es neu implementiert wird – eine **Investition** sowohl im Umdenken für die Prozessbeteiligten als auch für die erstmalige Prozesserstellung. Wissenschaftsmanagement durch Prozesse bedarf eines konkreten Nutzens für Kund:innen, Prozessbeteiligte wie die Wissenschaftsorganisation bzw. die Organisationeinheit unter folgenden Aspekten:

- **Qualitätsaspekt**: Eine Standardisierung der Aufgabenerfüllung führt zu gleicher, personenunabhängiger Ergebnisqualität, die genauso überprüft werden kann wie die Prozessqualität.
- **Optimierungsaspekt**: Neue Mitarbeiter:innen wie Kolleg:innen sehen, was wann und warum getan wird, um mögliche Fehlerquellen, Inkonsistenzen oder Doppelarbeit zu beseitigen.
- **Organisationsaspekt**: Über die Prozessrollen können Aufgaben besser an die richtigen Organisationseinheiten, einzelnen Personen oder Teams zugeordnet werden. Durch das gemeinsame Arbeiten an Prozessen wird gegenseitiges Verständnis für das Tun der anderen, für das kollaborative Miteinander wie ein Rahmen für inhaltliche Diskussionen geschaffen.
- **Ressourcenaspekt**: Es wird transparent, welche Mittel benötigt werden, wo sie umverteilt, Synergien geschaffen und durch routiniertes Abarbeiten Ressourcen auf lange Sicht eingespart werden können.

- **Sicherheitsaspekt**: Es wird sichergestellt, dass normative Anforderungen an den Prozess erfüllt werden.

Diese Aspekte geben argumentativ nur **innerhalb der jeweiligen Arbeitskontexte** etwas für einen konkreten Nutzen her, was gemeinsam im Team der Prozessbeteiligten herauszuarbeiten statt von oben vorzugeben ist. Ohne diese **gemeinsame Basis für Prozessmanagement** wird es schwierig, die Motivation für nicht nur die Erstellung von einzelnen Prozessen oder die Entwicklung einer Prozessarchitektur (▶ Kap. IV. 2.1) zu gewinnen, sondern ebenso für die notwendige **Prozesspflege im Folgenden** aufrechtzuerhalten.

> **Reflexionsübung**
>
> - Welche der genannten Aspekte könnten innerhalb Ihres konkreten Arbeitskontextes die relevanten sein und weswegen?
> - Falls Sie sich ein kommunikatives Setting überlegen müssten, in welchem Sie dies gemeinsam mit den wichtigsten Prozessbeteiligten besprochen würden: Wie lange würden Sie es ansetzen, wie strukturieren und welche Tools und Methoden einsetzen?

# 2 Prozessarchitektur – die Übersicht behalten

## 2.1 Prozesslandkarten

Prozessmanagement kann auf unterschiedlichen Ebenen ansetzen und bedeutet mehr, als einzelne Prozesse festzulegen und diese zu managen. Oftmals greifen Prozesse ineinander, sind Teile von anderen Prozessen oder bauen aufeinander auf. Beispielsweise nimmt ein Prozess zur Durchführung einer Lehrveranstaltung Bezug zum korrespondierenden Prüfungsprozess, ein Peer-Review ist Teil eines größeren wissenschaftlichen Publikationsprozesses oder ein Rechnungslegungsprozess ist Vorbedingung für einen Prozess für Auszahlungen der universitären Finanzbuchhaltung. Manche Prozesse können sehr kurz, einfach und mit wenigen (oder gar nur einem bzw. einer) Prozessbeteiligten sein, andere sind lange, komplex und mit vielen Prozessbeteiligten.

So wie in der Aufbauorganisation ein Organigramm eine hierarchische **Über- bzw. Unterordnung** und **Beziehungen** zwischen einzelnen Organisationseinheiten und Positionen besitzt, wollen in der Ablauforganisation einzelne Prozesse nicht nebeneinandergestellt, sondern in sinnvollen Bezug zueinander gesetzt und in ein Prozesssystem eingeordnet werden (»**Prozessarchitektur**«). Dabei hat sich bewährt, von grober Prozessabstraktion hin zu Prozessdetails zu gehen – um sich einen ersten Überblick zu verschaffen und anschließend abzustimmen, welcher Detailierungsgrad wo nützt. Anders als bei der Aufbauorganisation ist es jedoch beim Prozessmanagement mitnichten so, dass immer das oberste Level das allgemeinere ist und die untersten Level die konkretesten, ebenso wenig wie Ebenen sich konsistent durch die Ablauforganisation ziehen und einander kategorial entsprechen müssen, wie in der Aufbauorganisation alle Fakultäten einer Wissenschaftsorganisation ähnlich aufgebaut sind oder Verwaltungsreferate eine annähernd gleichartige Gliederung aufweisen. Während Organigramme in der Aufbauorganisation bildlich gesprochen wie **gezüchtete Zierrosen im Garten** aussehen, ähneln Prozessarchitekturen in ihrer Visualisierung oft **wild gewachsenen Sträuchern im Wald**: Je nach der Nährstoffverteilung im Boden, konkurrierenden Nachbarpflanzen und Sonneneinstrahlung sind manche Prozesszweige dicht und andere abgestorben, einige mit bunten Blüten und prallen Früchten, andere hingegen bemoost oder längst überwuchert. Als die gröbste Form einer Prozessarchitektur hat sich eine grafische Übersicht etabliert, die zwischen **Kern-, Führungs- und Unterstützungsprozessen** unterscheidet (»Prozesslandkarte«).

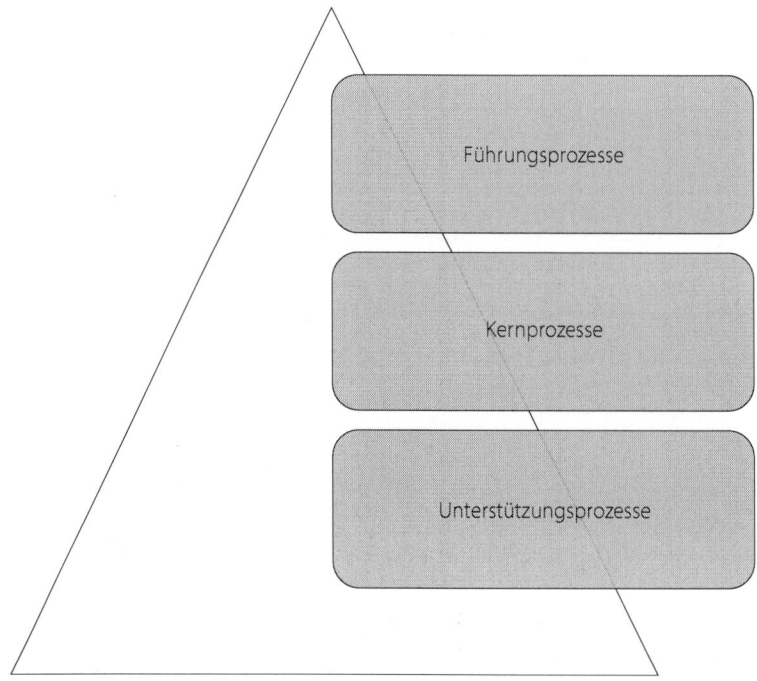

**Dar. 40:** Prozesskategorien

Die Kategorie der **Kernprozesse** steht dabei – nicht nur grafisch – im Zentrum und umfasst solcherlei Tätigkeiten, die **unmittelbar auf die Erfüllung von Kund:innen-Wünschen** gerichtet sind. Kund:innen sind etwa Studierende, deren Prüfungen administriert werden und Lehrveranstaltungen besuchen, Wissenschaftler:innen, deren Forschung ermöglicht und unterstützt wird, oder Unternehmen, mit denen zusammen anwendungsorientiertes Wissen in die Wirtschaft transferiert wird. Diese Prozesse haben einen stark **operativen** Fokus darauf, unmittelbar Wertschöpfung zu generieren durch Transformation von vorhandenen Gütern in solche von höherem Wert, etwa die Wissbegierde von Studierenden hin zu Lernkompetenzen oder einen Forschungsantrag zu Forschungsergebnissen. Letztlich beantworten Kernprozesse die Frage: »*Warum gibt es uns als Wissenschaftsorganisation bzw. Organisationseinheit?*«

Die **Führungsprozesse** haben den Zweck, Kernprozesse zu steuern und zu koordinieren, wie z. B. eine Strategiebildung innerhalb eines Forschungsclusters oder Zielvereinbarungen zwischen einer Hochschulleitung und einer akademischen Serviceeinrichtung (▶ Kap. II. 1). Statt unmittelbarer Wertschöpfung für Kund:innen werden vorwiegend Managementergebnisse erzielt wie etwa der formelle Beschluss eines universitären Selbstverwaltungsgremiums oder der interne Jahresrechnungsabschluss im akademischen Controlling. Diese Prozesse haben einen eher **strategischen** Fokus darauf, über einzelne Kernprozesse hinausgehend übergreifende Ziele zu entwickeln, Entscheidungen zu treffen oder Ressourcen aufzuteilen.

Die **Unterstützungsprozesse** haben zuletzt den Zweck, Kernprozesse zu unterstützen, ebenfalls ohne unmittelbare Wertschöpfung für Kund:innen. Anders als die Führungsprozesse nehmen sie dabei keine übergreifende Sicht ein, sondern beziehen sich auf einzelne Kernprozesse oder lediglich Teile davon. Solcherlei Prozesse haben einen eher **administrativen** Fokus darauf, Ergebnisse zu liefern, die für Kernprozesse notwendig sind, ohne die sie selbst sinnlos wären. So führt etwa die Reisekostenabrechnung einer wissenschaftlichen Konferenz nicht zu einem Forschungsfortschritt, dient aber u. a. dazu, Gelder verlässlich zuzuordnen und damit erst den Wissenschaftler:innen solches finanziell zu ermöglichen.

Alle drei Prozesskategorien sind notwendig und keine per se wichtiger als die andere im Prozessmanagement. Eine daraus entstehende **Prozesslandkarte soll eine möglichst vollständige Abbildung aller Prozesse** bieten.

> **Reflexionsübung**
>
> - Sammeln Sie – gerne mit Kolleg:innen gemeinsam – Prozesse innerhalb Ihres konkreten Arbeitskontextes und clustern Sie diese unter eine der drei Prozesskategorien.
> - Stören Sie sich dabei nicht an Zuständigkeiten oder Zuordnungen der Aufbauorganisation, sondern stellen Sie sich abteilungsübergreifend die Frage, ob ein Prozess Sinn hat, unabhängig davon, in welchen Aufgabenbereich er womöglich gehört oder welche Organisationseinheit vielleicht dafür »den Hut aufhat«.
> - Erstellen Sie daran anschließend eine Prozesslandkarte und beschränken Sie sich auf die maximal 20 wichtigsten Prozesse. Ordnen Sie Führungsprozesse oberhalb und Unterstützungsprozesse unterhalb an sowie zeitlich frühere Prozesse eher links und spätere eher rechts.

Gerade, wenn es um große Prozesse geht, stellt sich oft die Frage, ob diese als Ganzes dargestellt oder als Gesamtprozess in kleinere Einheiten aufgespalten werden sollen (»**Teilprozesse**«). Bei solchen Großprozessen bedarf es oft vieler Erläuterungen, was alles im Detail mit dazu gehört, da das reine Prozess-Wording in seiner Knappheit dies nicht hergibt. Beispielsweise werden Mitarbeiter:innen, die nicht im Berufungsmanagement arbeiten, zwar sehen, dass die Besetzung von Professuren oftmals (zu) lange dauert, und sich fragen, weshalb dem so ist. Dass dem aber z. B. eine oftmals komplexe Abstimmung vorangeht, welche Stelle wie finanziert und zu welchen inhaltlichen Forschungsschwerpunkten sowie Lehrbefugnissen gewidmet und überhaupt ausgeschrieben wird, bekommt man von außen selten mit. Die Beachtung des öffentlichen Dienst- bzw. Beamtenrechts und der transparente wie gerichtssichere Verfahrensablaufs ist ein weiterer essentieller Bestandteil, der meist nur dann auffällt, wenn etwas »danebengegangen ist« oder formal durch eine:n unterlegene:n Mitbewerber:in angefochten wird. Auch die Einbindung der hochschulischen Gremien wie die Verzahnung von künftigen Wissenschaftskolleg:innen, Fakultäten, Forschungszentren und der Hochschulleitung ist ein komplizierter Bestandteil. Und selbst an die Auswahl und das Angebot zur Übernahme der Professur (»Ruferteilung«) schließt sich oft eine lange Phase an, in welcher die konkrete Ausstattung, Berufungsmittel, der Status und weitere Funktionszulagen besprochen werden, um zu einer tragfähigen Vereinbarung zu kommen (»Berufungsverhandlungen«).

## 2.2 Prozessstrukturbäume

Um die **Zusammenhänge von mehreren Teilprozessen** eines Gesamtprozesses aufzuzeigen, empfiehlt sich als zweitgröbste Form einer Prozessarchitektur ein Baumdiagramm (»Prozessstrukturbaum«). Während die Prozesslandkarte methodisch an ein Clustering angelehnt ist (▶ Kap. IV. 2.1), zeigt der Prozessstrukturbaum **hierarchische Abhängigkeitsverhältnisse** auf. Auf der ersten Ebene eines **dreistufigen Prozessstrukturbaums** befindet sich für gewöhnlich der gewählte Arbeitsbereich, sodann folgt der Gesamtprozess und darunter die jeweiligen Teilprozesse. Es ist zwar methodisch möglich, in einem einzigen Prozessstrukturbaum alle Prozesse eines Arbeitsbereichs vollständig darzustellen; tatsächlich aber wird er dann schnell zu unübersichtlich, weswegen auch mehrere Prozessstrukturbäume nebeneinander denkbar sind – vor allem, wenn man diese nur für wenige große Gesamtprozesse benutzt.

Wichtig dabei ist, dass der Prozessstrukturbaum **keine Generalvollmacht** dafür ist, jeden Prozess in kleinere Teile zu zerstückeln. Auch ein Teilprozess muss die Kriterien eines vollwertigen Prozesses erfüllen, sprich: einen geschlossenen Arbeitsablauf, eine Input-Output-Relation einschließlich der Zeitkategorien etc. Dies unterscheidet Teilprozesse von (allenthalben umfangreichen und langwierigen) Arbeitsschritten mit vielen Tätigkeiten. Will man diese weiter ausdifferenzieren ohne Teilprozesse bilden zu können, eignen sich Methoden aus dem Task- statt dem Prozessmanagement wie etwa To-do-Tabellen oder Checklisten mit den wichtigsten Arbeitsschritten oder ergänzende Merkblätter. Ein Arbeitsschritt wie beispielsweise das ständige Ermahnen, Erinnern und Ersuchen gegenüber Prüfer:innen, die Prüfungsfristen einzuhalten und die Korrekturen rechtzeitig zu liefern oder gegenüber Forscher:innen, ihre Arbeitszeiten im Homeoffice online selbst, genau und zeitnah zu erfassen, mag jeweils Energie und viele einzelne Tätigkeiten erfordern. Dies schreit förmlich nach einer vorherigen Aufteilung etwa dergestalt, in welchen Abständen die Kommunikation aufgenommen wird, welche Eskalationsstufen es gibt und welche Kommunikationskanäle wann bedient werden dafür – ein Teilprozess ist dies dennoch nicht.

Auch bilden nicht alle **miteinander zusammenhängenden Prozesse** automatisch Teilprozesse eines Gesamtprozesses. Zum Beispiel wird ein Prozess »Vorbereitung und Erstellung der Honorarverträge mit allen externen Lehrenden« vor dem Semesterstart von einem vorhergehenden Prozess zur Lehrplanung abhängen wie von einem Prozess zur regelmäßigen Aktualisierung der Lehrenden-Datenbank.

## 2 Prozessarchitektur – die Übersicht behalten

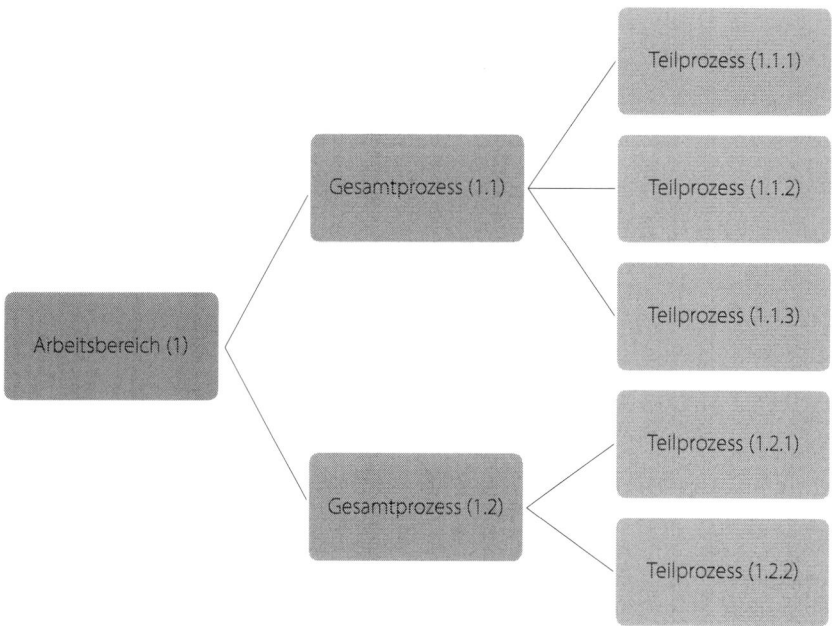

**Dar. 41:** Prozessstrukturbaum

Während Teilprozesse nur Sinn ergeben, wenn sie mit anderen zu einem Gesamtprozess hinführen, ist dies bei den beiden letztgenannten Beispielen nicht der Fall. Diese erfüllen auch ohne die Honorarverträge einen eigenständigen Zweck. Hingegen könnte in einem Gesamtprozess »Vorbereitung und Erstellung der Honorarverträge mit allen externen Lehrenden« die rechtliche Prüfung der Vertragsdokumente und Honorarnoten ein sinnvoller Teilprozess ein, denn zuletzt genannter weist keine Eigenständigkeit auf.

> **Reflexionsübung**
>
> - Greifen Sie sich einen der größeren Prozesse aus Ihrer Prozesslandkarte heraus und unterteilen Sie diesen in Teilprozesse.
> - Welcher Prozesskategorie (Kernprozesse, Führungsprozesse, Unterstützungsprozesse) lassen sich die Teilprozesse zuordnen?
> - Welche Unterstützungsprozesse fungieren ggf. als Teilprozesse für größere Kernprozesse?

# 3 Prozessbeschreibungen – Einzelprozesse und deren Bestandteile

## 3.1 Prozessauswahl und Turtle-Diagramme

Nachdem die erste Übersichtlichkeit durch Einordnung in eine Prozessarchitektur hergestellt wurde, steht die **Beschreibung konkreter Einzelprozesse** an. Diese werden selten alle detailliert beschrieben. Nicht nur wäre das Bürokratie, wenn Abläufe klein und einfach sind; auch ist es zumeist schlicht unmöglich, ein vollumfängliches Prozessmanagement neben dem Alltagsgeschäft aufrechtzuerhalten. Die Auswahl, welche Prozesse weiterverfolgt werden und welche nicht, kann sich zum einen an **prozessmethodischen Gesichtspunkten** orientieren:

- **Verbindlichkeit**: Muss-, Soll- und Kann-Prozesse – Was ist weswegen immer als Prozess zu definieren und einzuhalten, was im Regelfall und was nur möglicherweise (aber nicht zwingend)?
- **Frequenz**: Standard-, Pilot- und Ad-hoc-Prozesse – Wie oft wird der Prozess durchschnittlich pro Monat/Quartal angestoßen?
- **Hierarchie** – Welche Prozesse gehen anderen vor? Wo können Prozesskonflikte entstehen, z. B. wegen Ressourcenknappheiten oder korrelativer Dringlichkeiten?

Zum anderen können **arbeitspraktische Gesichtspunkte** für die Auswahl entscheidend sein:

- **Übergeordnete Aspekte**: Welche (strategischen) Vorgaben gibt es? Welche Trends und Entwicklungen wollen in der Zusammenarbeit stärker berücksichtigt werden (z. B. Digitalisierung, »New Work« etc.)?
- **»Schmerzhaftigkeit«**: Wo haken Abläufe, sind ineffizient oder verursachen ungewollte Mehrarbeit? Worüber wird im Team öfter und/oder länger diskutiert bzw. an welchen Stellen gehen Meinungen auseinander?
- **Komplexität**: Welche Prozesse sind sehr groß, dauern lange, weisen viele Prozessbeteiligte oder viele Schnittstellen zu anderen Prozessen auf?

Auch das Team-Interesse ist nicht außer acht zu lassen: Welche Prozesse sind für uns inhaltlich gerade am spannendsten, am neusten oder aus sonstigen Gründen von besonderer Aufmerksamkeit?

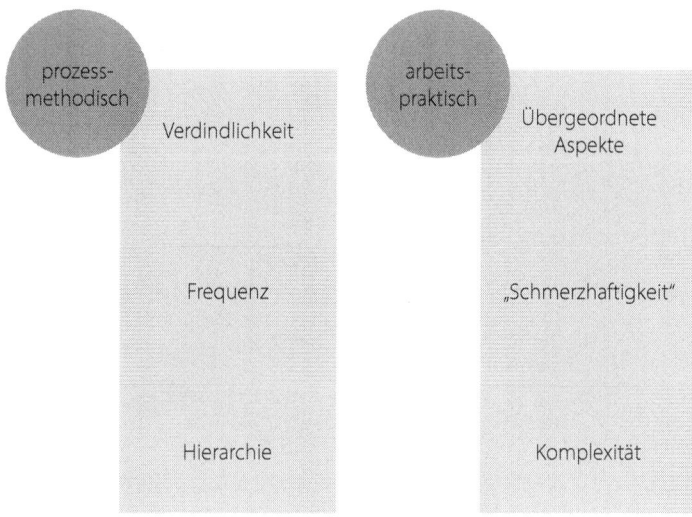

**Dar. 42:** Prozessauswahl

**Reflexionsübung**

- Ordnen Sie die Prozesse Ihrer Prozesslandkarte nach prozessmethodischen und/oder arbeitspraktischen Gesichtspunkten zu.
- Wählen Sie anschließend einen Kernprozess aus jedem der beiden Gesichtspunkte aus, den Sie im Folgenden weiterbearbeiten möchten.
- Welche Argumente waren inwiefern für Ihre Auswahl ausschlaggebend?

Bevor man sich an eine detaillierte Prozessbeschreibung wagt, ist es hilfreich, typische Merkmale des jeweiligen Prozesses anhand der schematischen Darstellung in Form einer Schildkröte (»**Turtle-Diagramm**«) zusammenzutragen.

Neben den **Definitionsmerkmalen**, die zu jedem Prozess gehören (▶ Kap. IV. 1.2), findet sich darüber hinaus die Differenzierung zwischen den aufgewandten Mitteln i. S. v. Ressourcen, Zeit und Kosten und der Frage, was von dem Bestehenden an Ausrüstung, Werkzeugen und Menschen eingesetzt wird (»**Womit?**«). Gerade in nichtkommerziellen Organisationen wie Wissenschaftsorganisationen werden oft keine Prozessbudgets erstellt oder neue Mittel angeschafft, sondern mit den bereits aufgabenorientiert zugeteilten gearbeitet. Daher ist es oft nicht nur wichtig, welche Arbeitsstunden oder anteiligen Kosten einem Prozess zugewiesen werden, sondern auch, welche bestehenden Mittel für den Prozess eingesetzt werden, z. B. welche wissenschaftlichen bzw. studentischen Hilfskräfte aus einem Pool eines Lehrstuhls, wann wenige Software-Lizenzen oder welche geteilten Arbeitsplätze vor Ort genutzt werden. Da Wissenschafts- als Expert:innen-Organisationen fungieren (▶ Kap. I. 5.2), ist meist von besonderem Interesse, wer in welcher Funktion prozessbeteiligt ist und welche Kompetenzen jemand benötigt,

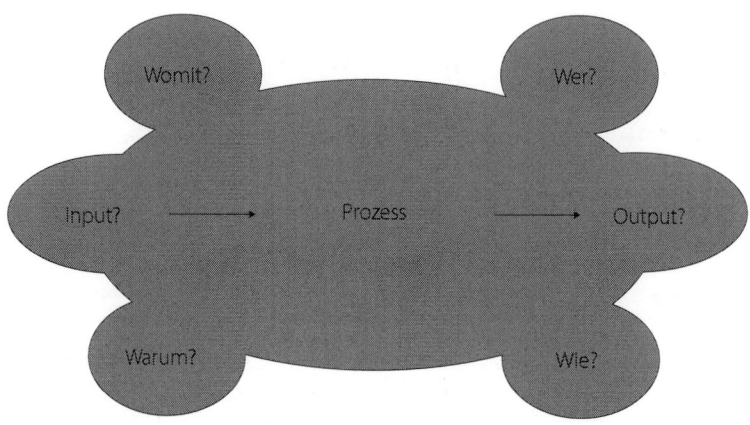

**Dar. 43:** Turtle-Diagramm

sowohl in Bezug auf das, was jemand kann, als auch, was jemand darf im Sinne einer Befugnis (»**Wer?**«). Zuletzt kann es eine Rolle spielen, auf welche Art und Weise der Prozessinput in einem -output verwendet wird, z. B. welche wissenschaftlichen Methoden angewandt werden, ob online oder vor Ort gearbeitet wird, was mündlich und was schriftlich kommuniziert wird und ob vorgegebene Verfahren oder Dokumentationspflichten bestehen (»**Wie?**«). Als übergeordnete Frage – die sich oft bereits aus den Aspekten des konkreten Nutzens für Kund:innen, Prozessbeteiligte wie die Wissenschaftsorganisation bzw. die Organisationeinheit ergibt – ist zuletzt zu beantworten, was das Prozessziel ist: Weswegen die Prozessergebnisse überhaupt zu erbringen und damit nützlich sind (»**Warum?**«), ist sowohl für den Detaillierungsgrad bei der folgenden Prozessbeschreibung relevant als auch für spätere Prozessoptimierungen (▶ Kap. IV. 3.2).

> **Reflexionsübung**
>
> - Definieren Sie für einen der beiden ausgewählten Kernprozesse einen geschlossenen Arbeitsablauf, eine Input-Output-Relation einschließlich der Zeitkategorien.
> - Tragen Sie anschließend weitere typische Merkmale des Prozesses zusammen mithilfe eines Turtle-Diagramms.

## 3.2 Prozesssteckbriefe und Prozessregister

Anhand der gesammelten Prozessmerkmale kann eine Kurzbeschreibung des Prozesses erstellt werden, die übersichtlich auf tunlichst nicht mehr als ein bis zwei Seiten Platz findet (»**Prozesssteckbrief**«). Letztlich dient ein Prozesssteckbrief auch dazu, der gängigen Prozessmanagementpraxis in öffentlich-rechtlichen Institutionen entgegenzuwirken, um nicht bereits zu Beginn in (zu) vielen Prozessdetails unterzugehen und sich kurzzufassen. Dazu ist es sinnvoll, vorab eine Dokumentenvorlage zu erstellen, die sämtliche zur näheren Beschreibung ausgewählten Prozesse gleichermaßen standardisiert abbildet, unabhängig vom jeweiligen Umfang des Prozesses. Dabei sollte auch festgelegt werden, welches Pflichtangaben wie etwa die **Definitionsmerkmale** sind, die zu jedem Prozess gehören, und welche Eintragungen fakultativ sind z. B. weitere Merkmale aus dem Turtle-Diagramm (▶ Kap. IV. 3.1) oder ein Freifeld »Sonstiges«. Zumeist enthält ein Steckbrief auch stichwortartig die wichtigsten Arbeitsschritte und Tätigkeiten im Prozessverlauf (»**Prozess-Story**«) und Angaben darüber, wo der Prozess ggf. an andere Prozesse andockt, z. B. als Vorprozess, Teil- oder Parallel-Prozess (»**Prozess-Schnittstellen**«). Des Weiteren sollte ein Datum enthalten sein, ab bzw. (etwa im Falle einer befristeten Testphase) bis wann der Prozess als **verbindlich** gilt und es sollten zumindest die obligatorischen Prozessrollen vergeben sein (▶ Kap. IV. 5.1). Zuletzt sollte ein in jedem Prozessdokument gleichlautender Prozessname modellhaft einen typischen Anwendungsfall beschreiben, ohne alle Abweichungen oder denkbaren Prozessergebnisse bereits im Titel zu erwähnen. »Gute« Prozessnamen hingegen ...

- ... sind **knapp** (nicht mehr als zwei bis sechs Worte) und **aussagekräftig** vor allem in der Abgrenzung zu ähnlichen Prozessen.
- ... enthalten entweder ein zu **bearbeitendes Objekt** oder einen **bestimmten Zweck**, jeweils kombiniert mit einem spezifischen Verb in **Infinitivform**.
- ... verwenden möglichst **keine Fremd- oder Fachworte**, damit auch nicht unmittelbar Prozessbeteiligte diese verstehen können.

Strebt man eine systematische Prozesssammlung mit tabellarischer Kurzbeschreibung mehrerer Prozesse an, können weitere Detailinformationen über Prozesse zusammengestellt werden (»**Prozessregister**«). Dazu kann jedem Prozess eine einmalig zu vergebende Ziffern- oder Buchstabenabfolge zugeordnet werden, aus der sich organisationsintern z. B. der Arbeitsbereich, die Prozesskategorie und die Prozessverbindlichkeit und/oder Prozesshierarchie erschließen lässt, auch wenn man den Einzelprozess nicht kennt (»**Prozess-Codierung**«). Das erleichtert die Ablage und das Auffinden großer Mengen an Prozessen. In einem solchen Prozessregister ist Platz für Informationen, die Prozessbeteiligte nicht täglich in der Anwendung benötigen, die aber Auskunft über Prozesshintergründe bieten können:

- **Prozessstrategie**: Wie passt der Prozess in die aktuelle strategische Zielsetzung der Organisation(-seinheit)? Woher kommt der Prozess und wer hat ihn aufgesetzt?
- **Prozesshistorie**: Wann wurde der Prozess zum ersten Mal formalisiert dokumentiert? Wann und wie oft wurde er überarbeitet oder angepasst?
- **Prozesspraxis**: Was sind »neuralgische« Punkte während des Prozesses (»kritische Pfade«) ohne Zeitpuffer, nicht austauschbare Engpass-Ressourcen etc.? Was beeinflusst den Prozess regelmäßig tatsächlich (z. B. die Amtsperioden von

Funktionsträger:innen, persönliche Arbeitsweisen von Prozessbeteiligten, die Funktionsfähigkeit von Arbeitsgeräten)?
- **Prozessstimmung**: Wie »fühlt« sich der Prozess an unter den Prozessbeteiligten an, wo existieren persönliche Erfahrungswerte und ggf. divergierende Annahmen unter den Prozessbeteiligten?

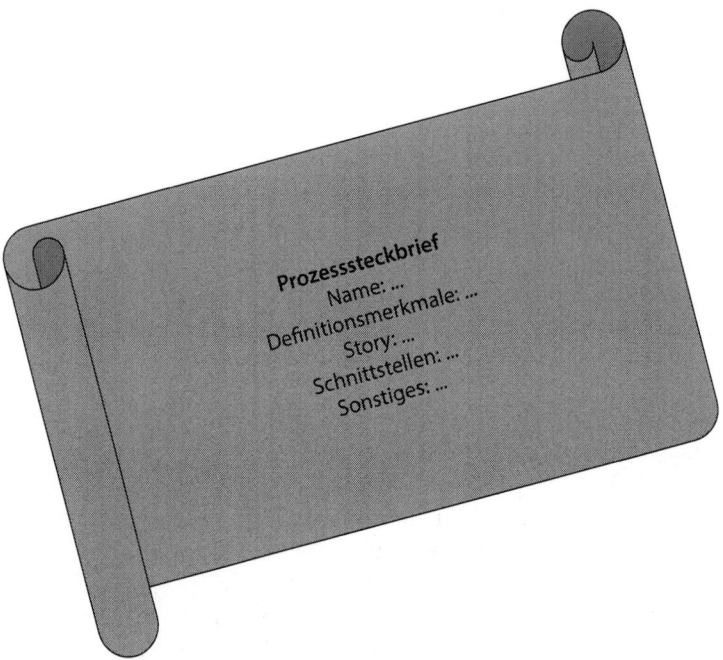

**Dar. 44:** Prozesssteckbrief

Mit dem Anlegen von **Prozessregistern sollte sparsam** umgegangen und stets vorab geprüft werden, worin deren konkreter Mehrwert für das Prozessmanagement besteht – zumal nicht nur der Aufwand für das Anlegen, sondern auch die Aktualisierung und Prozesspflege abgeschätzt und gerechtfertigt sein wollen.

> **Reflexionsübung**
>
> - Überlegen Sie für Ihren konkreten Arbeitskontext, welche Plicht- und welche fakultativen Angaben ein Prozesssteckbrief haben müsste.
> - Welche Form der digitalen Dokumentenablage würde sich anbieten und wer sollte – neben den Prozessbeteiligten – alles Zugriff darauf haben?
> - Für welche Prozesse würde sich ein detaillierteres Prozessregister anbieten und warum?

# 4 Prozessmodellierung – Visualisierung von Prozessschritten

## 4.1 Modellierungsgrundsätze

Hat man sehr viele Prozesssteckbriefe erstellt oder ein umfangreiches Prozessregister, kann dies sehr viel Text werden, der zu ordnen und zu lesen ist. Da öffentlich-rechtliche Wissenschaftsorganisationen ohnedies zu einer hohen Produktionsrate an Geschriebenem neigen, kann sich anbieten, Prozesse bildlich in Form eines Ablaufdiagramms darzustellen. Lange Textbeschreibungen von Prozessen sollen dort mit vordefinierten, grafischen Elementen einer **künstlichen Zeichensprache simplifiziert** werden, um sich auf das Wesentliche zu beschränken und eine Prozessmodellierung bilden, die mittels Verbildlichung eine intuitive, gemeinsame Kommunikationsebene schafft. Dabei gelten folgende Grundsätze:

- **Grundsatz der Wirtschaftlichkeit und Relevanz**: nur das modellieren, was im Hinblick auf den Zweck wichtig ist und in einem angemessenen Kosten-Nutzen-Verhältnis steht.
- **Grundsatz der Klarheit**: so modellieren, dass alle Prozessbeteiligten das Modell verstehen und es eine intuitive Lesbarkeit auch für Dritte aufweist.
- **Grundsatz der semantischen und syntaktischen Richtigkeit**: Konsens der Prozessmanager:innen über die gewählte Modellierungssprache sowie deren Gesetze herstellen (Syntax, Grammatik, Symbole etc.) und die Modellierungskonventionen einhalten (z. B. welche Prozessrollen dies tun oder welche Prozessmodellierungen für wen transparent gemacht werden).

## 4.2 Modellierungssprache

Sehr häufig erfolgt die Prozessmodellierung softwareunterstützt, was neben der schnelleren Aktualisierung von einzelnen Prozessen auch die Zusammenhänge zwischen diesen leichter darstellen lässt. Die Basiselemente einer solchen Modellierungssprache sind meist ähnlich: Um die bestehende Aufbauorganisation mit der ablauforientierten Prozessmodellierung zu verbinden, wird als äußerer Rahmen eines Ablaufdiagramms die Organisationseinheit gebildet, welcher der Prozess zugeordnet ist (»**Pools**«). Innerhalb dieses Containers werden weitere Rahmen gebildet, welche die jeweiligen Prozessbeteiligten repräsentieren (»**Swimlanes**«). Die Bezeichnungen sollten stets rollen- und nicht personenbezogen erfolgen, also:

»*Sachbearbeitung Referat 2.3*« oder »*Geschäftsführung Fakultät XY*«. Teilprozesse und Arbeitsschritte werden in den Swimlanes sequentiell von links nach rechts abgebildet (»Flussdiagramm«), was die grafische Darstellung an die Bahnen eines Schwimmbades erinnern lässt. Ferner finden sich dort, wo keine Handlungen stattfinden, **Prozessereignisse** in Zustandsform beschrieben. Neben dem Prozessauslöser zu Beginn jedes Prozesses und den Prozessergebnissen zum Ende des Prozesses (▶ Kap. IV. 1.2) können sich auch innerhalb des Flussdiagramms solche befinden, wie etwa eine erfolgte Tätigkeit Dritter, eine distribuierte Information, die Feststellung einer Entscheidung oder eine verfügbare Ressource wie beispielsweise »*Prüfungsanmeldung erfolgt*«, »*Einladung versandt*« oder »*Fachbereichsratsbeschluss liegt vor*«. Neben den Arbeitsschritten meist in **Kastenform** und den Ereignissen meist in **Kreisform** bilden Verzweigungen bzw. Verschmelzungen eine dritte Möglichkeit von Knotenpunkten im Flussdiagramm (»Flow Objects«) in Form von Entscheidungen meist in **Rautenform**, auf die weitere Arbeitsschritte folgen bzw. Pfade wieder zusammengeführt werden:

- Verzweigungen bzw. Verschmelzungen können einen Pfad in mehrere, sich **gegenseitig ausschließende Pfade** unterteilen (»exklusives Gateway«), wenn eine **Bedingung** entweder erfüllt oder nicht erfüllt ist – z. B. »*Antragsfrist eingehalten?*« in einen Ja-Pfad (dann geht die inhaltliche Bearbeitung weiter) und einen Nein-Pfad (dann wird der Antrag ohne Prüfung zurückgewiesen).
- Verzweigungen bzw. Verschmelzungen können auch dazu benutzt werden, um mehrere **parallel zwingend zu durchlaufende, kumulative Arbeitsschritte** sichtbar zu machen (»paralleles Gateway«) – z. B. »*Rechtsprüfung durchführen*« gleichzeitig mit »*Um Ausschussstellungnahme ersuchen*« und gleichzeitig »*Datenbankeingabe machen*«.
- Verzweigungen bzw. Verschmelzungen können einen Pfad in mehrere, sich **nicht gegenseitig ausschließende Pfade** unterteilen (»inklusives Gateway«), die auch nicht alle durchlaufen werden müssen – z. B. in einem Evaluationsprozess »*positives Feedback*« (was dazu führen könnte, Dinge beizubehalten), »*negatives Feedback*« (was dazu führen könnte, Dinge im nächsten Fachmeeting kritisch zu hinterfragen) und »*kein Feedback*« (was dazu führen könnte, erneut um ein solches zu bitten).

Alle Flow Objects werden mit durchgezogenen Pfeilen verbunden (»**Frequenzfluss**«), hingegen dienen gestrichelte Pfeile zur Darstellung von Informationsübertragungen in den Prozess hinein oder aus dem Prozess hinaus (»**Nachrichtenfluss**«) – wenn eine zentrale Organisationseinheit aktuelle Informationen an Fachbereiche meldet oder wenn eine externe Stelle außerhalb der Swimlane wie eine Forschungskooperationspartner:in wichtige Daten überspielt.

Wie bei den Prozessnamen auch (▶ Kap. IV. 3.2) sind alle Bezeichnungen immer **eindeutig und kurz** zu halten, da der Schwerpunkt auf der **bildlichen Visualisierung** weg von Textlastigkeit liegt – z. B. als Prozessereignis »*E-Mail ist eingetroffen*« (= Subjekt + feststellendes Verb), als Arbeitsschritt »*Mail versenden*« (= Subjekt +

Verb in Infinitivform) oder als Gateway: »*Antrag sachlich richtig?*« (= kurze Frage). Sollten weitere Erläuterungen notwendig sein wie etwa bei umfangreicheren Tätigkeiten, kann dies außerhalb des Flussdiagramms etwa in Form von Verlinkungen auf Zusatzdokumente geschehen.

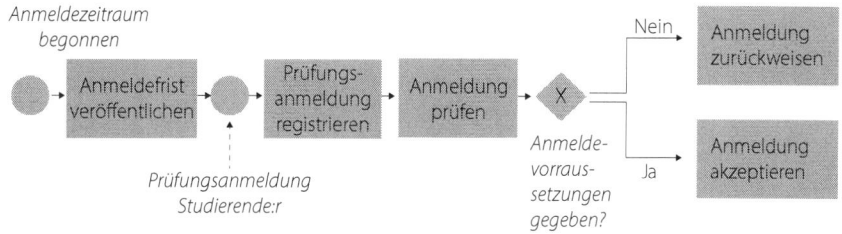

**Dar. 45:** Modellierungsauszug

**Reflexionsübung**

- Visualisieren Sie einen kürzeren Prozess aus Ihrem konkreten Arbeitskontext unter Einhaltung der Modellierungsgrundsätze, inklusive Pools, Swimlanes und Flow Objects.
- Verwenden Sie dafür ein externes, digitales Whiteboard oder schlicht ein großes DIN-A-4-Blatt anstatt eine Modellierungssoftware.
- Halten Sie die Modellierung so schlank wie möglich mit nicht mehr als maximal 10 Arbeitsschritten bzw. Teilprozessen.

# 5 Prozessbeteiligte – Funktionen und Interessen

## 5.1 Prozessrollen definieren

Anders als bei der statischen Zuweisung von Zuständigkeiten, Positionen und Verantwortlichkeiten in der Aufbauorganisation bedarf es zum Prozessmanagement der Zuweisung von Prozessrollen. **Obligatorisch** sind dabei die folgenden:

- **Wer trägt die Verantwortung für Ergebnisqualität? (Prozesseigner:in)**
Prozesseigner:in kann eine Führungskraft aus der Aufbauorganisation sein, muss es aber nicht (z. B. Abteilungsleiter:in, Projektkoordinator:in). Vielmehr kann dies auch als Möglichkeit der Personalentwicklung gesehen werden, Teammitglieder ohne Führungsposition mit Prozessverantwortung auszustatten, ohne dafür neue Stellen oder Umstrukturierungen in der Aufbauorganisation schaffen zu müssen. Prozesseigner:innen sind nicht »Vorgesetzte« der anderen Prozessrollen!
Zu dieser Verantwortung für das, »was am Ende herauskommt«, zählt die verbindliche Prozessfreigabe dann, wenn ein Prozess zum ersten Mal etabliert oder gänzlich neu gestaltet wird. Die Verantwortung beinhaltet ebenso die Bereitstellung des Prozessinputs wie z. B. Arbeitsstunden oder Infrastruktur, um den Prozessoutput herstellen zu können. Meist »gehören« dieser Rolle mehrere Prozesse gleichzeitig, auf welche Ressourcen sinnvoll zu verteilen sind. Prozesseigner:innen sind selten Expert:innen für die Inhalte der jeweiligen Prozesstätigkeiten und führen diese auch meist nicht selbst durch. Vielmehr haben sie das Prozessziel, also die Antwort auf die Frage, weswegen die Prozessergebnisse überhaupt nützlich sind, im Blickfeld und bilden oft die personelle Verbindung zu Personen und Menschen, die keine Prozessbeteiligten sind wie etwa Prozesskund:innen.
- **Wer führt den Prozess operativ durch? (Prozesszuständige:r)**
Prozesszuständige haben den Prozess inhaltlich »in der Hand«, weswegen sie fachliche Expertise dafür mitbringen (z. B. ein Teammitglied, ein:e Sachbearbeiter:in etc.). Sie setzen gemeinsam mit den sonstigen Prozessbeteiligten unter Anleitung durch den bzw. die Prozessmanager:in Prozesse auf. Sie führen Arbeitsschritte im Prozess aus, wenn auch oft nicht allein bzw. nicht alle enthaltenen Tätigkeiten. Vor allem gehört dazu die Einhaltung des Prozesses (»Prozesstreue«), d. h. es gilt die praktische Durchführung möglichst nahe an das erstellte Optimalbild des Prozesses heranzuführen und im Gegenzug den Pro-

zesseigner:innen zurückzumelden, was sich in der Prozesspraxis als nicht realistisch oder sinnvoll erwiesen hat bzw. welche Inputs inwiefern besser verteilt werden könnten.

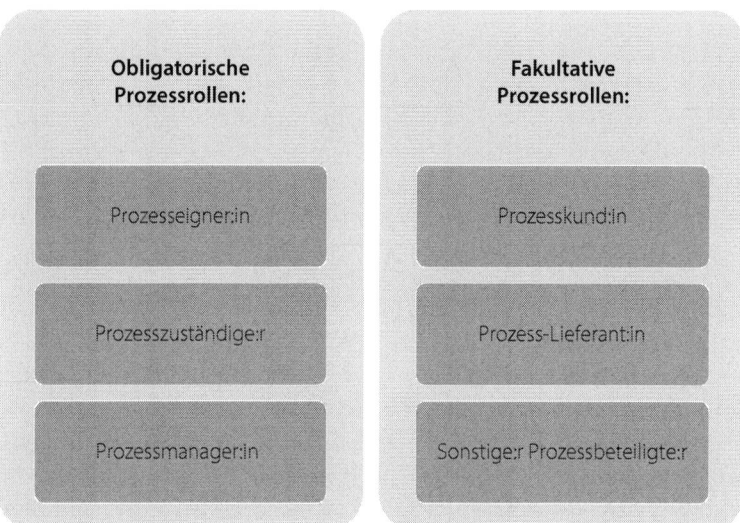

**Dar. 46:** Prozessrollen

- **Wer behält das Projektsystem im Blickfeld? (Prozessmanager:in)**
Prozessmanager:innen sind ebensowenig wie Prozesseigner:innen Expert:innen für die Inhalte der jeweiligen Arbeitsschritte. Sie behalten vielmehr den Überblick über die Prozessarchitektur (»Big Process Picture«), den Prozesskreislauf und sorgen für die Einhaltung der Prozessmethodik sowie das Zusammenspiel der Prozesse. Generell fühlen sich Prozessmanager:innen dem Nutzen von Prozessmanagement verpflichtet und helfen bei der Prozessoptimierung. Wird eine Projektmanagementsoftware eingesetzt, bieten sie gleichsam Unterstützung bei der digitalen Prozessmodellierung und »übersetzen« Prozesse in die Modellierungssprache. Diese Rolle hat starke Moderations-, Kommunikations- und Beratungsfunktionen und treibt das »Denken in Prozessen« weiter, auch und gerade für die erstmalige Anwendung von Prozessmanagement. In diesem Fall sind Prozessmanager:innen oft Change-Manager:innen, im Falle einer angestrebten Digitalisierung auch oft Mitarbeiter:innen aus einer IT-Stabsstelle oder externe Process Consultants. Oftmals koordinieren Prozessmanager:innen die speziellen Meetings, erstellen Prozessdokumente, bieten Schulungen zur Prozesskunde an oder betreiben Prozesscoachings in Situationen, wo Prozessbeteiligte nicht »am gleichen Strang ziehen«. Prozessmanager:innen stehen oft als das »Gesicht des Prozessmanagements« in der sprichwörtlichen Auslage und werden als erste bzw. »natürliche« Ansprechpartner:innen für alles rund um das Prozessmanagement wahrgenommen – vor allem, wenn etwas nicht funktioniert. Dadurch können sie

zur Negativ-Identifikationsfigur mutieren, auf die Enttäuschungen projiziert werden, wie z. B. ein erhöhter Arbeitsaufwand allein zur Prozesserstellung. Eine Herausforderung für Prozessmanager:innen in der Hochschulpraxis bildet die Tatsache, dass sie die Prozesse in Grundzügen verstehen müssen, ohne die fachliche Expertise dafür zu besitzen wie etwa Prozesszuständige. In Expert:innen-Organisationen ist daher ein typisches Widerstandssymptom, dass Informationen zurückgehalten werden, wenig Vertrauensvorschuss von den anderen Prozessbeteiligten vorherrscht und manchmal eine geringe fachübergreifende Zusammenarbeit mit dieser neuen Rolle stattfindet.

**Fakultative Prozessrollen** sollten im Einzelfall lediglich dann vergeben werden, wenn sie hilfreich sind:

- **Für wen wird der Prozess durchgeführt bzw. wer profitiert von den Prozessergebnissen? (Prozesskund:in)**
  Diese Prozessrolle kann etwa dann sinnvoll sein, wenn unterschiedliche Kund:innen-Bedürfnisse zu stark abweichenden Prozessbeschreibungen führen, beispielsweise wenn ein hochschulinternes Gremium Wert auf eine bestimmte Rechtsförmlichkeit legt, ein anderes aber nicht.
- **Wer stößt den Prozess für gewöhnlich an? (Prozesslieferant:in)**
  Diese Prozessrolle kann etwa dann Sinn haben, wenn unterschiedliche Prozessauslöser (▶ Kap. IV. 4.1) zu stark abweichenden Prozessbeschreibungen führen, beispielsweise wenn eine hochschulische Auskunftsstelle Beratungen für Studierende vor Ort, per E-Mail anfragende Forscher:innen, per Telefon vorstellig werdende Behörden und brieflich eingesandte Anfragen von Privatpersonen anbietet.
- **Wer steuert außerdem noch Inputs bzw. Arbeitsschritte und Tätigkeiten zum Prozesss bei? (Sonstige:r Prozessbeteiligte:r)**
  Diese Prozessrolle ist für diejenigen gedacht, welche neben dem bzw. der Prozesszuständigen am Prozess beteiligt sind. In der Prozessmodellierung (▶ Kap. IV. 4.2) würde dies zu einem Mehr an übersichtlichen Swimlanes führen, da ansonsten alle diese Personen (ohne Prozessrolle) nur über Nachrichtenflüsse von außen bzw. indirekt über die Bezeichnung der Tätigkeiten im Flussdiagramm auftauchen würden. Die Vergabe und Kommunikation von solchen Prozessrollen an die betreffenden Personen kann auch prozesstaktisch eingesetzt das Commitment für das Prozessergebnis und die Akzeptanz für den Prozess bei diesen erhöhen.
  Manchmal vollziehen in einem Arbeitsschritt nicht nur der bzw. die Prozesszuständige allein oder ein:e einzelne:r sonstige:r Prozessbeteiligte:r Tätigkeiten, sondern sehr viele Personen arbeiten kollaborativ über unterschiedliche Tätigkeiten zusammen. Trifft z. B. in einem Arbeitsschritt jemand aus einem Referatsteam eine Entscheidung, schult jemand anderes studentische Hilfskräfte ein und soll außerdem noch ein Forschungsausschuss informiert werden, kann eine »Rollenaufteilung im Kleinen« nur innerhalb des Arbeitsschritts sinnvoll sein.

Hier kann bietet sich eine einfache Verantwortlichkeitsaufteilung an (»RACI-Matrix«), aus deren Akronym sich folgendes ableitet:
- **Responsible**: Als Pendant zur Rolle »Prozesszuständige:r« (▶ Kap. IV. 5.1) hat diese:r Prozessbeteiligte die Durchführungsverantwortung für den einzelnen Arbeitsschritt inne. Er bzw. sie kann (aber muss nicht) wichtige Tätigkeiten oft selbst durchführen oder delegieren.
- **Accountable**: Als Pendat zur Rolle »Prozesseigner:in« (▶ Kap. IV. 5.1) ist diese:r Prozessbeteiligte rechenschaftspflichtig für den einzelnen Arbeitsschritt, etwa wenn es um Entscheidungen, Genehmigungen, Geldmittelfreigaben oder rechtlich relevante Handlungen geht.
- **Consulted**: Diese:r Prozessbeteiligte muss zwingend befragt werden im Arbeitsschritt, etwa weil er bzw. sie womöglich relevante Informationen für das Gelingen oder eine Mitbestimmungsbefugnis besitzt.
- **Informed**: Diese:r Prozessbeteiligte besitzt ein (formelles oder informelles) Informationsrecht, weil er bzw. sie nicht direkt in den Arbeitsschritt involviert ist und keine Tätigkeiten beisteuert. Das kann etwa im Falle eines Negativ-Bescheides bei der Ablehnung eines Antrags sein, die Übertragung entscheidungsrelevanter Daten an ein Gremium oder das Informieren von Kolleg:innen, die in einem anderen Teilprozesses oder Arbeitsschritt arbeiten.

> **Reflexionsübung**
>
> - Bestimmen Sie für den zuvor modellierten Prozess aus Ihrem konkreten Arbeitskontext die obligatorischen wie fakultativen Prozessrollen.
> - An welchen Stellen Ihrer Modellierung wäre ggf. der zusätzliche Einsatz einer RACI-Matrix sinnvoll?

## 5.2 Prozessstakeholder einbinden

Oftmals haben Personen keine formelle Prozessrolle inne, üben aber wesentlichen Einfluss auf das Gelingen des Prozesses aus. Das kann beispielsweise sein, wenn fakultative Prozessrollen (▶ Kap. IV. 5.1) nicht vergeben wurden oder Personen ohne formelle Prozessrolle über Verhinderungs- oder Optimierungspotenziale verfügen. Anstatt nur Anspruchs- und Interessengruppen innerhalb des Prozesses über Prozessrollen im Auge zu behalten, sind auch solche außerhalb dessen zu betrachten (»Stakeholder«). Diese können sich auch lediglich vom Prozess betroffen fühlen oder daran bzw. an einigen Teilen interessiert sein. So liegt etwa dem Controlling-Dezernat viel daran, dass die Zahlen aus den einzelnen Organisationseinheiten korrekt für den Jahresabschluss geliefert werden, ohne dass diese Prozessbeteiligten bereits im Vorprozess »jährliche Daten für das Controlling aggregieren« eine Rolle innehätten. Oder aber Mitglieder des sich oft gegenseitig aushelfenden Institutsteams haben fortan die Befürchtung, dass die neue Aufteilung von Prozessen zu einer künstlichen Arbeitsverteilung und einem Verlust des Teamspirit führen könnte. Stakeholder bzw. ihre Interessen können sowohl die Prozessqualität als auch die Prozessergebnisse beeinflussen und sind daher zu analysieren, mit (Gegen-)Maßnahmen zu flankieren, in die Kommunikation miteinzubeziehen und laufend zu monitoren. Gerade wenn es um die erstmalige Implementierung von Prozessmanagement geht, erweist sich eine frühzeitige – aber abgestufte – Einbindung von (künftigen) Prozessrollen und -stakeholdern als sinnvoll. Die durchgeführte Stakeholderanalyse (▶ Kap. III. 1.2), welche Macht, Interessen und die Beziehung zu den Prozessen aufzeigt, dient als Grundlage dafür, welche Personen und Anspruchsgruppen in welcher Weise überhaupt miteinbezogen werden. Ferner sollten von den künftigen Prozessverantwortlichen und sonstigen Führungskräften **Prozess-Spielräume und -grenzen** abgefragt werden:

- Wo gibt es **strikte Vorgaben** wie etwa bei Einspruchsfristen gegen Prüfungsbenotungen?
- Wo sind weitere **Entscheidungen nötig** wie z. B. bei zusätzlichen Zeit-Ressourcen für die Prozesserstellung?
- Wo können die Mitarbeiter:innen selbst entscheiden, wie die Beteiligten den jeweiligen **Prozess aufsetzen** und die **Prozessrollen vergeben**?

Auch sollte künftigen Prozessbeteiligten nicht nur ein **Basiswissen** vermittelt werden, wie man in Prozessen denkt (▶ Kap. IV. 1.1), sondern auch deren **konkrete Erwartungen an das Prozessmanagement**, seine Möglichkeiten und Grenzen abgefragt werden. So ist dieser Ansatz nicht geeignet, um über generelle Ressourcenknappheiten, Kommunikationsdefizite, fehlende fachübergreifende Zusammenarbeit oder Führungsmängel zu diskutieren. Kommen diese Themen erfahrungsgemäß rein anlässlich des Prozessmanagements zur Sprache, ist hierfür ein anderer Ort zu suchen.

Zur **erstmaligen Erstellung einer Prozesslandkarte** (▶ Kap. IV. 2.1) eignet sich ein ein- bis zweistündiges **Workshop-Setting** mit max. zwölf Teilnehmer:innen, die möglichst gemischt aus künftigen Prozessbeteiligten, Fachexpert:innen zu den Prozessinhalten, Prozessmanagement, Prozessstakeholdern und Mitarbeiter:innen bestehen sollten (»**PLK-Workshop**«). Gerade zuletzt Angeführte bringen oft eine erfrischend kritische Sichtweise ein und dürfen (manchen unbequeme oder längst in der Arbeitsroutine untergegangene) Fragen stellen, weshalb etwa Abläufe oder Arbeitsschritte so sind bzw. sein sollen. Sie helfen somit, dass Prozessbeteiligte dadurch deren eigenes Prozessverständnis testen. Auch dienen sie dazu, Prozessbeschreibungen auf Verständlichkeit für Außenstehende oder neue Kolleg:innen zu überprüfen. Der Erstellung einer Prozesslandkarte kann ein Brainwriting oder Mindmapping vorangehen, wo aufgrund der geringen methodischen Hürde alle Workshop-Teilnehmer:innen im Team etwas beitragen können. Ein intuitives Sammeln von Prozessideen anhand der täglichen Arbeit hat den zusätzlichen

Vorteil, dass das gegenseitige Verständnis für die Tätigkeiten wie Besonderheiten der Arbeit der Kolleg:innen gestärkt wird, welche man selbst womöglich nicht im Detail kennt. Im PLK-Workshop steht nicht Prozessgenauigkeit im Vordergrund, sondern eine erste **Prozesstransparenz, -übersichtlichkeit und -sensibilität**.

Im Anschluss empfiehlt es sich, **einzelne Prozessworkshops** mit max. sechs Prozessbeteiligten (vor allem mit den Rollen Prozessmanager:in und Prozesszuständige:r) für jeweils nur einen Prozess durchzuführen – je nachdem, für welche Prozesse man eine nähere Beschreibung vorgesehen hat. Hier sollte mit einer iterativen Erfassung der den Prozess betreffenden Aufgaben und Tätigkeiten begonnen und dieser erst dann in einen Prozesssteckbrief gegossen bzw. ein Prozessregister angelegt werden. Eine anschließende Prozessmodellierung kann dazu bereits im Prozessworkshop begonnen werden, jedoch nur durch die Rolle Prozessmanager:in zu Ende gebracht werden.

> **Reflexionsübung**
>
> - Überlegen Sie für Ihren konkreten Arbeitskontext, wen Sie für einen PLK-Workshop einladen würden und warum.
> - Welche Fragen müssten vorab mit künftigen Prozessverantwortlichen und sonstigen Führungskräften aus Ihrer Sicht geklärt werden?

# 6 Prozessgestaltung – Kommunikation und Optimierung von Prozessen

## 6.1 Prozesssettings und Prozesskreislauf

Zuletzt ist festzulegen, wie abgestimmte Prozesse kommuniziert werden. Dazu stehen folgende Fragen zur Beantwortung an:

- **Kommunikationszwecke**: Wozu werden welche Anteile der Prozessarchitektur kommuniziert? – Sollen z. B. Prozesssteckbriefe zugänglich gemacht werden für alle Mitarbeiter:innen der betroffenen Aufbauorganisation, um in Prozessen denken zu lernen bzw. die Zusammenarbeit untereinander zu verbessern? Oder soll etwa die Prozesslandkarte auf der Website veröffentlicht werden, um Außenstehenden einen Einblick in die Prozessarchitektur der Wissenschaftsorganisation bzw. der Organisationseinheit zu geben?
- **Kommunikative Zielgruppen**: Welche unterschiedlichen Adressat:innen der Prozesskommunikation gibt es? – Soll z. B. eine erfolgte Prozessmodellierung zur Studienplatzbewerbung »zurückübersetzt« als Diagramm genutzt werden, das in einfacher Weise den Weg der Studienbewerber:innen hin zum Studienplatz beschreibt (»Customer Journey Mapping«)? Oder sollen beispielsweise die Prozessrollen der Personalentwicklung zur Verfügung gestellt werden?
- **Kommunikationsformen**: Wie, wann und auf welchen Kanälen soll Prozesskommunikation stattfinden? – Sollen z. B. Learnings aus der Prozesserstellung für andere Prozessmanager:innen untereinander vertraulich zugänglich gemacht werden? Oder dürfen etwa bestimmte Prozessinformationen per E-Mail oder im Intranet geteilt werden?

Dazu sind **standardisierte Prozess-Settings** zu etablieren, um mit einer kommunikativen Struktur die Sichtbarkeit des Prozessmanagements zu erhöhen und dauerhaftes Vertrauen in dessen Bestand zu schaffen. Die Etablierung eines **Prozessmanagement-Forums** etwa dient insbesondere den Prozessmanager:innen zu einem geschützten, informellen Gedankenaustausch aus der und für die gelebte Prozessmanagementpraxis. Auch ein **Prozessmanagement-Office** in Form einer Stabsstelle kann helfen, Informationen zu bündeln, an alle gleichsam zu distribuieren, übergreifende Prozessdatenbanken zu pflegen, Weiterbildungen und Materialien zum Prozessmanagement zur Verfügung zu stellen oder eine Verankerung des Prozessmanagements in der Ablauforganisation zu sichern.

Mit zuletzt der Hilfe eines paritätisch besetzten Qualitätszirkel aus Prozessbeteiligten wie von den Prozessen betroffenen Organisationseinheiten (»**Process Quality Circle**«) lassen sich in regelmäßigen Treffen mit moderiertem und protokolliertem Austausch Schwachstellen in der Prozessarchitektur entdecken, Überprüfungszyklen und -methoden gemeinsam entwickeln sowie Best Practices and Lessons Learned systematisieren.

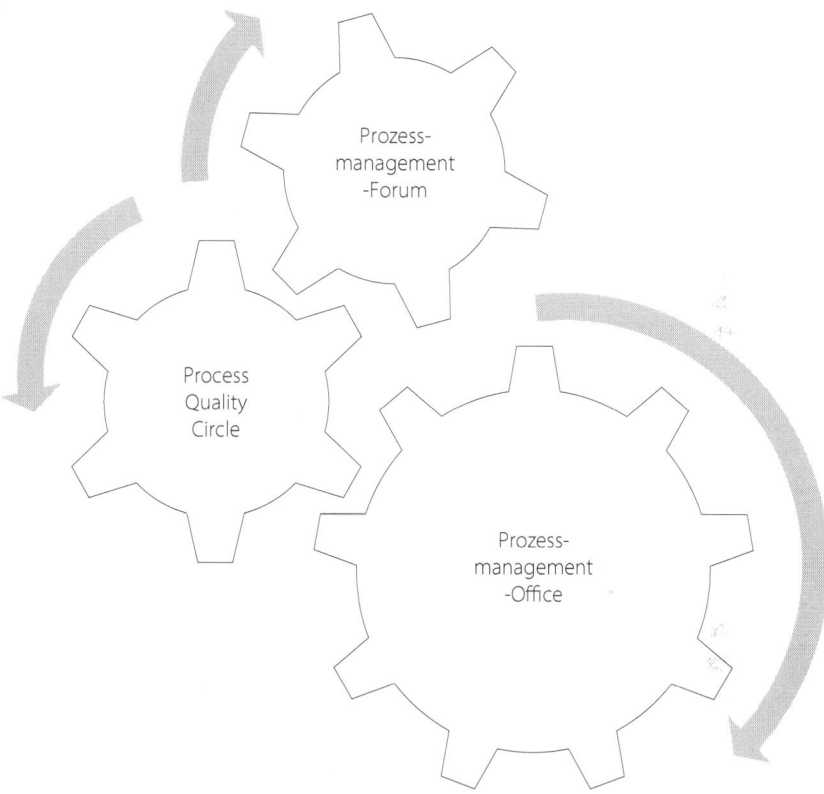

**Dar. 47:** Prozess-Settings

**Reflexionsübung**

- Überlegen Sie, welche Kommunikationsstrategie für eine Prozessarchitektur in Ihrem konkreten Arbeitskontext passend wäre inklusive Kommunikationszwecken, kommunikativen Zielgruppen und Kommunikationsformen.
- Welche standardisierten Prozess-Settings könnten Ihnen dabei helfen, Prozessmanagement dauerhaft in Ihrer Wissenschaftsorganisation bzw. Ihrer Organisationseinheit zu verankern?

Gerade für die erstmalige Implementierung von Prozessmanagement hat es sich als hilfreich erwiesen, Prozesse nicht mit der Prozessmodellierung als abgeschlossen anzusehen. Vielmehr beinhaltet nicht nur die Anwendung von Prozessmanagement selbst einen **Lernprozess** vor allem für diejenigen, die bislang nicht in Prozessen zu denken gelernt haben bzw. dies nicht mussten. Auch die Prozesse selbst sind zumeist anfangs unvollständig, ungenau oder folgen (noch) nicht einem angestrebten Optimal- sondern einem unrealistisch-praxisfernen Idealzustand. Die grafische Darstellung einer solchen Kultur der **kontinuierlichen Prozessverbesserung** erfolgt am besten in Form einer sich stets wiederholenden, zu ihrem Ausgangspunkt zurückkehrenden Bewegung (»**Prozesskreislauf**«).

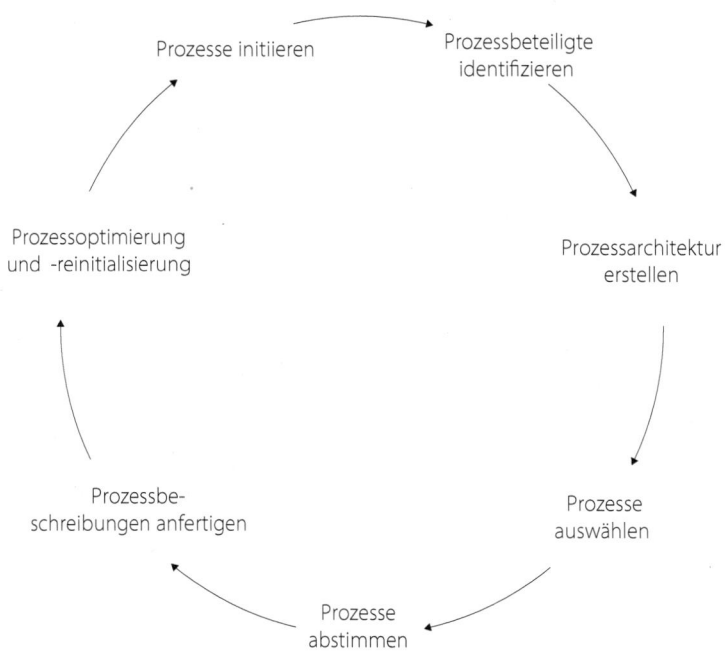

**Dar. 48:** Prozesskreislauf

## 6.2 Kiviat- und Fishbone-Diagramm

Konstitutiver Teil eines solchen Lernprozesses ist die **systematische Vorgehensweise** zur Verbesserung bestehender Geschäftsprozesse (»**Prozessoptimierung**«). Zumeist aufbauorganisatorisch in einem Qualitätszirkel verankert (▶ Kap. IV. 6.1), geht es dabei weder bloß um punktuelle Adaptionen einzelner Prozesse oder Arbeitsschritte innerhalb von Prozessen. Vielmehr stehen alle Prozesse inklusive ihrer sämtlichen Prozessmerkmale zur Überprüfung wie z. B. die Frage, ob überhaupt **ausreichend Prozessinputs** wie Arbeitszeit und -material vorhanden, die jeweiligen **Durchlaufzeiten** im Wissenschaftsalltag erreichbar oder die **Prozesse samt Rollen klar** kommuniziert und verstanden worden sind. Auch übergeordnete Fragen gehören dazu wie etwa, ob die den Prozessen **zugrunde liegenden Aufgaben** in dieser Art noch notwendig und die Prozessergebnisse dafür nützlich sind oder ob dies weiterhin in Form eines Prozesses **sinnvoll abgebildet** werden soll. So mögen etwa aufgrund von auslaufenden Projektförderungen weniger studentische Hilfskräfte zur Verfügung stehen als noch zu Beginn einer Prozesserstellung, sich aufgrund der Ausgliederung eines Referates für Lehrgangsmarketing dessen Sicht und Zugang auf bisherige Prozesse zur Bewerbung auf MBA-Studien geändert haben oder aber neue Regelungen zum Studienbeitragsrecht eine Änderung der Arbeitsschritte bei der Beantragung von Urlaubssemestern verlangen. Ziele einer Prozessoptimierung als **Teil eines Qualitätsmanagements** sind daher regelmäßig u. a. die Senkung von Prozessinputs und die Verbesserung der Prozessoutputs, die Verkürzung von Durchlaufzeiten und die Optimierung der Auslastung von Mensch und Material ebenso wie die Arbeitszufriedenheit und Verbesserung der Kollaboration in Expert:innen-Organisationen. Über allem stehen immer zwei Grundfragen:

- **Objektiv**: Gehen alle Prozessbeteiligten so mit den Prozessen um, dass das Prozessmanagement die Zusammenarbeit und die Performance verbessert anstatt diese bürokratisch zu behindern und lediglich zusätzliche Ressourcen zu verbrauchen?
- **Subjektiv**: Spüren alle Prozessbeteiligten den Mehrwert von Prozessmanagement, fühlen sich dadurch motivierter bei der Zusammenarbeit und »leben« sie die Prozesse wirklich anstatt diese lediglich zu befolgen (»Commitment« statt bloßer »Compliance«)?

Betrachtet man einzelne Prozesse, ist die Qualität des Prozessergebnisses von derjenigen des Prozesses selbst (»**Prozessqualität**«) zu trennen. Während die Prozessergebnisqualität bereits bei der Prozesserstellung definiert worden sein muss, wird die Prozessqualität spätestens im Rahmen der Prozessoptimierung relevant. Zwar sollte ein Indikator für einen erfolgreichen Prozess jedenfalls auch das Prozessergebnis sein, jedoch sind genauso beispielsweise die Zufriedenheit von Prozesskund:innen bei der Zusammenarbeit, die durchschnittliche Einhaltung bzw. Abweichung von der Durchlaufzeit oder der für einen Prozess veranschlagten Arbeitszeit möglich. Will man bestimmte (gleichwertige) Indikatoren in der Balance halten, lassen sich diese grafisch in **Spinnennetzform** darstellen (»Kiviat-Diagramm«). Versieht man jeden Indikator mit einer Kennzahl, können diese als **Soll-Achse** der angestrebten Werte mit einer **Ist-Achse** der tatsächlich (meist im Durchschnitt bzw. überschlagen) erreichten Werte übereinandergelegt werden. Sohin ist grafisch leicht zu erfassen, wie weit man vom Prozessoptimum entfernt ist und welche Indikatoren als Ausreißer das Spinnennetz unförmig aussehen lassen.

Im Anschluss können über eine Potentialanalyse zunächst **mögliche Schwachstellen und anschließend Verbesserungsmöglichkeiten** ausgemacht werden. Dabei geht man zunächst von Abweichungen, Störungen, Problemen oder Mängeln aus wie beispielsweise ein fehlerhafter Studienbescheid, die übermäßig langandauernde Wiederbesetzung einer haushaltsrechtlich lange freigegebenen Planstelle oder etwa ein:e Dekan:in als Prozessverantwortliche:r, welche:r die notwendigen Ressourcen am Fachbereich nicht zur Verfügung stellt für den Prozess. Anhand dessen werden alle hierfür **potentiell ursächlichen bzw. dies maßgeblich beeinflussenden Faktoren** in einer Ursache-Wirkungs-Beziehung strukturiert in Form von Gräten eines Fisches (»Fishbone-Diagramm«). Damit können nicht nur mehrere unterschiedliche Faktoren auf ein Problem bezogen, sondern diese grafisch übersichtlich anhand von **typischen Einflussgrößen** charakterisiert und ihnen zugeordnet werden. Jede Längsgräte steht für eine solche Einflussgröße beginnend mit dem Buchstaben »M« an deren äußerem Ende – Material, Maschine, Methode, Mensch, Management, Mitwelt, Messung und Money (»**8-M-Methode**«):

- »**Material**« z. B. schlecht isolierte Arbeitsräume (im Sommer heiß, im Winter kalt) im Forschungscenter oder veraltete Flyer mit Studieninformationen.
- »**Maschine**« z. B. langsame Computersoftware der Universitätsverwaltung oder schlecht bestückte Institutslabore.
- »**Methode**« z. B. die flüchtigkeitsfehleranfällige Eintragung von Prüfungsdaten in Excel-Tabellen per Hand oder unregelmäßige oder unvorteilhafte Zeiten von Gremiensitzungen in der akademischen Selbstverwaltung.
- »**Mensch**« z. B. ein:e kommunikativ herausfordernde:r Arbeitskolleg:in an einer Prozessschnittstelle wie etwa zur juristischen Freigabe eines Anerkennungsantrags oder die semesterweise ständig wechselnden Lehrbeauftragten.
- »**Management**« z. B. die unverständliche Koordination einer Forschungsgruppenleitung oder die fehlende Kommunikation des Hochschulpräsidiums bei einer neuen Homeoffice-Regelung für Wissenschaftler:innen.
- »**Mitwelt**« z. B. die ständigen An- und Abmeldungen von Studierenden zu Prüfungen, was die Examensplanung schwierig macht oder die nur geringe Auslastung öffentlich beworbener, populärwissenschaftlicher Lehrveranstaltungen durch die Bevölkerung.
- »**Messung**« z. B. die unterschiedliche Relevanz von Zitierungen als Indikator für den Forschungsoutput oder unverständliche und umständliche Evaluationsbögen für Lehrveranstaltungsfeedbacks.
- »**Money**« z. B. eine herausfordernde Finanzplanung wegen fehlender Einzelbudgets einer Organisationseinheit oder die unflexible Eingruppierung in Besoldungsschemata des öffentlich-rechtlichen Hochschuldienstes.

Je nach Problemstellung kann es sein, dass eine der acht Einflussgrößen gar nicht gebraucht wird oder dass unterhalb einer Längsgräte sehr viele Einzelfaktoren auftauchen. Mag das Fishbone-Diagramm auch **keine Wechselwirkungen zwischen Faktoren oder Einflussgrößen** herstellen können, so mag zumindest im nächsten Schritt entschieden werden, welchen Faktoren, Faktorenbündeln oder Einflussgrößen man sich zur weiteren Prozessoptimierung zuwendet z. B. über Korrekturmaßnahmen oder Prozessanpassungen.

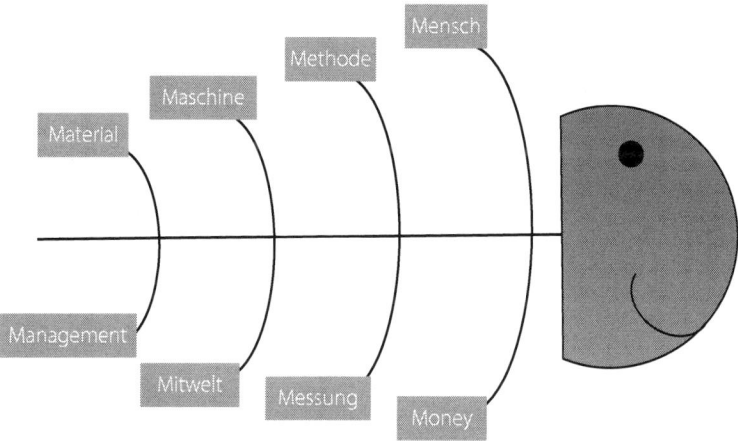

**Dar. 49:** Fishbone-Diagramm

**Reflexionsübung**

- Strukturieren Sie für einen nicht reibungslos laufenden Prozess aus Ihrem konkreten Arbeitskontext die zehn wichtigsten Faktoren für ein Problem mithilfe eines Fishbone-Diagramms.
- Unterscheiden Sie die Faktoren zum einen danach, ob diese einzeln bzw. mit mehreren kausal zum Problem beitragen oder ob diese rein korrelativ zusammen mit dem Problem auftreten.
- Bewerten Sie die kausalen Faktoren mit einer Ziffer von eins (kaum) bis fünf (viel) jeweils für die Bedeutsamkeit das Problem betreffend und jeweils für die Beeinflussbarkeit dieses Faktors Ihrerseits bzw. durch Ihre Organisationseinheit.

# Literatur zur Vertiefung

Breithecker, Volker (Hrsg.): **Handbuch Hochschulmanagement** *(Berlin, 2018)*
Hanft, Anke: **Bildungs- und Wissenschaftsmanagement** *(München, 2008)*
Hanft, Anke: **Management von Studium, Lehre und Weiterbildung an Hochschulen** *(Münster/ New York, 2014)*
Gessler, Michael (Hrsg.): **Handlungsfelder der Bildungsmanagements – ein Handbuch** *(Münster/ New York/ München/ Berlin, 2009)*
Krempkow, René/Rathke, Julia: **Kompetenzen im Wissenschafts- und Hochschulmanagement – KaWuM Abschlusstagung 8./9. September 2022 DUV Speyer** *(Erfurt, 2022)*
Laske, Stephan/Meister-Scheytt, Claudia /Küpers, Wendelin: **Organisation und Führung** *(Münster/ New York/ München/ Berlin, 2006)*
Lemmens, Markus/Horváth, Péter/Seiter, Mischa (Hrsg.): **Wissenschaftsmanagement – Handbuch & Kommentar** *(Bonn/ Berlin, 2017)*
Merten, René: **Lehre 4.0 – Ihr Guide für digitale Lehrveranstaltungen** *(Wien, 2022)*
Merten, René: **Mein Projekt: Neues Wissen generieren – auf zu neuen Ufern** *(Wien, 2020)*
Müller, Mirjam/Grewe, Oliver: **Wissenschaftsmanagement als Beruf – Strategien für den Einstieg** *(Frankfurt/New York, 2020)*
Netzwerk Wissenschaftsmanagement (Hrsg.): **Wissenschaftsmanagement als Grundlage für strategisches Planen, Handeln und Führen in wissenschaftlichen Einrichtungen** *(Berlin, 2020)*
Pechar, Hans: **Bildungsökonomie und Bildungspolitik** *(Münster/ New York/ München/ Berlin, 2006)*
Pellert, Ada (Hrsg.): **Einführung in das Hochschul- und Wissenschaftsmanagement – ein Leitfaden für Theorie und Praxis** *(Bonn, 2006)*
Pellert, Ada/Widmann, Andrea: **Personalmanagement in Hochschule und Wissenschaft** *(Münster/ New York/ München/ Berlin, 2008)*
Stölting, Erhard/Schimank, Uwe (Hrsg.): **Die Krise der Universitäten (Leviathan – Zeitschrift für Sozialwissenschaft, Sonderheft)** *(Wiesbaden, 2001)*
Wissenschaftsrat (Hrsg.): **Empfehlungen zur Hochschulgovernance** (Drs. 7328-18) *(Hannover, 2018)*
Ziegele, Frank: **Budgetierung und Finanzierung in Hochschulen** *(Münster, 2008)*
Zimmer, Marco: **Strategisches Management in Bildungseinrichtungen** *(Münster/ New York, 2014)*